Vito Franchini

Tigre d'Africa

GIUNTI

Questa è un'opera di fantasia. Ogni riferimento a fatti accaduti e a persone esistenti o realmente esistite è puramente casuale.

www.giunti.it

Via Bolognese 165 – 50139 Firenze – Italia
Via G. B. Pirelli 30 – 20124 Milano – Italia

Prima edizione: giugno 2023

A colei che ha reso il mio mondo Celeste

NOTA
Questo racconto è stato in parte precedentemente autopubblicato dall'autore, col titolo di *Shasmahal. La città meravigliosa.*

1

Sud Africa
Costa orientale
Inizi del XVIII secolo

Madhat scorse con la coda dell'occhio un lieve bagliore, seguito da un movimento fugace. Quel lampo simile a un riflesso metallico costituiva per lui una novità assoluta.

Non vi diede troppo peso ma, per scrupolo, fissò ancora per qualche secondo, immobile, il cespuglio di fronte a lui, a un centinaio di metri circa, senza notare altro di anomalo.

Il turno di vedetta quella notte volgeva ormai al termine. Era quasi riuscito a non addormentarsi nell'attesa delle prime luci dell'alba, che gli avevano permesso di immergersi nella lettura. Il vecchio Abraham gli aveva concesso di portare fuori dalla biblioteca *Osservazioni sulla luna* di Giovanni Pindemonte e il desiderio di sfogliare quelle pagine lo aveva logorato, durante le ore buie, dato che alle vedette non era concesso attingere alla scorta di candele o lampade a olio. La luna, proprio lei, quella notte era stata avida di luce, rendendo a dir poco tediosa l'osservazione delle scogliere, alte di fronte a lui, che tutti i giovani della città avevano l'onere di scandagliare, senza sosta, sin dalla fondazione di *Shasmahal*, oltre quarant'anni addietro.

Si convinse dopo qualche istante che si era trattato di un falso allarme. Per quanto quella zona della costa orientale dell'Africa fosse pressoché sconosciuta alle popolazioni europee, in rare occasioni qualcuno dei suoi compagni aveva notato, e riferito in assemblea, movimenti sulle scogliere del golfo. Si era sempre trattato di indigeni o, più spesso, di qualche animale che si affacciava sul dirupo, per poi tornare indietro, dato che Shasmahal era irraggiungibile dalla costa, e ogni traccia di insediamento umano risultava ben nascosta alla vista.

Tornò a leggere, ma senza concentrazione, distratto da una sensazione di allarme, fastidiosa ma in qualche modo stimolante. Madhat aveva diciannove anni, e di fatto di allarmi non ne aveva mai affrontati. Là fuori, oltre la scogliera che per ore, come tanti suoi coetanei prima di lui, aveva sorvegliato senza mai avvistare nulla di sospetto, vi era un universo di colori, suoni, gente, di cui lui aveva solo letto o sentito parlare. Un universo pieno di contraddizioni, di malvagità, di pericoli, o almeno così gli avevano raccontato gli adulti del villaggio. Lui però non vedeva l'ora di toccarlo con mano.

Col passare dei minuti udì i primi rumori della città che si svegliava alle sue spalle, come ogni mattina, allo stridulo canto dei galli. I suoi concittadini, laboriosi, stavano cominciando le loro attività: Ruben, il fabbro, dopo aver acceso i fuochi, aveva iniziato a battere il ferro, anche se a ritmo non ancora sostenuto, scambiando qualche battuta e rispondendo con le sue risate scoppiettanti alle freddure pungenti di Fredrik, il falegname. Il vociare dei più giovani, recalcitranti all'inizio di una nuova giornata, andava via via coprendo l'immancabile, costante sottofondo delle onde di risacca ai piedi della città.

Madhat percepì dei passi alle sue spalle: il cambio. Non ricordava chi sarebbe stato, e quando vide Ra, gli sorrise. Il ragazzone mulatto era la cosa più simile a un fratello che avesse mai avuto.

«Buongiorno, ragazzino.»

Ra aveva solo qualche mese più di Madhat, ma da sempre si divertiva a schernirlo in quel modo. A Shasmahal l'età era l'unica fonte di privilegi sociali, e in effetti Ra, compiuti vent'anni, era passato poco dopo nei dormitori degli adulti, mentre Madhat dormiva ancora in un'amaca in quello che i ragazzi condividevano con gli anziani.

«Buongiorno a te, muso nero...»

I due giovani stavano parlando in inglese, la lingua del fondatore della città, nonno di Madhat, contravvenendo alla regola di alternare le lingue diffuse tra i concittadini, cinque in tutto. Quel giorno, secondo il calendario, sarebbe stato il turno dell'arabo antico.

«Allora, mi lasci il posto o fai anche il mio turno?»

«Ti chiedo un favore, prima. Potresti andare nella torretta est e prendermi il cannocchiale? Ho intravisto un movimento, poco fa.»

«Ah. Dove?»

«Terzo cespuglio a destra di Matthew.»

Il giovane entrò a fatica nella torretta nascosta tra la vegetazione, troppo angusta per i corpi di tutti e due. Scrutò per qualche istante nella direzione indicata da Madhat. Conoscevano talmente bene quelle zone da aver dato un nome a ciascun albero. Dopo un po' scosse la testa: «Scimmia?».

«Forse. Ma mi è parso di vedere anche un bagliore, come un lampo.»

«Dovresti dormire quando non sei di vedetta. Ti sento parlare con Abraham per ore, di notte, anche dal mio dormitorio. Va a finire che hai le allucinazioni...»

Madhat non rispose, e fece cenno all'amico di eseguire il suo ordine. La vedetta smontante aveva il potere di dare disposizioni a chi subentrava, essendo responsabile del turno in chiusura e dovendo fare rapporto di ogni anomalia all'assemblea cittadina che gestiva le questioni di sicurezza. Ra partì immediatamente e dopo pochi minuti, un po' accaldato e ansimante, tornò con in mano il cannocchiale che era appartenuto a Nicholas, il nonno di Madhat, noto navigatore della metà del XVII secolo. Lo porse all'amico, accennando un saluto marinaresco al berretto, come pacata protesta per l'imposizione di poco prima.

Madhat gli strizzò l'occhio, tornò all'interno dell'angusta torretta e puntò il cespuglio dove aveva notato qualcosa. In parte ossidato e con lenti corrose dalla salsedine, il marchingegno gli permise di ingrandire, per quanto sfocato, il tratto di costa che voleva scrutare. Lo osservò a lungo, senza respirare e, pur non distinguendo nulla di particolare, percepì l'accelerazione dei battiti del suo cuore. Era una sensazione, più che altro, eppure qualcosa in quel tratto di Africa, che aveva osservato per centinaia di ore, non lo convinceva del tutto. Si accorse che Ra si stava spazientendo, ma non se ne curò. Ruben intanto aveva interrotto il suo battere cadenzato per lasciare spazio a Rashid, uno degli adulti, maestro d'armi, che, salito sul minareto del locale destinato alle pratiche religiose, con un megafono intonò il *Muezzin* mattutino, per chiamare i cittadini di religione islamica alla prima preghiera.

Madhat stava per desistere quando colse, distintamente, un nuovo bagliore, inequivocabile, che proveniva dallo stesso punto della scogliera. Non poteva essere un caso. Si alzò in piedi e, sporgendosi con metà del busto fuori dalla finestrella della garitta, si concentrò con maggiore attenzione sul cespuglio. A quel punto la figura gli apparve chiara, netta. Non ebbe più dubbi. Un uomo, bianco, con una camicia rossa – il primo essere umano diverso dai suoi concittadini che avesse mai visto – stava scrutando nella loro direzione, con un binocolo.

Madhat fu preso dal panico. Capì, in quello stesso istante, che l'utopia della città meravigliosa sarebbe finita quel giorno.

2

Shasmahal, la città meravigliosa. Poco meno di tre ettari abbarbicati sul culmine di un troncone di scogliera alto trenta metri, staccato dalla costa orientale africana e abilmente isolato dal resto del mondo. Un villaggio autonomo e indipendente, costruito e abitato da duecentocinquanta tra uomini, donne e bambini, prototipo della società perfetta.

La città, non ancora raggiunta dalla civiltà, era nascosta alla vista di eventuali esploratori dalle naturali sporgenze della roccia che, insieme alla fitta vegetazione, coprivano tre lati, affacciati sulle scogliere di un piccolo golfo, mentre a est era rivolta verso l'Oceano Indiano. I velieri delle compagnie delle Indie o di piccoli armatori solcavano regolarmente quel tratto di mare per imboccare il canale del Madagascar, ma raramente si avvicinavano alla costa selvaggia e poco accogliente, abitata da sparute tribù di boscimani, zulù e swazi.

La vita, all'interno di Shasmahal, scorreva calma come un fiume millenario alimentato da piogge abbondanti. Nessuna divisione in caste o razze, né privilegi di alcun tipo, così radicati nelle società moderne, trovavano spazio tra quegli scogli. I cittadini, uniti e solidali, godevano di piccoli privilegi unicamente in relazione all'età. Non c'era bisogno di far circolare moneta, e ogni abitante, dal più giovane al più anziano, a suo modo risultava indispensabile agli altri.

Alle donne era affidata principalmente l'organizzazione della mensa e, a turno, la responsabilità della pulizia e dell'ordine dei dormitori e dei luoghi comuni. Sei di loro erano adibite a tempo pieno, a coppie (titolare e allieva), alla sartoria, all'infermeria e alla manifattura di oggetti in ceramica e terracotta, a seconda delle specifiche abilità. Tutte le altre, le più giovani dopo la scuola, e le adulte dopo aver tenuto le lezioni, si alternavano nella cura delle poco estese ma rigogliose piantagioni del villaggio, nell'organizzazione della dispensa e nell'assistenza ai più vecchi, rispettando i turni stabiliti dall'assemblea.

Gli uomini, sempre seguendo dei turni, si occupavano della maggior parte dei lavori pesanti, come la manutenzione degli edifici del villaggio, la pesca, la cura e la macellazione degli animali d'allevamento: polli, galline e pecore. Quattro di loro insegnavano le discipline scolastiche ritenute utili ai bambini dai cinque anni in su, in un piccolo locale al chiuso o nel campo giochi quando le condizioni atmosferiche lo permettevano. Altri sei, sempre a coppie, si alternavano con le infermiere, le sarte e le artigiane nelle varie botteghe. C'erano anche un falegname e un fabbro a tempo pieno, per l'occasione anche abile armaiolo, e un paio di abilissimi artigiani del cuoio che fabbricavano scarpe, vestiti, accessori di tutte le fogge, sfruttando ogni palmo delle pelli ricavate dall'abbattimento del bestiame.

Dall'età di nove anni i ragazzi cominciavano a rafforzare le loro doti fisiche, all'inizio in modo piuttosto blando e poi sempre con maggior impegno, sotto l'attenta guida di un capo istruttore fisso e tre adulti a turno di supporto. Il periodo di formazione era intervallato solo dai giorni di vedetta mensili affidati ai più giovani in virtù della loro vista acuta, e dai giorni di festa religiosi, condivisi da tutti, senza distinzioni.

Tre gigantesche cisterne da trentamila litri assicuravano acqua per tutto l'anno. Erano state scavate nella zona più alta, tra le rocce che riparavano da eventuali occhi indiscreti, e con imbuti di legno di dieci metri di diametro, da montare all'occorrenza, era possibile accumulare una buona riserva dalle abbondanti precipitazioni che arrivavano puntuali, due volte l'anno, nelle stagioni della pioggia. La posizione sopraelevata delle cisterne e un essenziale ma ingegnoso acquedotto permettevano la distribuzione dell'acqua. Con l'aumento della popolazione, e la conseguente carenza idrica, erano stati costruiti diversi bacini di desalinizzazione dell'acqua di mare. Il sole africano, insostituibile alleato, contribuiva a dissetare la città con l'evaporazione costante, goccia su goccia, di ettolitri di oceano.

Scavato nella roccia rivolta al mare, un rigoglioso allevamento di gabbiani sistemati in stivette e piccoli anfratti scavati nella pietra era divenuto parte integrante della comunità eremita. Il cattivo odore dei liquami e il pericolo di infezioni costringevano gli allevatori a un'instancabile opera di pulizia e manutenzione, ma la fatica era ampiamente bilanciata dalla costante disponibilità di uova, piume per vestiti e cuscini, e di una carne non così diversa da quella del pollo. La grotta artificiale era ben nascosta alla vista da alcuni cespugli che coprivano la stretta fessura d'ingresso, ed era raggiungibile dall'alto della città attraverso uno stretto pozzo con scalini di legno.

Oltre alla carne di gabbiano, il pesce era uno dei principali elementi della dieta degli abitanti di Shasmahal, sin dalla nascita. Per raggiungere il mare, quattro o cinque uomini venivano calati quasi ogni mattina dalla scogliera est, con cime lunghissime e molto resistenti. Nelle loro imbracature trascorrevano fino a sei ore sospesi nel vuoto a pochi metri dal livello del mare, cercando di pescare il più possibile con canne da pesca di bambù, reti e grandi fiocine per i pesci più grossi. Dovevano combattere anche con il vento, che spesso li mandava a sbattere contro la scogliera. Alla fine stivavano il pescato in grossi zaini di cuoio a loro volta assicurati alle funi. Poi venivano issati, uno per volta, grazie alla forza di quaranta braccia per ogni fune e a pesanti carrucole cigolanti di ferro. Quando tornavano sulla terraferma erano esausti. Per fortuna il pesce non scarseggiava; branchi interi, soprattutto di cernie che pesavano fino a venticinque chili, venivano attratti in ogni periodo dell'anno dai rifiuti organici giornalmente scaricati dalle scogliere della città.

La comunità, formata all'inizio da una quarantina d'adulti e una trentina di bambini piccoli, era cresciuta nel corso degli anni. Duecentocinquanta eremiti, quanti in quel momento popolavano il piccolo villaggio, era il numero più alto d'abitanti mai raggiunto dall'epoca della fondazione. La vita in comunità inorgogliva tutti, ma impegnava la popolazione in una sfida importante: trovare nutrimento sufficiente. Già da qualche tempo l'assemblea aveva deciso, per riuscire a sfamare tutti, di ridurre la razione quotidiana di cibo a una colazione essenziale e un pasto a metà pomeriggio. Inoltre era imposto a turno, con l'esclusione di vecchi, bambini e donne incinte, un giorno di digiuno quasi totale al venerdì. L'accumulo di grasso, assai diffuso nelle società del tempo, era un lusso che nessuno, a Shasmahal, poteva permettersi.

Nonostante le ovvie difficoltà, e le limitazioni dovute a quelle regole autoimposte, la comunità della città meravigliosa contava una decina di persone che avevano superato i settant'anni, con un paio prossimi agli ottanta. Rispetto alla vita media delle società di fine Seicento, falcidiate da guerre, crimini, epidemie e carenza di medicinali, l'ottima salute degli anziani del villaggio era una delle prove lampanti del trionfo dell'idea visionaria che aveva convinto Nicholas Suburban, quattro decadi prima, ad abbandonare il mondo civilizzato.

Shasmahal, un'utopia diventata realtà, garantiva ai suoi abitanti un benessere e una qualità di vita che probabilmente l'uomo non aveva mai sperimentato, nella sua lunga storia evolutiva. Era, però, una città pensata per rimanere ai margini del mondo. La sua struttura geografica e l'organizzazione non avrebbero tollerato intrusioni, di alcun tipo.

3

Madhat, sconvolto, si girò di scatto verso Ra, che doveva aver colto qualcosa dal suo comportamento. I due si guardarono, terrorizzati, per qualche secondo. Fu Madhat a rompere gli indugi e, prima di spiegare cosa aveva visto, portò entrambe le mani alla bocca per emettere il verso del galagone, una piccola scimmia dalle orecchie grandi, molto diffusa da quelle parti.

La città dopo lo stupore reagì a quel grido di allarme, come era accaduto in numerose occasioni, durante le periodiche esercitazioni di sicurezza. Tutti gli abitanti erano addestrati a emettere quel verso e, soprattutto, a riconoscere come avviso di pericolo imminente la variante gutturale che lo caratterizzava. In pochi istanti i suoni che animavano Shasmahal svanirono, lasciando spazio solo al rumore delle onde del mare sugli scogli e ai versi sporadici di qualche gabbiano. Tutti i fuochi accesi vennero spenti con la sabbia, utile anche a bloccare il fumo, e ogni attività non essenziale venne interrotta immediatamente. Se non fosse sopraggiunto il contro-allarme, in breve tempo tutti i cittadini avrebbero indossato calzari di iuta per non emettere il minimo rumore. Era l'esercitazione che avevano simulato tante volte.

Dopo un paio di minuti, come previsto dalle procedure di

sicurezza, li raggiunse uno dei vecchi: Abraham Dugley, di origini britanniche, nocchiero e migliore amico del Capitano Suburban ai tempi delle loro scorribande marittime, nonno di Ra e terzo in ordine di età nel consiglio direttivo della città, dopo Anafi, il gigante nero, e Houda, la guaritrice. I due giovani lo salutarono col gesto marinaresco al berretto, in segno di stima e sottomissione. Abraham, provato dagli anni ma in buona forma, non disse nulla, per riprendere fiato dopo la breve salita, invitando con un gesto i due giovani a parlare.

Madhat non se lo fece ripetere: «Vecchio saggio, ho dato io l'allarme. Ho visto un uomo, di fronte a noi, verso sud, che guardava in questa direzione con il binocolo!».

L'anziano non si scompose minimamente. Aveva affrontato allarmi del genere diverse volte, in passato, e si erano risolti in un nulla di fatto. Ligio alle regole, parlò in arabo: «Giovanotto, non sono certo tu abbia mai visto un uomo diverso da noi e, al contempo, sono certo che tu non abbia mai visto un binocolo. Io stesso, in vita mia, ne ho visti forse un paio. Sei sicuro di ciò che dici?».

Madhat detestava essere chiamato in quel modo, ma aveva troppo rispetto di Abraham per mostrarlo. Si trattenne, e rispose a sua volta in arabo: «Ne sono sicurissimo, padre».

Abraham chiese conferme al nipote, che riferì di aver a sua volta puntato il cannocchiale nella direzione indicata dall'amico senza rilevare niente di strano, ma confermò di non aver mai visto Madhat tanto spaventato. Il vecchio, senza commentare, si fece consegnare lo strumento, entrò nella garitta e stette in osservazione per qualche minuto, in silenzio, senza notare niente di anomalo.

Tornato dai due ragazzi, senza dubbio i due frutti più pregiati e promettenti dell'intera comunità, non volle sminuire il loro ardore. Erano due splendidi animali in gabbia, con potenzialità per dominare in qualsiasi contesto, che per la prima volta nella vita provavano emozioni che lui, alla loro età, era già stanco di affrontare.

«Madhat, descrivimi che cosa hai visto, e quando.»

«Un uomo bianco, sui quaranta, direi, con la barba. Robusto, in forma, guardava verso la città con un cannocchiale a due pezzi. Confermo di non aver mai visto un uomo là fuori, né un binocolo, ma, mi ci gioco la paga, quello era uno sconosciuto, europeo, che guardava da questa parte, proprio con un binocolo.»

Abraham sorrise. Con tono pacato, proseguì: «Non mi hai detto quando. È importante».

Madhat tergiversò. Era molto probabile che la sua vista difettosa per alcuni colori gli avesse impedito di essere rapido nella reazione. Aveva ereditato quel difetto dal nonno materno, Ted Dalloway, armatore della Cornovaglia, che aveva donato a Nicholas Suburban la *Bluebirds*, il veliero con cui aveva condotto la sua attività per i mari del sud.

Madhat aveva dovuto subire scherni per tutta l'infanzia, a causa di quel difetto. In quella occasione, però, provava un imbarazzo ulteriore, perché con tutta evidenza la distrazione dovuta alla lettura aveva avuto un ruolo determinante nel calo della soglia di attenzione. Il tizio con la camicia rossa, quindi, doveva aver udito distintamente i primi rumori provenire dalla città.

«Avanti, ragazzo mio. Dimmi tutto.»

«Abraham... io ero distratto. Stavo leggendo il libro che mi hai dato tu, non lo nego. E come sai ho difficoltà a riconoscere alcune sfumature di colore. Non ho distinto subito il rosso della maglia nel verde del cespuglio, ci sono riuscito solo col cannocchiale. Dal primo al secondo avvistamento, quando ho dato l'allarme, sono passati diversi minuti. Mi spiace molto.»

Le garitte a nord e a sud della città, normalmente sguarnite, in caso di allarme venivano immediatamente presidiate dalle vedette di riserva. In quell'istante, entrambi i ragazzi designati, accorsi al loro posto dopo il richiamo di Madhat, emisero a loro volta il verso del galagone, quasi contemporaneamente.

Shasmahal era sotto assedio.

4

Più di quarant'anni prima, quando era nata l'idea di fondare Shasmahal, le persone che l'avrebbero abitata erano state selezionate con estrema attenzione. Oltre a quasi tutti i principali componenti dell'equipaggio agli ordini di Nicholas Suburban, la proposta era stata presentata a soggetti ormai stanchi del mondo, della sua violenza e delle sue contraddizioni, che si sentivano oppressi e desiderosi di trovare un luogo dove vivere nella più totale tranquillità. La scelta era caduta quindi su elementi che ben difficilmente avrebbero potuto rifiutare la proposta di evasione, anche perché un'eventuale mancata accettazione avrebbe costituito un grave pericolo per la segretezza del progetto. Il Capitano Suburban, che per vocazione aveva lanciato la *Bluebirds* per anni all'assalto dei predoni del mare, facendo un'incessante pulizia lungo le principali tratte commerciali dell'epoca, si era allora rivolto principalmente a individui noti, di cui poteva fidarsi. Uomini che aveva incontrato durante la sua attività di spazzino dei mari, vittime dell'armata di gente senza scrupoli che, obbediente alle regole dell'arricchimento a ogni costo, aveva trasformato i paesi civilizzati della metà del Seicento in luoghi ove morire di morte violenta era la regola, non l'eccezione.

Nicholas e gli altri avevano in seguito selezionato persone provenienti da ogni parte del globo, così da creare una società multietnica che potesse fondere in sé conoscenze, usanze e culture diverse. Shasmahal aveva sempre avuto come obiettivo irrinunciabile conservare e coltivare, per quanto possibile, le culture e le religioni dei paesi di provenienza degli abitanti; si era deciso quindi di continuare a preservare le diverse lingue e dare la possibilità a ognuno di professare la propria fede, senza limitazioni. Ogni lingua e ogni credo religioso sono lo specchio del passato e la ricchezza di ogni luogo ove si radicano; e questo valore a Shasmahal era sopravvissuto senza sforzo, trasmesso a tutte le generazioni che avevano popolato la città dalla fondazione.

In principio la comunità era composta da un gran numero di bambini piccoli, spesso orfani e sventurati di ogni tipo coartati a diventare parte del progetto di Shasmahal. Altri erano stati affidati al Capitano Suburban da tutori – come la madre di Madhat – non più in grado di far fronte ai bisogni dei figli, con la speranza che trovassero lì un futuro migliore. E di conseguenza le persone vissute a lungo nel mondo fuori da Shasmahal erano in minoranza. Chi non conosce cosa c'è fuori, non può rimpiangerlo.

Dei primi colonizzatori adulti, a quarant'anni dalla fondazione, erano rimasti solo una decina: i vecchi del villaggio, i saggi, coloro che avevano un posto di diritto nell'assemblea governativa. Il più anziano era il grande Anafi, gigante nero dell'Africa centrale, braccio destro del Capitano Suburban ai tempi delle scorribande marittime. Pur non conoscendo la sua età esatta, come moltissimi indigeni africani, aveva ricordi che risalivano a una settantina d'anni addietro; era verosimile, quindi, che ne avesse almeno settantacinque, se non ottanta, sebbene non li dimostrasse assolutamente. Non era più l'invincibile guerriero dei tempi degli arrembaggi, capace di seminare, da solo, il panico tra ciurme di spietati assassini, ma dall'alto dei suoi due metri e più d'altezza, e grazie alle cicatrici tribali che ne decoravano il viso, poteva incutere ancora timore a chiunque.

Anafi era un tassello fondamentale della storia di Shasmahal; era amato e rispettato come un santone per la sua esperienza e per avere conoscenze e nozioni superiori a tutti i suoi discendenti messi insieme.

Quando tutta la comunità sciamò all'interno della sala centrale, come da procedura d'emergenza, il gigante nero occupava già il suo posto sulla sedia riservata al più anziano dell'assemblea.

* * *

L'assemblea era costituita da tutti gli abitanti sopra i sessantatré anni d'età, ai quali si aggiungevano due adulti, uomo e donna, eletti dagli altri, e un rappresentante dei giovani sotto i vent'anni, di solito il più grande. I giovani diventavano due se era necessario un numero dispari di votanti per evitare stalli nelle decisioni da prendere a maggioranza.

La vita a Shasmahal era organizzata in maniera molto efficiente e gli argomenti su cui prendere decisioni drastiche erano pochi, tanto che l'assemblea da anni non aveva avuto granché da fare. Qualche tempo prima si era pronunciata sulla riduzione della dieta degli abitanti a un unico pasto quotidiano e su un provvedimento disciplinare da infliggere a Madhat per uno scherzo di pessimo gusto architettato nei confronti di un bambino del villaggio. Ora, però, i membri erano scuri in volto, preoccupati, e condividevano il sentimento di tutti i presenti: il disorientamento. Nessuno di loro riteneva che le procedure, studiate dai fondatori per far fronte ad attacchi e assedi, dopo quattro decadi di pace e serenità sarebbero servite.

La prima parola spettava di diritto ad Anafi, il più anziano, che sedeva a capotavola. Per oltre dieci anni quel privilegio era stato di sua moglie Mbali, donna zulù dal temperamento autoritario e fiero, venuta a mancare da qualche mese. Assorto in pensieri vorticosi, il colosso nero aveva le braccia conserte. Anche se totalmente analfabeta, il vecchio africano parlava discretamente l'inglese, lo swahili e la sua lingua tribale d'origine. D'un tratto, rompendo l'agghiacciante silenzio che si era creato, emise un possente sospiro, alzò la testa e parlò nell'idioma che aveva imparato dal Capitano Suburban: «Datemi un resoconto completo di quanto hanno visto le sentinelle».

Prese la parola Abraham, giunto per primo a verificare gli avvistamenti: «L'allarme è stato dato da Madhat, torretta ovest. Dice di aver visto un uomo bianco, con una camicia rossa, nascosto in mezzo ai cespugli, che guardava in direzione della città con un binocolo. Ho controllato e non ho visto nulla. Evidentemente si era mosso da lì. Il giovane Hug, torretta nord, ha avvistato dopo una decina di minuti un altro uomo corrispondente alla stessa descrizione, ma in compagnia di altri due individui mal vestiti, all'apparenza poco affidabili. Quasi contemporaneamente Ramon, torretta sud, ha segnalato la presenza di una decina di soggetti, alcuni bianchi e altri neri: i bianchi armati di fucile. Il mare invece, dalla torretta est, risulta libero».

Un mormorio di disapprovazione salì dalla cittadinanza lì riunita. Anafì si limitò a scuotere la testa, pensieroso. Prese la parola Philip Fry, il quarto in ordine di anzianità, mastro cannoniere della *Bluebirds*. Era privo di un braccio, perso durante un arrembaggio a una nave di arabi, quando non aveva ancora vent'anni. «Non è la prima volta che qualcuno arriva da queste parti, fa un giro qui intorno e poi se ne va senza causare problemi. Siamo bravi a non farci scoprire…»

«È vero. Però si è sempre trattato di indigeni. Probabilmente sanno che siamo qui, ma la cosa non gli interessa. Ora invece si tratta di bianchi, non era mai successo.»

Abraham, alzando una mano, chiese di nuovo la parola: «Madhat mi ha detto che, probabilmente, per quel suo maledetto problema con i colori, non è riuscito a individuare il tizio vestito di rosso prima che il fabbro si mettesse al lavoro, purtroppo…».

I mormorii crebbero di intensità. Madhat, che partecipava alla riunione come membro effettivo dell'assemblea governativa, essendo il ragazzo più anziano da quando Ra era passato tra gli adulti, si sentì addosso gli occhi di tutti ma non mosse un muscolo. Ringraziò mentalmente il vecchio per non aver sottolineato che il ritardo poteva essere dovuto anche alla sua distrazione, e cercò i suoi occhi, ringraziandolo con lo sguardo.

Arrivò di corsa un bambino di poco più di cinque anni, che era stato lasciato in prossimità di una postazione di vedetta per portare eventuali novità da parte delle sentinelle ancora appostate. Evidentemente aveva preso il suo incarico come un gioco ed era felice e allegro come non mai. Appena fu vicino al tavolo, però, accortosi di come lo stavano guardando tutti, perse un po' di spavalderia e cominciò ad avanzare in modo meno sicuro. Quando fu vicino si poteva cogliere la disperazione nei suoi occhi spalancati in cerca di qualche sguardo di conforto. Lo trovò in Abraham, ma non riuscì a trattenere il pianto. All'anziano ci volle un po' di tempo per rassicurarlo e farlo tornare tranquillo, poi lo mise in piedi sul tavolo e, dolcemente, lo invitò a riferire il messaggio. Riacquistata la sicurezza, il bimbo annunciò: «Ramon mi ha detto di comunicarvi che hanno *i cannoni!*».

* * *

«Dobbiamo combatterli. Non ci sono alternative e abbiamo i mezzi per farlo!»

Madhat, e chi se no, era stato il primo a prendere la parola, con voce tremante ma piglio deciso, dopo lo smarrimento provocato dal messaggio del piccolo.

Gli rispose Abraham: «Con calma, figliolo, prima di prepararci all'attacco dobbiamo capire cosa sanno di noi e, soprattutto, se hanno davvero cattive intenzioni».

«Proprio tu, vecchio Abraham, che più volte mi hai raccontato quanta fatica avete fatto per issare su questi scogli ciò che serviva a fondare la città, mi dici questo? Se hanno portato fin qua dei cannoni, sinceramente ho pochi dubbi su quali siano le loro intenzioni.»

Coloro che condividevano la proposta del nipote del fondatore annuirono convinti. Abraham non si fece condizionare dalle voci di approvazione: «Su questo hai ragione, ma dimentichi una cosa fondamentale: noi siamo un popolo pacifico. Ci siamo rifugiati qui per fuggire la violenza e le guerre. Non possiamo scagliarci contro il primo venuto».

Madhat, messo su dai consensi della popolazione, non si placò, anzi, alzò il tono: «È una pazzia! Loro ci attaccheranno, è evidente, e dovremmo colpirli d'anticipo, per avere qualche speranza! Sono anni che ci insegnate a combattere, no? Mettiamo finalmente in atto i vostri insegnamenti!».

Intervenne Anafì, risoluto: «Ora basta, giovanotto! Non permetterti più di alzare la voce davanti ad Abraham o qualsiasi altro membro dell'assemblea, o ti farò allontanare e punire!».

Madhat rimase pietrificato dallo sguardo del vecchio guerriero. Scorse in quegli occhi i residui di un'energia distruttiva straripante, quella che, stando ai racconti dei suoi compagni di ventura, lo aveva reso un combattente con pochi eguali, capace di macellare gli avversari. Il giovane trattenne il respiro, e provò dentro di sé un impulso sconosciuto, il desiderio di un attacco suicida, sconsiderato, brutale. Aveva contratto i pugni al massimo. Dopo aver respirato si concentrò, poi abbassò lo sguardo; chi lo conosceva bene, però, vide nel suo corpo i segni di una rabbia latente, pericolosa. Ripreso controllo, uscì di corsa dalla sala per non mancare di rispetto a qualcuno degli uomini che lo avevano cresciuto. Decise di andare dal suo più grande amico per condividere con lui le novità. Sapeva già, in cuor suo, cosa avrebbe deciso l'assemblea, e non aveva alcuna intenzione di rimanere là dentro a farsi umiliare.

Ra presidiava ancora la torretta dove si erano incontrati quella mattina. Apprese avidamente le novità e, facile da intuire, si dichiarò totalmente d'accordo con l'amico.

Ra aveva la carnagione piuttosto scura e i tratti del viso eleganti ereditati dalla ormai scomparsa nonna Soraya, fedele moglie nordafricana di Abraham. Suo padre Omar, mulatto e forte come lui, aveva sposato Verginì, figlia di Philip Fry, e insieme lo avevano concepito. Ra discendeva, quindi, dall'unione di sangue di due tra i più importanti membri dell'equipaggio del Capitano Suburban, ed era prestante, bello, e fiero di tale lignaggio. Omar, d'accordo con Abraham e Philip, aveva scelto di dargli il nome del figlio di Nicholas Suburban, padre di Madhat, scomparso pochi mesi prima della sua nascita.

Fin da quando erano bambini, Madhat e Ra erano stati in competizione tra loro, scontrandosi talvolta in modo molto violento. Uno dei principali difetti di Madhat era non riuscire ad accettare di arrivare secondo, mai. I due giovani si alternavano da anni sul gradino più alto del podio in tutte le gare di forza, di simulazione di duelli e di caccia. Quella rivalità, però, aveva sempre esaltato l'affetto reciproco, legandoli in un'unione profonda, quasi ancestrale.

«Cosa decideranno, secondo te, giovanotto?»

«Ci faranno aspettare, muso nero. Come agnelli in fila al mattatoio la vigilia di Pasqua.»

«E se avessero ragione, invece? Del resto, pur avendo i cannoni, magari non hanno idea di cosa ci sia su questo scoglio.»

«Su questa prigione, volevi dire...»

«Già... su questa prigione.»

Come previsto, fu presa la decisione di mantenere un atteggiamento di attesa. Venne ordinato di preparare, cionondimeno, nel silenzio più assoluto, tutto l'occorrente per un'eventuale difesa, tra cui quattro catapulte costruite dalla gente di Shasmahal e alcuni cannoni della nave di Nicholas Suburban, da dodici, trentadue e trentasei libbre.

Dai resoconti delle vedette, nelle ore successive, venne accertata la presenza di almeno una decina di uomini bianchi e una trentina di neri, probabilmente schiavi. I bianchi, soprattutto, continuavano a compiere ronde e ispezioni lungo il litorale dell'insenatura, scrutando con insistenza in direzione della città. Non si facevano scrupoli e rumoreggiavano senza sosta, evidentemente impegnati in battute di caccia nei dintorni e in preparativi per chissà quale tipo di operazione.

Passarono così quattro giorni. Shasmahal si era trasformata in una città fantasma, dato che gli abitanti erano addestrati a vivere nel silenzio più totale. Tutti indossavano speciali scarpe imbottite per poter camminare senza far rumore anche sulla roccia. Ogni attività secondaria era stata sospesa.

La presenza degli intrusi pesava sul morale dei cittadini dell'eremo come il presagio di una tragedia imminente. La spensieratezza e la gioia abituali, dovute alla vita che avevano condotto per decenni, lontani e dimenticati dal mondo, avevano lasciato il posto a un malessere di fondo, dato dalla consapevolezza che il loro sogno potesse avviarsi al termine. Pochissimi riuscivano a mascherare i loro sentimenti; ci si scambiavano poche parole, molti cercavano conforto nella preghiera, guidati da padre Brian, il frate inglese che aveva seguito Nicholas Suburban in mare, o dagli altri padri spirituali.

Gli unici in qualche modo eccitati, o almeno non del tutto abbattuti, erano alcuni tra i ragazzi più giovani. Negli ultimi giorni non avevano fatto altro che ripassare, sotto la guida di Rashid, figlio primogenito di Anafì, e poi tra di loro, gli addestramenti sulla tattica che avevano ricevuto fin da bambini, ma che non avevano mai messo in pratica. Le ore di lezione di tecniche di offesa e difesa, di tattica bellica e di combattimento ravvicinato, a cui tutti i cittadini erano sottoposti, senza eccezioni, li avevano resi un gruppo di combattenti piuttosto agguerrito.

Oltre alle armi per il combattimento a distanza, i magazzini di Shasmahal potevano contare su una consistente scorta di archi, frecce, spade, alabarde e attrezzature per lo scontro diretto. Si contavano anche una ventina di pistole e archibugi, anche se di tecnologia ormai superata. Tutte quelle armi erano fino a quel momento servite, per lo più, per le esercitazioni o come materiale di scena nelle rappresentazioni teatrali con cui i cittadini più creativi cercavano di sopperire alla ripetitività della vita nell'eremo. In quei giorni tutto l'armamentario fu tirato a lucido e distribuito in modo da essere pronto all'uso.

5

La mattina del quinto giorno, quando uno splendido sole aveva appena dato inizio a una delle tante, torride giornate che da secoli ardono il suolo africano, la vedetta a nord, il lato della città più vicino alla costa, diede l'allarme. Anafi e Abraham raggiunsero immediatamente la postazione da cui il richiamo era giunto, seguiti subito, anche se a distanza, dalla maggior parte degli altri abitanti. La vedetta cedette il posto ai due patriarchi e raggiunse più in basso il resto della gente per raccontare cosa stava accadendo.

Venti uomini neri erano al lavoro sulla scogliera all'estremità del golfo, guidati da un paio di bianchi che fino a quel momento non erano mai stati avvistati. Nel giro di mezz'ora avevano portato sullo spuntone di roccia più vicino alla città dieci cannoni da ventiquattro libbre, dalle bocche minacciose. Da quella distanza, i due anziani, avvezzi loro malgrado a quegli strumenti di morte, capirono che gli ospiti sgraditi avrebbero potuto radere al suolo l'intera città nel giro di pochi minuti.

L'uomo con la camicia rossa, il primo avvistato da Madhat qualche giorno prima, avanzò fino al culmine dello scoglio, lasciando dietro di sé gli altri compagni, come per guadagnare il proscenio. Arrivato in prossimità del primo cannone vi si appoggiò col fianco destro, incrociò gambe e braccia e urlò, in inglese:

«Buongiorno, Shasmahal!».

Lasciò che passassero una ventina di secondi; poi, senza scomporsi, ripeté l'urlo con maggior vigore. All'interno del villaggio quell'irriverente saluto ebbe l'effetto di un fulmine che squarcia un albero secolare. Un paio di donne si sentirono mancare. I due anziani diramarono l'ordine di correre ai ripari, e tutti lo eseguirono con tempestività, raggiungendo zone interrate o costruzioni distanti dalla zona d'attacco.

«Sappiamo che ci siete, potete smetterla di stare attenti a non farci sentire nemmeno il rumore delle vostre scoregge!»

L'energumeno scoppiò in una fragorosa risata, cercando riscontro tra gli uomini alle sue spalle, che annuirono convinti, con sorrisi sghembi stampati in faccia.

Poi il barbuto proseguì, con espressione seria: «Non siete cortesi, amici miei. È così che si accoglie un visitatore?».

Continuò con invettive e battutacce per un po', ma non ottenne alcuna risposta. Perse entusiasmo quando anche il suo seguito smise di ridacchiare alle sue volgarità. Allora fece un cenno nervoso, con la mano destra, ad alcuni tirapiedi che aveva alle spalle. Un omone robusto e malvestito si fece avanti mostrando un oggetto fumante. Anafi e Abraham non ebbero difficoltà a dare un nome a quella cosa fiammeggiante: era una miccia a lenta combustione, che serviva a innescare lo scoppio all'interno del cannone.

Prima che uno dei due riuscisse a riprendersi dallo sgomento e a dire anche solo una parola, la miccia venne accostata al cannone più prossimo al dirupo e in pochi attimi una scia di fuoco ne uscì spingendo una pesante palla di bronzo.

Il rumore fu assordante. Data la vicinanza tra arma e bersaglio, cinquanta metri circa, la palla non effettuò la parabola discendente. Scattò a velocità folle e colpì lo sperone di roccia immediatamente sotto alla postazione di vedetta. Tutto il basamento su cui poggiava la città fu scosso da un sussulto e alcune urla di terrore si alzarono al di là della barriera di sassi e cespugli davanti agli assalitori. Era solo un colpo d'avvertimento, ma era bastato a gettare nel panico la maggior parte dei miti componenti della comunità. Alcune donne non avevano trattenuto urla di paura, e la maggior parte dei bambini aveva cominciato a piangere.

«Allora ci siete, bastardi!»

La voce, stentorea, echeggiò in tutto il golfo: «Io sono Jacob, il vostro nuovo padrone. Che qualcuno metta il muso fuori da quelle rocce per trattare la vostra resa, immediata e incondizionata. Vi lascio trenta minuti, giusto il tempo di pulirvi le chiappe. Poi sentirete di nuovo il rombo dei miei cannoni!».

Mentre il capo degli assalitori parlava, in preda all'esaltazione, due dei suoi alzavano con un argano la bocca del cannone di trenta gradi circa.

Il colpo successivo avrebbe colpito il cuore di Shasmahal.

6

Nessuno, all'interno della città, riusciva a spiegarsi come fosse possibile che gli assalitori ne conoscessero il nome.

Le imprese del Capitano Suburban, alla fine del secolo precedente, erano note in tutti i mari, e gli echi delle sue scorribande a bordo della *Bluebirds* avevano raggiunto ogni luogo esplorato. Molti, di conseguenza, sapevano dell'incalcolabile valore del tesoro accumulato dal suo equipaggio, predato a pirati e criminali di ogni razza, dalle Indie al mar dei Caraibi. Quel tesoro, una volta restituito ai legittimi proprietari il dovuto, sottratte le elargizioni *pro bono* effettuate dal Capitano negli ultimi anni di attività, e le spese sostenute per colonizzare il luogo prescelto, era stato collocato nei forzieri sotterranei della città. Ogni navigante, in quegli anni, sapeva che quel bottino sarebbe stato sufficiente per rilevare entrambe le Compagnie delle Indie, ed era quindi prevedibile, all'epoca della decisione di abbandonare la civiltà, che molti avrebbero continuato a cercare di impossessarsene.

Nicholas Suburban, per scongiurare ogni pericolo, aveva predisposto la fondazione della città in stretta ed esclusiva condivisione con i suoi ufficiali, irriducibili fratelli d'arma, gente fidata, pronta a sacrificare la propria vita per lui. Aveva comunicato il nome scelto per l'utopia di quella città meravigliosa solo ad Anafi, pochi minuti prima di far affondare la *Bluebirds* al largo del Madagascar, alla vista dei nemici di vecchia data, in modo che spargessero la voce che il tesoro dei Suburban era finito nei fondali dell'Oceano Indiano.

Shasa, ossia "buona acqua", in San, la lingua dei boscimani, simboleggia l'elemento più importante in natura, alla base di ogni forma di vita. *Mahal*, in lingua indiana, significa invece "palazzo", "tempio". Da qui *Shasmahal*: "Il tempio della buona acqua, fonte di vita".

Il nome scelto per la città meravigliosa era stato rivelato da Anafi ai primi abitanti di quelle scogliere solo in occasione della prima riunione nella sala comune. Tutti erano ancora scossi dalla scomparsa del loro condottiero, da tempo malato, che aveva deciso di immolare se stesso per consentire alla sua gente di prosperare, e avevano accolto quel battesimo, quel nome così significativo, come il migliore degli auspici. Molti dei presenti di allora ormai erano morti; altri erano nati e vissuti sempre e solo dentro la città meravigliosa. Per cui nessun altro, oltre ai cittadini, poteva conoscere quel nome.

C'era stata una fuga di notizie? Mentre l'assemblea decideva cosa fare, il mormorio si fece più insistente: gli sguardi puntavano i cinque membri della squadra approvvigionamenti.

Il naturale, invalicabile abisso di trenta metri di profondità per cinquanta di lunghezza che divideva la città dalla costa, all'epoca della colonizzazione era stato superato con la costruzione di un ponte in legno. Era servito a trasferire i materiali necessari, spesso molto pesanti. E il giorno che la città divenne indipendente, il ponte fu smantellato e il legno recuperato. Gli abitanti del villaggio, non a caso, avevano sempre fondato la loro economia sulla capacità di riciclare qualsiasi cosa. I primi colonizzatori avevano recuperato e smembrato il veliero che li aveva condotti in quel luogo paradisiaco e ne avevano ricavato una grande quantità di legname per costruire abitazioni, recinzioni, suppellettili e alimentare fuochi.

Shasmahal non era però in grado di provvedere all'approvvigionamento completo di legno e carne. Il legname accumulato all'inizio, così come la carne fornita dagli allevamenti di bestiame, non erano sufficienti. E quando i magazzini arrivavano a metà, alcuni cittadini uscivano dalla città per procurarsi quello che mancava. Gli incaricati erano sempre gli stessi, da anni, per motivi di riservatezza. I prescelti salpavano nelle notti di luna scarsa, a bordo di scialuppe, residui dei vecchi velieri. Si allontanavano a vela e a remi navigando a fil di costa per tutta la notte, per poi dividersi e recarsi nei luoghi dove si approvvigionavano di legno e selvaggina. Per non lasciare segni, i grossi tronchi necessari per i forni delle carpenterie e delle cucine, venivano abbattuti lontano dall'isola e trascinati in mare a forza di remi. Le imbarcazioni rientravano, di solito dopo quattro o cinque giorni, schiacciate dal peso della selvaggina cacciata, dal legname e dalla scorta di fiori o erbe selvatiche utili per le cucine e per i medicamenti.

Rashid, figlio di Anafi, da una quindicina di anni aveva sostituito il padre a capo della squadra approvvigionamenti. Di fronte al malumore di molti dei suoi concittadini, chiese la parola. «Giuro su quanto ho di più caro al mondo che i miei uomini non sono mai entrati in contatto con qualcuno, in nessun modo, e anche se fosse successo, mai avrebbero fornito dettagli sulla città meravigliosa, nemmeno sotto tortura.»

Anafi, sotto lo sguardo di cinquecento occhi, ottenuto il

silenzio, si alzò in piedi e sentenziò: «Fratelli miei, basta esitare, sarebbe un grave errore. Shasmahal è in guerra».

Pronunciando quelle parole sentì nelle vene la vecchia e ormai quasi dimenticata eccitazione che precedeva ogni battaglia in cui aveva combattuto. Era sempre stato agli ordini di Nicholas, al suo fianco, servo e migliore amico del Capitano, consapevole del suo valore e ora si sentiva orgoglioso del ruolo da condottiero che la comunità gli aveva attribuito. In guerra deve esserci un capo esperto, sicuro, che goda della stima di tutti.

Il tempo stringeva. Anafi, con voce baritonale, cominciò a impartire disposizioni: «Lasciamo scoperti il lato est e quello ovest». Il mare, infatti, continuava a essere libero, mentre il lato di scogliera a ovest era molto più lontano dalla città rispetto agli altri due. «Copriamoci con il settanta per cento delle armi a lunga gittata a nord e il rimanente a sud; non escludo che abbiano sistemato cannoni anche lì.» Le vedette, poco prima, avevano riferito di rumori provenienti da quel versante.

«Per adesso lasciamogli credere di non avere armi da fuoco, quindi, pronti con le catapulte; voglio tre uomini su ognuna, pronti a lanciare al mio ordine. Che le donne, intanto, portino l'acqua a ebollizione.»

Tutti scattavano per obbedire agli ordini. La paura aveva lasciato il posto all'efficienza e all'organizzazione.

«Ra! Prendi tre squadre di arcieri scelti e schierale sul versante nord. Madhat! Tu comanderai le altre due che porterai a sud. Mi raccomando, tutti al riparo fino a nuovo ordine. Teniamo tutti giù la testa, abbiamo di fronte un pazzo.»

Gli altri vecchi si occuparono di mettere al riparo le persone inattive e i bambini. Nel giro di pochi minuti, tutte le disposizioni vennero eseguite alla perfezione. Tornò il silenzio.

A un tratto, senza preavviso, si sentì un altro spaventoso boato e una palla di ferro grossa come un cocomero sfrecciò sibilando sulle teste di tutti. Terminò la sua corsa sulla costruzione dove si svolgevano le attività religiose, riducendola in macerie e alzando un polverone che annebbiò la visuale per qualche minuto.

La voce di Jacob tuonò di nuovo, infrangendo l'incredulo silenzio che aveva seguito il colpo di cannone: «Perdonate la mia impazienza! Non ce la faccio ad aspettare più di mezz'ora senza fare niente…».

Quindici degli uomini al suo comando, nel frattempo, lo avevano raggiunto, avvicinando altri cannoni al dirupo e ridacchiando divertiti, come ubriaconi.

«Shasmahal! La mia clessidra non è molto precisa, come avrete notato. Facciamo così, d'ora in poi, un colpo ogni dieci minuti… circa…»

* * *

Anafì non aveva lasciato il suo posto nell'assemblea, e non aveva mosso un muscolo quando aveva capito che il nemico continuava a giocare con le loro vite. Una volta rassicurato che non vi erano stati feriti, riprese in mano la situazione: «La creazione della "frana" è costata la vita ad uno dei miei figli. Osservando come si è posizionato il nemico, però, oggi forse riusciamo a dare un senso a quella tragedia».

Pronunciando questa frase, Anafì non lasciò trasparire la minima emozione. Chi lo conosceva bene colse però quanto ancora soffrisse per la tragica morte del suo secondogenito. In risposta a quell'affermazione tutti annuirono convinti.

All'epoca della colonizzazione i primi abitanti avevano pensato di predisporre alcuni meccanismi di difesa, per proteggersi da eventuali assalti. Raffaello Cristallino, il nostromo, di origini italiane e appassionato di tecnica e di astronomia, aveva progettato la "frana", che all'inizio era apparsa a tutti un'idea folle.

Lo spuntone di scogliera di fronte al lato nord della città, quello più vicino all'abitato, poco prima della distruzione del ponte di collegamento, era stato reso volutamente pericolante. Squadre di coraggiosi scavatori si erano alternate per giorni su una sporgenza della roccia situata una decina di metri più in basso, dove appoggiava il ponte. Tra mille pericoli e fatiche avevano perforato la roccia, dal basso verso l'alto, fino ad arrivare a un paio di metri dal punto più alto della scogliera. Per evitare che tutto franasse sugli improvvisati minatori, erano state impiegate robuste travi di legno a puntellare la volta. Il giovane Abib, figlio di Anafi, aveva perso la vita durante quei lavori, schiacciato e lanciato nel vuoto da un masso staccatosi improvvisamente.

Terminata la costruzione, l'impalcatura di legno era stata nascosta da cespugli piantati per quello scopo, che impedivano anche all'osservatore più attento di scorgere la trappola. L'intera struttura aveva tenuto alla perfezione, tanto che la roccia su cui in quel momento poggiavano i dieci cannoni degli assalitori non dava segni di cedimento.

Vennero preparate le frecce incendiarie per appiccare il fuoco ai cespugli che nascondevano l'armatura in legno; da lì l'incendio si sarebbe propagato alle travi della struttura che, indebolita, avrebbe ceduto provocando il crollo di tutta la porzione di roccia sopra lo scavo.

Era però necessario attirare sulla "frana" il maggior numero possibile di nemici, in modo da decimarli. Qualcuno si sarebbe dovuto affacciare per attirare l'attenzione. In tanti si offrirono, ma la scelta ricadde su Lana, sorella minore di Ra, una delle più belle ragazze del villaggio, che avrebbe senza dubbio esercitato su quell'orda di trogloditi un'attrattiva maggiore rispetto agli altri volontari.

Una volta gettato l'amo, gli arcieri avrebbero dovuto scoccare le frecce da lontano, per non essere visti mentre caricavano gli archi. Le frecce, precipitando nel vuoto, avrebbero dato l'impressione di essere lanci improvvisati da gente poco abituata a combattere. In realtà i lanci dovevano essere perfetti, perché il bersaglio non era visibile, e la situazione di emergenza avrebbe reso l'impresa, più volte simulata in passato, a dir poco proibitiva.

Lana venne preparata in fretta. Era bellissima: scura di carnagione, anche se non come suo fratello, piuttosto minuta di corporatura, ma proporzionata e formosa. A soli diciassette anni aveva già tutte le fattezze e le movenze di una donna, ma conservava negli splendidi occhi neri, leggermente a mandorla, di una grandezza quasi sproporzionata rispetto al viso, l'innocenza e la purezza tipiche della fanciullezza. Aveva capelli lunghi, del colore dell'ebano pregiato, che per l'occasione portava sciolti e adagiati lungo le spalle. La povera veste di tutti i giorni era stata abilmente accorciata da Julia, madre di Madhat e sarta del villaggio, in modo da mettere in risalto ciò che doveva attirare l'attenzione del maggior numero di uomini possibile.

Era seduta in disparte rispetto al gruppo e ascoltava attentamente le ultime istruzioni di sua madre Verginì e di suo nonno Abraham. Quando si alzò, pronta a recitare la sua parte – era sempre stata un'ottima attrice – appariva un po' agitata, ma i suoi occhi mostravano anche decisione e grande forza di volontà.

Madhat la guardò prendere la via verso il lato nord del villaggio, in compagnia di Anafì, e fu scosso da un brivido. Fin da piccoli erano sempre stati in aperto contrasto: sostenevano opinioni diverse su tutto e, oramai, aveva perso il conto di quante volte era stato messo in punizione per averla maltrattata. Solo recentemente aveva cominciato a cambiare atteggiamento nei suoi confronti. Aveva vinto le titubanze iniziali, e ora tentava di mettersi in luce ai suoi occhi, di apparire diverso da quel burbero antipatico che era sempre stato con lei, ma fino a quel momento i suoi tentativi erano stati per lo più goffi e infruttuosi. Vederla andare incontro al nemico, indifesa, lo mise in uno stato d'agitazione che sorprese lui stesso per primo.

Madhat allontanò quei pensieri e tornò a concentrarsi su quanto stava per accadere. Venti arcieri erano alle sue spalle; lui e Ra avrebbero dovuto scoccare per primi e tutti gli altri avrebbero tirato in base alle parabole dei loro lanci. Avevano una responsabilità enorme: si presentava, finalmente, la possibilità di dimostrare il loro valore.

Lana si affacciò sullo strapiombo della scogliera a nord. Non fu avvistata subito, nessuno sorvegliava la città. Fu uno schiavo a scorgerla per primo e a chiamare un soldato. Lana, intanto, stava in piedi in silenzio, guardandosi intorno.

La voce si sparse velocemente: c'era una ragazza sulla scogliera, e nel giro di pochi minuti una trentina di uomini, tra i quali il comandante, si mossero nella sua direzione. Fu un omone barbuto e sporco come un maiale inzaccherato a rompere gli indugi, parlando in inglese: «Ehi, ciao bellezza!».

Dopo di lui, altri energumeni gridarono saluti e commenti, sempre più osceni e irriverenti. A un certo punto Jacob impose loro il silenzio, si avvicinò sull'orlo del dirupo e si rivolse alla ragazza, che non aveva ancora aperto bocca, in tono stranamente pacato: «Allora ci siete per davvero, da quella parte, vedo...».

Lana annuì con la testa, ondeggiando il bacino in modo tanto infantile quanto eccitante, suscitando fischi e commenti indecenti. Jacob provò a farle qualche altra domanda ma lei, come suggerito dai suoi concittadini, non aprì bocca. L'uomo con la camicia rossa, al limite della pazienza, le chiese se l'avessero mandata per recapitare un messaggio. La ragazza, appoggiando il mento su una spalla, annuì appena.

Di nuovo commenti sconci, e altri fischi, ma Jacob zittì ancora tutti, con gesto veemente. Ottenuto il silenzio, con tutta la gentilezza di cui era capace invitò un'altra volta la ragazza a parlare. E lei, finalmente, in un inglese perfetto riferì: «Mi hanno detto di annunciarti che siamo disposti a trattare; speriamo tu possa trovare qui ciò che cerchi e poi lasciarci in pace».

Ampi sorrisi, in gran parte sdentati, si allargarono tra la folla assiepata sul culmine della scogliera. Jacob non sembrò dare troppo credito a quella dichiarazione di resa, ma i suoi, al contrario, l'accolsero piuttosto convinti, e iniziarono a confabulare tra di loro.

In quel momento due frecce incendiarie, seguite dopo qualche istante da altre venti, si alzarono in cielo per poi ricadere nel dirupo sottostante. Oltre alle prime due, almeno una dozzina impattò con il bersaglio stabilito, appiccando subito il fuoco ai cespugli, mentre altre finivano più sotto, o direttamente in mare.

Qualcuno iniziò a battere in ritirata, per tornare, però, subito dopo sui propri passi, certo di non correre pericoli. Altre frecce solcarono il cielo con la stessa fintissima goffaggine, a intervalli irregolari, finendo inesorabilmente in acqua. Tutti gli assalitori si convinsero di aver di fronte degli incapaci, persuasi anche dalle imprecazioni di disappunto che provenivano dal villaggio per quei tiri inutili. Adesso erano una cinquantina che urlavano insulti e offese a gran voce, accalcandosi sull'orlo dello strapiombo. Anche l'uomo dalla maglia rossa si divertiva per quell'imbarazzante prova d'incapacità. Le risate oscene e i beffeggi non accennavano a diminuire, esattamente come avevano auspicato gli autori di quella messa in scena, fino a quel punto impeccabile.

Jacob, improvvisamente, si scosse e tornò serio. Iniziò a dare disposizioni a un paio di uomini, forse perché azionassero i cannoni. In quel mentre due figure apparvero in tutta la loro altezza ai fianchi di Lana. Erano Madhat e Ra i quali, indispettiti dagli insulti e desiderosi di punire alla loro maniera quei selvaggi, erano usciti allo scoperto, armati dei loro archi. Ra, a petto nudo, grazie al colore della sua pelle, si mimetizzava naturalmente tra gli scogli scuri; Madhat, al contrario, vestiva un coprispalle in cuoio opaco, con cappuccio. Solo pochi si accorsero della loro presenza, intenti com'erano a ridere e starnazzare oscenità, come degli indemoniati.

I due frutti più pregiati della comunità meravigliosa, giovani e prestanti, sembravano due cavalli da corsa che annusano la competizione sulla linea di partenza del palio, pronti a scattare. Trattenendo gli istinti, come prima cosa si occuparono di far tornare Lana al riparo. Lei, emozionata, capì che non avrebbe avuto alcuna possibilità di farli ragionare e sgattaiolò tra i cespugli più alti. A quel punto, i due ragazzi si scambiarono un breve sguardo d'intesa. Madhat attese una frazione di secondo, per permettere a Ra di soffiarsi sulle dita, come faceva sempre, per scaramanzia; tirate all'unisono le corde dei loro archi, i due guerrieri scagliarono le frecce quasi in contemporanea, con movenze da tiratori navigati. Madhat colpì un uomo del gruppo alla spalla sinistra, con una violenza tale da farlo roteare su se stesso. Il tiro di Ra fu ancora più mirabile: centrò un ciccione barbuto in piena bocca, colpendolo mentre stava ancora ridendo sgraziatamente. La freccia uscì quasi interamente dall'altra parte, ferendo gravemente l'uomo che aveva alle spalle, uno degli schiavi.

I cinquanta uomini accalcati non ebbero il tempo di accorgersi di quanto stava accadendo, che i due ragazzi avevano già impugnato la loro seconda freccia. Senza bisogno di mettersi d'accordo, colpirono allo stomaco entrambi gli uomini alle prese con i cannoni.

Scoppiò il caos: gli assalitori cominciarono a sparpagliarsi e proprio in quel momento il terreno iniziò a tremare sotto i loro piedi. Per il peso di quegli energumeni e dei cannoni, le travi di legno, consumate dagli anni e dall'umidità, già parzialmente intaccate dal fuoco, cedettero di schianto, provocando l'immediato crollo di gran parte dello sperone, che trascinò nel vuoto tutto ciò che vi era sopra.

Il rumore fu assordante, il golfo tremò come scosso da un terremoto. Le urla disumane di decine di uomini in caduta libera echeggiarono per tutta l'insenatura.

La trappola aveva funzionato alla perfezione.

Quando il polverone causato dalla frana si diradò, una decina di assalitori erano rimasti aggrappati ad arbusti o a spuntoni della roccia e scalciavano nel vuoto. Per Madhat, Ra e gli altri arcieri fu l'occasione per dare una ulteriore dimostrazione del loro valore. Centrarono i bersagli a uno a uno, senza quasi mai sbagliare. Solo un uomo, con due frecce conficcate nella gamba sinistra, riuscì ad arrampicarsi e trovare un riparo. Aveva una camicia rossa e Madhat si augurò che non si trattasse proprio del comandante.

I relitti dei cannoni, insieme alle vittime, giacevano disordinatamente tra le macerie in fondo allo strapiombo; uno spettacolo macabro ma allo stesso tempo esaltante.

Dopo i festeggiamenti per l'impresa appena compiuta, nel villaggio era tornata la calma. Solo Abraham appariva molto adirato.

«Siete stati due incoscienti!»

Ra provò, timidamente, a difendere la sua posizione: «Nonno... alla fine è andato tutto bene...».

«È così, Abraham, abbiamo solo voluto dargli una lezione.» Madhat e Ra avevano l'espressione di chi sa di aver combinato un disastro.

Abraham continuò: «Vi è andata bene perché, grazie a Dio, c'è stato il crollo al momento giusto. Se così non fosse stato, avreste messo in fuga tutti, compromettendo l'esito dell'operazione!».

«Nonno, abbiamo fatto i nostri calcoli ed è filato tutto liscio. Non puoi accusarci per qualcosa che non è accaduto, non ha senso.»

«Non sta a voi due giovani incoscienti dirmi cosa posso o

non posso fare. Mi complimento per la sicurezza con cui avete guidato gli altri a colpire, ma la successiva bravata non resterà impunita, ve lo assicuro! Anafì mi ha già chiesto di convocarvi nella prossima assemblea e, ve lo assicuro, la vostra punizione sarà esemplare.»

«Ma Abraham, insomma...»

«Non avete più il permesso di parlare. La decisione è presa. Tornate ai vostri posti. La battaglia non è ancora vinta.»

I due ragazzi se ne andarono mestamente. Il vecchio non riuscì a trattenere un sorriso di affetto e di stima nei loro confronti.

7

Il silenzio, che ormai da tempo regnava sulla terraferma, fu rotto all'improvviso da un potente grido che echeggiò nell'aria: «Shasmahal!».

Persino i gabbiani tacquero a quell'urlo carico di follia omicida. Le vedette riferirono subito che si trattava di Jacob, l'uomo dalla camicia rossa, che per l'occasione vestiva una giubba di cotone blu con berretto. Doveva essersi cambiato dopo le medicazioni, dato che aveva la gamba sinistra fasciata e zoppicava vistosamente. Era giunto fino all'estremità della scogliera nord, rimodellata dalla frana. Appariva visibilmente dolorante, ma nei suoi occhi fiammeggiava una rabbia tale da incutere timore anche da quella distanza. Sorretto da due uomini, arrivò al limitare del nuovo strapiombo. Era protetto da una schiera di fucilieri, che non avrebbero permesso un nuovo tiro al bersaglio. Si portò quattro dita alla bocca ed emise un fischio di una intensità terrificante. A quel segnale, lungo tutto il perimetro del golfo, si scorsero movimenti frenetici. Gli uomini fecero cadere i cespugli più grossi e fitti, che erano stati tagliati alla base ma non spostati, lasciando allo scoperto un esercito vero e proprio. Un centinaio di individui, o forse più, si affacciarono minacciosi sul golfo. Tra di loro, sotto i bagliori del sole africano scintillavano almeno trenta bocche da fuoco, pronte a sparare.

Già da qualche giorno dei rumori incessanti provenivano da quella parte di costa. Gli assalitori, non avendo idea di quale fosse l'effettiva capacità di difesa di Shasmahal, avevano piazzato armi sufficienti a fronteggiare un esercito intero: cannoni navali, di varie dimensioni, e qualche colubrina.

Un fischio sibilò nell'aria: un'onda di distruzione stava per abbattersi sulla città.

Fu un disastro. Ogni cannone sparò tre, quattro volte, e nonostante molti tiri a vuoto, almeno cinquanta cannonate giunsero a bersaglio, devastando tutto ciò che la loro corsa incontrava. I principali edifici della città, costruiti per lo più in legno o muratura leggera, vennero rasi al suolo. Si salvarono l'osservatorio e le costruzioni sotterranee o ricavate nella roccia, tra cui la sala delle assemblee e la biblioteca.

Gli allevamenti e la maggior parte dei raccolti furono distrutti, annientando la principale fonte di nutrimento della comunità.

Ci furono perdite anche tra gli abitanti. Il sedicenne Hug, nel disperato tentativo di portare in salvo la madre, fu colpito in pieno da un proiettile, morendo sul colpo assieme a lei. Anche Cilla, sorella minore di padre Brian, non fece in tempo a correre al riparo e venne ritrovata senza vita sotto le rovine di uno dei dormitori. Mancavano all'appello almeno altri tre uomini. Houda, la guaritrice, avrebbe avuto un bel daffare nel soccorrere, assieme ai suoi aiutanti, i tanti feriti che lamentavano fratture ed escoriazioni. Anche una delle tre cisterne, colpita e gravemente danneggiata, stava riversando il suo prezioso contenuto tra le macerie, creando uno strato di fanghiglia che coprì gran parte del terreno.

Dopo l'ultimo colpo, echeggiò nuovamente l'urlo sguaiato del capo. Folle di rabbia, esaltato da quello sterminio, insultò ogni divinità pagana e cristiana, inviando minacce su minacce, senza freno. Era evidente che gli abitanti di Shasmahal non avevano di fronte un banale avventuriero assetato di ricchezze. La loro vita era nelle mani di un folle.

La comunità, silenziosa e stordita, si riunì negli angusti spazi sotterranei a leccarsi le ferite, incapace di prendere decisioni.

Le mura della scogliera di Shasmahal continuavano a garantire loro isolamento, che però aveva assunto adesso la nuova, drammatica veste di una prigionia senza scampo.

8

«Perché non abbiamo risposto al fuoco? Potevamo farlo, maledizione. E invece ci nascondiamo come conigli!»

Ra era fuori di sé dalla rabbia; questa volta, però, non aveva solo Madhat dalla sua parte, perché anche un nutrito gruppo di persone condivideva le sue idee. Erano tutti pronti a rispondere all'attacco, fino alla morte.

Anafi li lasciò sfogare, poi rispose con una calma quasi fuori luogo, quella che solo i veri figli dell'Africa, abituati dalla nascita a difficoltà di ogni tipo, riescono a trovare dentro di sé: «Fratelli miei, ragionate: che speranze avrebbero i nostri archi, le due catapulte superstiti e i dieci cannoni arrugginiti che non usiamo da mezzo secolo, contro quello schieramento di uomini e mezzi?».

«L'unica cosa certa, è che non lo sapremo finché non ci metteremo alla prova. Siamo i discendenti della ciurma del Capitano Suburban, per Giove. Non possiamo rimanere in un angolo a tremare!»

L'affermazione urlata a pugni stretti da Madhat, sconvolto per la distruzione e per la perdita di persone a lui care, guadagnò la solidarietà del solito gruppetto di agguerriti, che salutarono il discorso con un breve applauso.

Anafì non si scompose: «Caro ragazzo. Con tuo nonno abbiamo assaltato navi con il doppio degli uomini della nostra e armate dieci volte meglio, e quasi sempre ci è andata bene, ma adesso la situazione è diversa».

«E cosa avrebbe di così diverso?»

«Questa domanda offende la tua intelligenza, Madhat. Sulla nave non c'erano anziani e bambini... Noi andremmo incontro a un suicidio, e tu lo sai. Basta dare un'occhiata all'esercito schierato là fuori.»

Anche Abraham si unì alla discussione: «Abbiamo sbagliato ad attaccarli, e il risultato è sotto i nostri occhi. Non ci perdoneremo mai di averli provocati, di aver causato la morte dei nostri fratelli e la rovina della nostra città. Lanciare un nuovo attacco sarebbe un'infamia!».

Quelle parole pesarono come macigni sulle teste di tutti. La gente nata e vissuta a Shasmahal era ormai abituata alla morte naturale, ma non aveva mai affrontato tragedie come quella appena andata in scena. Solo la prematura scomparsa di Ra Suburban, padre di Madhat e figlio di Nicholas, li aveva scossi, ma trascorsi ormai venti anni quella ferita si era quasi del tutto rimarginata. Dopo qualche attimo parlò di nuovo Ra. La sua voce era rotta dalla disperazione: «Qualcuno mi dica che esiste un modo per venirne fuori, vi prego. Sono disposto a tutto...».

Fu Lana, da un angolo della sala, a trovare il coraggio di dire quello che anche altri avevano in mente da un po', ma non osavano proporre: «Diamogli quello che vanno cercando...».

«Sì, sì! Diamogli il tesoro, i gioielli, l'oro, tutto! In fin dei conti a noi non serve. Forse ci lasceranno in pace...» Si alzarono manifestazioni d'assenso, spinte da un'ombra di rinnovato, timido ottimismo.

Anafì scosse la testa e continuò placando subito gli entusiasmi: «Non servirebbe a niente. Quelli sono degli assassini. Una volta ottenuto il tesoro, ucciderci per loro sarebbe un divertimento. E anche se non lo facessero, ormai conoscono il nostro segreto. Shasmahal è finita comunque».

Seguì un nuovo, estenuante, periodo di silenzio assoluto, condiviso da tutti a capo chino. Anafì aveva sicuramente ragione e pochi avrebbero potuto sostenere il contrario. Rashid, suo figlio, provò a cambiare argomento: «Ma chi diavolo sono? Come fanno a sapere che siamo qui?».

Anafì, che aveva già esaminato la questione con il consiglio, rispose per condividere con tutti i presenti: «È un pensiero che mi tormenta ogni minuto, figlio mio, ma credo che nessuno potrà rispondere a questa domanda. Anche se qualcuno passando di qui ci avesse visti e spiati, intuendo che qui vivono gli eredi della ciurma del Capitano Suburban con il suo tesoro, non poteva di certo conoscere il nome della città».

Proseguì Abraham: «È un mistero, ma ora abbiamo altro a cui pensare. Possiamo giocare l'unica carta che ci rimane: prendere tempo. Minacciando di distruggere i preziosi, potremmo arrivare a ottenere che non ci sparino più addosso».

«Sì, potrebbe essere un'idea, ma non so per quanto potremo sopravvivere con le provviste senza più colture e bestiame. Ci lasceranno morire di fame e dopo avranno strada libera.»

Anafì, al solito, era glaciale e diretto. Abraham e il gigante nero si guardarono intensamente negli occhi. Senza bisogno di scambiarsi una parola, i due amici, compagni di tante avventure, capirono quale sarebbe stata l'unica via percorribile.

Parlò Abraham: «Andremo avanti il più possibile. Con le dovute restrizioni possiamo sopravvivere, forse, per qualche mese. Se fino ad allora non accadrà nulla, Shasmahal sarà teatro del "Giudizio Universale"».

A queste parole nessuno osò ribattere. La falce della morte aleggiava nell'aria schiacciando tutti nella terribile atmosfera creata dalla presenza, nella stessa stanza, di oltre duecento anime senza più destino.

Quando era nata l'idea di fondare Shasmahal, i realizzatori di quel sogno erano consci che la città non sarebbe stata eterna. Gli scambi commerciali erano in aumento e sempre più navi solcavano l'Oceano Indiano, passando di fronte alle scogliere scelte come nuovo eden. Altre popolazioni non avrebbero tardato a minacciare il totale isolamento di quel luogo, come già era accaduto più a sud, con l'agglomerato urbano creato da Vasco da Gama, Port Natal, e a nord, dove l'insenatura esplorata per primo da Lorenzo Marquez, la *Baía da Lagoa,* ormai da tempo era stata scelta da migranti portoghesi come territorio da colonizzare.

Ma la voglia di abbandonare il mondo cosiddetto civile aveva vinto su ogni tipo di riserva e il sogno era diventato, faticosamente, realtà. Col passare dei decenni, le generazioni cresciute nel più totale isolamento della città meravigliosa avevano creato un qualcosa di unico e irripetibile: la società perfetta. Niente denaro, niente avidità, nessun desiderio di ricchezza. Non c'era spazio per l'invidia o per la sete di potere.

Tra i primi abitanti di Shasmahal figuravano anche ricchi possidenti terrieri, nobiluomini dell'aristocrazia, in genere persone capaci di commettere gli atti spregiudicati e le angherie necessarie per eccellere in mezzo alla corruzione e alla falsità delle società di fine Seicento.

L'idea del "Giudizio Universale", nata per scherzo, era in

seguito divenuta soggetto di spettacoli teatrali scritti e rappresentati a Shasmahal. Era il titolo della prima tragedia scritta tra le rocce della città meravigliosa, e raccontava la storia di una comunità eremita assediata che, pur di non tornare allo stato precedente, decideva di porre fine alla propria esistenza portando nell'aldilà il segreto di un'utopia realizzata. Nella rappresentazione, i cento abitanti estraevano a sorte un numero tra lo zero e il 99. Il meccanismo del giudizio era semplice quanto brutale: il numero zero sarebbe stato il primo a morire e l'unico a non macchiarsi dell'omicidio di uno dei suoi fratelli. Ognuno, infatti, doveva sopprimere colui che aveva estratto il numero precedente al suo, per poi morire per mano di quello che aveva estratto il numero successivo. Il numero 99, dopo aver visto la morte di tutti i suoi compagni, avrebbe dovuto togliersi la vita, spegnendo per sempre la fiamma della città meravigliosa.

La rappresentazione della tragedia, sottoposta negli anni ad adattamenti e piccole variazioni, era il clou della stagione teatrale, e da anni era messa in scena il 9 aprile, anniversario del primo insediamento.

Ogni rappresentazione, nonostante il passare degli anni, coinvolgeva il pubblico in maniera totale. Forse tutti, dentro di loro, sapevano che un giorno quella drammatica finzione sarebbe potuta diventare realtà.

9

Protetto dai migliori arcieri della città, tra cui Ra e Madhat, Abraham si presentò poco prima del tramonto sul culmine della barriera scogliosa di nord, in modo da poter essere visto sia dagli invasori che dai suoi concittadini. Fu subito avvistato da alcune delle sentinelle nemiche, che si armarono in fretta per evitare sorprese. Il vecchio parlò, in inglese: «Mantenete la calma, voglio solo parlare col vostro comandante».

Dopo qualche minuto, l'uomo dalla camicia rossa si avvicinò, zoppicando vistosamente. Le ferite alla gamba dovevano procurargli dolori insopportabili, che tentava di mascherare con un ghigno. Spinto da una determinazione folle, arrancò fino all'orlo, protetto da una schiera di energumeni armati fino ai denti.

I due si scrutarono per qualche secondo. Poi, con voce irriverente, parlò Jacob: «Ma sei solo un fottuto vecchio! Shasmahal ha un vecchio come capo?».

Abraham non riuscì a trattenere un sorriso, ma senza esagerare, per non scatenare reazioni. L'età e l'esperienza gli avevano insegnato a non cedere mai alle provocazioni.

«Mi chiamo Abraham Dugley, sono uno dei fondatori della città.»

«Il famoso braccio destro di quel delinquente di Nicholas Suburban! Il mio nome è Jacob Schuzehell e sono a capo di quelli che raderanno al suolo la tua città. È un vero piacere...»

«Vorrei poter dire lo stesso...»

«Non ho tempo da perdere con i vecchi sfatti. Cosa vuoi, sporco pirata? Contrattare la vostra resa? E offrendo cosa, esattamente? Siete tutti carne morta, e io da qui sento già la puzza. Cosa vuoi da me?»

«Sai il mio nome, quello della città, conosci qualcosa della nostra storia. Ricorderai anche l'adagio, piuttosto diffuso, qualche tempo fa, a queste latitudini.»

Chi attacca gli uomini del Capitano Suburban, muore male. Jacob ne aveva sentito parlare, e quel detto, benché ormai solo un ricordo, circolava con frequenza anche tra i suoi uomini, soprattutto i boeri, i bianchi del Sud Africa. Non volle dare al vecchio la soddisfazione, quindi non rispose, ma non ce ne fu bisogno. Abraham, senza abbassare lo sguardo, fece un cenno deciso ad alcuni uomini dietro di lui. Il silenzio fu squarciato dal sibilo dell'aria sferzata dal lancio di una delle due catapulte superstiti.

Il marchingegno, di realizzazione moderna ma costruito su progetti di origine medievale, che a loro volta ricalcavano, migliorandoli, quelli risalenti all'esercito romano, poteva lanciare carichi da cento, duecento libbre o più, fino a trecento metri di distanza.

Il carico fu scagliato a una velocità impressionante verso il mare aperto. Una volta in aria le tante piccole pietre caricate nell'alloggiamento per le munizioni si aprirono in una rosa di quasi cento metri di ampiezza, che finì in acqua, lontanissima dalla costa.

Tutti si abbassarono d'istinto per proteggersi, osservando stupiti l'effetto coreografico creato dalle pietre che cadevano tra le onde blu.

Abraham richiamò l'attenzione: «Quelle, signori, erano solo pietre senza valore. D'ora in poi, ogni rappresaglia che subiremo sarà compensata da un lancio come quello a cui avete appena assistito. La catapulta però verrà caricata con i preziosi che tutti voi bramate. La vostra presenza non è gradita. Vi invitiamo a deporre le armi e ad andarvene, al più presto. Shasmahal non si arrenderà mai, né a voi né a nessun altro».

Il disappunto si diffuse tra le file degli assalitori, che guardarono di nuovo verso il mare, increduli. Poi, incitati dai gesti nervosi del loro capo, arretrarono, sparendo tra gli alberi.

L'intimidazione sembrava aver avuto successo: l'assemblea tornò a discutere, animata da un barlume di speranza. Nessuno si illudeva: gli assalitori avrebbero presto lanciato un'altra offensiva. Bisognava approfittare di quel momento di tregua per prepararsi ad altre sorprese.

Alcune donne si dedicarono alla raccolta di quanto rimasto dell'orto, altre alla ricerca di oggetti utili tra le macerie. Nel frattempo, si tentava di fortificare e adattare al meglio i ripari sotterranei dove tutti si sarebbero rifugiati. Le vittime furono sepolte.

Anche se ferito, il cuore della città ricominciava a pulsare.

Anafi prese la parola: «Non possiamo stare qui ad aspettare di morire di fame, siamo tutti d'accordo?». I presenti annuirono. «Prima di trasferirci a Shasmahal, tanti anni fa, facemmo un'ultima tappa a Città del Capo. Cercando di non farci notare, qualcuno di noi entrò negli spacci per acquistare le ultime cose, soprattutto medicinali e stoffe, ricordate?» Seguirono cenni di assenso da parte dei pochi che avevano vissuto quel periodo.

«In quei giorni i traffici commerciali della Colonia del Capo erano attanagliati da un folto gruppo di delinquenti che assaltavano i carichi d'avorio, di pelli, spezie e altra merce proveniente dalle regioni interne e diretti al porto per l'esportazione. I banditi avevano addirittura iniziato a predare alcuni velieri all'àncora della baia, appropriandosene o affondandoli, senza scrupoli. Non trovando un contrasto efficace, a causa dell'inadeguatezza delle milizie a disposizione del governatore, il gruppo criminale continuava a crescere e fare sempre più paura. Il Capitano Suburban, osservando quel che accadeva, scoprì che i principali imprenditori della grande città, all'epoca, avevano deciso di autotassarsi per risolvere il problema e riuscire a liberarsi da quell'assedio senza fine.»

Anafi, rinfrancato dalla speranza che vedeva rinascere negli occhi di tutti, non voleva infondere in loro incauti ottimismi. Continuò: «Avevano intenzione di assoldare un esercito di mercenari, un contingente capeggiato da delinquenti della peggior specie, disposti, se ben pagati, a combattere contro chiunque per qualsiasi causa».

Il gigante nero capì dagli sguardi che la gente voleva saperne di più di questa storia. «Mi ricordo di aver sentito che quell'esercito era composto da avanzi di galera, schiavi fuggiti e relitti della società di mezzo mondo; esperti combattenti, avevano addestrato anche molti indigeni, principalmente Boscimani, cacciati dalle loro terre dai coloni in cerca di campi da coltivare. Sempre recalcitranti al contatto con chi era diverso da loro, dopo una lunga opera di convincimento e addestramento divennero una macchina da guerra al servizio dei mercenari.»

Julia ribatté, cercando di trattenere l'eccitazione: «E cos'altro sai che ci può tornare utile?».

«Poco, in verità. Mi pare di ricordare che avessero stabilito il loro quartier generale all'interno, vicino a una zona ricca di laghi a qualche settimana di cammino a nord della città, lungo la "via dei banditi", quella che segue il fiume.»

«Quell'esercito farebbe al caso nostro, ma come potremmo fare a raggiungerlo e assoldarlo?»

«Ma soprattutto: chi ci assicura che esista ancora?» Phil Fry, con il poco tatto che caratterizza i francesi, aveva posto la domanda che molti avevano forzatamente tenuto lontana, anche solo per continuare a sperare.

Ci pensò Anafì a riportare il giusto entusiasmo: «Per citare il nostro Madhat, l'unica cosa certa è che non lo sapremo fino a quando non andremo a vedere...».

10

Fu una decisione sofferta: il piano era pericoloso e le possibilità di riuscita scarse, ma alla fine Shasmahal decise di dare credito all'intuizione di Anafi e giocare l'ultima carta.

La pianificazione di tutti i dettagli della spedizione risultò complessa. Fu necessario superare i contrasti e i problemi tattici che emergevano di continuo. Le dispute principali ebbero per oggetto, nemmeno a dirlo, la scelta di chi avrebbe partecipato alla spedizione.

Secondo alcuni la soluzione più ovvia sarebbe stata affidare l'incarico a chi in passato aveva già percorso il tratto di mare che portava a Città del Capo. Ma i vecchi navigatori, ormai indeboliti dall'età, dovettero fare un passo indietro.

Madhat, rispondendo a un istinto più forte di quello di respirare, combatté come una tigre per essere scelto, ma l'assemblea stabilì che le ultime speranze della città sarebbero state affidate a Ra, Rashid e Mark Fry, trentacinquenne, ultimogenito di Philip. Nessuno di loro aveva mai navigato in mare aperto, per di più a vela, ma Rashid, se non altro, facendo parte del contingente che si occupava degli approvvigionamenti, aveva più volte percorso il primo tratto di mare verso sud e conosceva molto bene quella parte di costa. E poi era maestro di tecniche di combattimento ed entrambi i giovani scelti per accompagnarlo si distinguevano come ottimi combattenti. Mark era stato selezionato perché metodico e coscienzioso, e soprattutto perché bianco. Rashid e Ra, a Città del Capo li avrebbero notati subito; a Shasmahal mancavano notizie aggiornate da un bel po', ma tutti dubitavano che il mondo, nel frattempo, avesse smesso di commerciare i neri trattandoli come merce. Il contrasto all'abominio della schiavitù era ciò che aveva reso immortale la fama della ciurma di Nicholas Suburban.

Madhat era deluso e affranto; non riusciva a capacitarsi di essere stato escluso dalla spedizione e soprattutto non sopportava che il suo amico ed eterno rivale Ra fosse riuscito, ancora una volta, a spuntarla. Alla prima occasione utile fronteggiò Abraham, la sua figura maschile di riferimento. Occupava da anni l'amaca al suo fianco, nel dormitorio, e lo aveva costretto a raccontargli, per ore e ore, nel buio della notte, ogni assalto, arrembaggio, scorribanda vissuta a fianco di suo nonno. Finite tutte le storie, lo aveva obbligato a ricominciare daccapo, più volte, per catturare ogni minimo dettaglio.

Ad Abraham era affidato uno dei beni più preziosi della città: i libri. Coltivava da sempre una passione per la letteratura classica e scientifica. Quella stessa passione, condivisa anche dal comandante Nicholas Suburban, aveva fatto sì che, prima di fondare Shasmahal, entrambi si fossero prodigati per creare una biblioteca ben fornita. Nell'angusto locale dove il vecchio passava gran parte della sua vita, erano stipati più di millesettecento volumi sugli argomenti più disparati, conservati e disposti secondo una catalogazione puntigliosa. Tra questi, opere di grandi personaggi: Copernico, Shakespeare, Ariosto, Machiavelli, Bacone, e tanti altri. Tutti gli abitanti avevano la possibilità di attingere liberamente al sapere racchiuso in quelle pagine. Madhat, pur essendo uno studente volenteroso, aveva sempre provato una naturale antipatia nei confronti del sapere imposto. Ciò nonostante, quella biblioteca, forse anche per la stima e per l'affetto che lo legavano ad Abraham, lo aveva sempre affascinato e attratto. Non era per i libri in sé, ma per l'importanza che quei volumi avevano avuto per suo nonno Nicholas e per l'intera comunità. E poi c'era una questione esclusivamente olfattiva. Adorava l'odore inebriante della carta antica, rilegata, sfogliata, maneggiata. Quella libreria, per lui, significava tranquillità, protezione, casa.

Il vecchio, che conosceva bene Madhat, forse anche più di Julia, sua madre, aspettava il momento del confronto e, pur sapendo che sarebbe stato impegnativo, lo accettò serenamente. Madhat trovò la porta della biblioteca aperta e vide Abraham di spalle, che sfogliava un volume. Capì che lo stava aspettando, e che lo avrebbe ascoltato, come sempre. Cominciò a parlare senza nemmeno dargli il tempo di voltarsi.

«È un'ingiustizia, Abraham! Non avete il potere di lasciarmi nelle scuderie ad aspettare. Io mi chiamo Suburban, per Giove, e lottare per Shasmahal non è soltanto un dovere, è un mio diritto!»

L'anziano marinaio si girò lentamente. Madhat, guardandolo con intensità, si accorse che gli sconvolgimenti degli ultimi giorni lo avevano segnato; appariva affaticato, invecchiato. Rispose, con voce calma: «Abbiamo bisogno di te qui, figliolo. Adempirai i tuoi doveri comandando il contingente a difesa della città, al posto di Rashid, così com'è stato deciso. È una cosa molto importante, e tu lo sai bene».

Madhat, nonostante il rispetto che provava per l'uomo che aveva di fronte, non riuscì a trattenersi; sentiva un fuoco ardergli nel petto: «Non me ne faccio niente degli incarichi lasciati liberi da chi mi è stato preferito per la spedizione...».

«Madhat, te l'ho detto tante volte, impara a ragionare. Respira, prima di parlare. Credi che sia contento di veder partire mio nipote per un viaggio così pericoloso? Credi che non avrei preferito saperlo qui, protetto, vicino a me?»

«Allora perché non hai appoggiato la mia candidatura? Gli altri ti avrebbero ascoltato. Sento che è necessario che io vada, so che potrei essere molto più utile che qui!»

Abraham si sedette su una sedia di cuoio, legno e paglia, dove di solito si sedeva chi era in attesa della consegna dei libri. Indicò con un cenno la sua, in legno intagliato, ben più nobile, recuperata dalla cabina di comando del veliero di Nicholas Suburban. Il ragazzo colse l'importanza simbolica di quel gesto, ubbidì e si mise a sedere, in silenzio.

«Ascoltami, Madhat. Ti parlerò chiaramente, come non avevo mai fatto prima d'oggi e come forse non farò mai più.»

Madhat sostenne lo sguardo del vecchio. «Io di guerrieri me ne intendo. Ho sempre pensato che tu e Ra foste sullo stesso piano per qualità fisiche e coraggio, e ho seguito per ore i vostri allenamenti, con passione e orgoglio. Forse mio nipote è appena più portato di te per il tiro con l'arco, più scaltro nelle tecniche di combattimento a distanza e nelle discipline dove sono fondamentali la mira e la padronanza di sé.»

Madhat seguiva con attenzione. Era la prima volta che qualcuno, conoscendo la rivalità storica tra i due, lo confrontava all'amico. Di solito, in fase di addestramento i maestri erano implacabili nell'analizzare i difetti di ognuno, tralasciando volutamente i pregi.

Abraham, contento di aver catturato l'attenzione del suo

interlocutore, proseguì: «Riguardo a te invece, ragazzo mio, ritengo tu sia nato per combattere di fronte al nemico, corpo a corpo. Preferirei affrontare una mandria di bufali imbizzarriti, piuttosto che fare a pugni con te. Ma non è tutto. Nella mia lunga vita, io ho visto solo un altro uomo impugnare e maneggiare la spada con altrettanto talento, potenza e naturalezza: tuo nonno Nicholas».

Madhat aprì leggermente la bocca, senza accorgersene, rapito da quelle parole. Il vecchio proseguì: «Sono convinto che portando su un vero campo di battaglia il tuo istinto, insieme alla tecnica che ti abbiamo trasmesso, non avresti rivali. Già oggi, così indisciplinato e privo di esperienza, daresti filo da torcere a qualunque avversario. Il vero guerriero, però, non si costruisce a tavolino. Tecnica e metodo aiutano, non vi è dubbio, ma per eccellere occorre altro; ci vuole la fiamma, dentro, quella che solo pochi privilegiati hanno, fin dalla nascita. Sia io che Anafì, e tutti gli altri che hanno servito tuo nonno, abbiamo scorto nei tuoi occhi la stessa freddezza, tempra e fierezza che splendevano nei suoi. Tu sei una tigre, Madhat, come lui».

Il giovane si ritrovò in preda a sentimenti contrastanti. Commosso per quelle parole, e in particolar modo per il paragone con suo nonno Nicholas, provò l'impulso di abbracciare Abraham. Ma proprio per l'esaltazione delle sue doti, si sentiva ancor più determinato nel protestare contro la decisione di escluderlo. Il vecchio, un attimo prima, lo aveva descritto come l'uomo ideale per quel genere di impresa.

Abraham lo anticipò: «Tuo nonno, ideatore del sogno di Shasmahal, come sai, è morto per la salvezza della città prima ancora di vederla nascere. Suo figlio, tuo padre, non aveva nel sangue il temperamento dei Suburban e ha condotto, tra questi scogli, una vita dignitosa ma nulla di più. Tutti hanno interpretato la sua dipartita come la resa di fronte all'ingombrante figura paterna, che non riusciva a emulare. Ra era molto acuto e intelligente ma aveva un carattere difficile, introverso, che non gli ha permesso di comprendere quanto tutti noi l'amassimo. La sua scomparsa ci ha ferito nell'animo, e ci siamo tutti sentiti in colpa, in qualche modo, perché avremmo dovuto capirlo, aiutarlo, sostenerlo, soprattutto quando tu stavi per arrivare, momento che lui temeva. Quando sei nato, noi abbiamo visto in te, sin dai primi mesi, il vero, degno discendente dell'uomo a cui tutti dobbiamo la vita e la felicità. Ti abbiamo adottato come figlio di ognuno di noi. Anche se a volte sei irruente e insubordinato, tu rappresenti la vera anima della nostra città. Lasciarti andare via, domani, ci avrebbe tolto la speranza di poter rinascere».

Dopo un lungo, grave silenzio, Madhat si rese conto di non essere in grado di aggiungere altro. «Ho capito, vecchio Abraham. Adesso ho capito. Grazie.»

Turbato nell'animo, si alzò dalla sedia, la rimise al suo posto e se ne andò, salutando alla marinaresca.

* * *

La sera stessa, dopo l'imbrunire, il piccolo gruppo era pronto a partire. Non era pensabile calare in mare le scialuppe: c'erano troppe sentinelle attorno alle scogliere di tutto il golfo. I tre incaricati avrebbero utilizzato una vecchia scialuppa di salvataggio del veliero dei Suburban, scampata allo smantellamento. Era stata predisposta per l'alloggiamento di un albero per le vele e riadattata per permetterle di entrare in una grotta naturale nella scogliera, un centinaio di metri a sud del golfo. La piccola fessura d'entrata della grotta, trovandosi appena al di sotto del livello dell'acqua di bassa marea, era nascosta alla vista; solo raramente, a seguito dell'abbassamento dell'acqua provocato dalla risacca delle onde più alte, la fessura si apriva alla luce. Nessuno ci andava da anni, ma gli uomini che avevano portato la barca lì dentro tanto tempo prima, esperti marinai, avevano adottato tutte le attenzioni perché si conservasse. Ra era stato incaricato di trovare l'imbarcazione, rimetterla in acqua, farla uscire dalla grotta sfruttando un sistema di maniglie e cime predisposte all'interno, e prepararla per la navigazione seguendo le istruzioni fornite dai suoi esperti concittadini. I due compagni lo avrebbero raggiunto al segnale concordato.

Tutto si sarebbe svolto con il favore delle tenebre. In quei giorni la luna crescente era parzialmente coperta dalle nuvole e creava quindi le condizioni perfette per la riuscita della fuga.

Gran parte della popolazione si riunì silenziosa sul versante est, quello rivolto verso l'oceano, da dove dovevano essere calati i custodi delle ultime speranze, per riversare su di loro affetto e vicinanza.

Ra stringeva al petto Lana, che lo abbracciava piangendo in silenzio. Anche Omar e Verginì, i loro genitori, gli stavano vicino per godersi fino all'ultimo la sua presenza. I quattro erano leggermente staccati dal resto della gente, avvolti in una tenera intimità. Abraham si avvicinò richiamando suo nipote; si aprì un varco per permettere al giovane di raggiungere il punto dove lo aspettava la cima che lo avrebbe calato in mare. Passando tra amici e compagni, Ra riceveva auguri e incoraggiamenti sinceri e affettuosi, e rispondeva a tutti con un sorriso sicuro. Camminando stringeva a sé Lana, che sembrava non volerlo liberare da quell'abbraccio.

Madhat, nell'assistere alla scena, provava sensazioni contrastanti: un po' d'invidia, per le attenzioni rivolte al rivale, ma soprattutto la paura di perdere un amico, e di veder svanire, di conseguenza, ogni speranza di salvezza.

Violenza, distruzione, morte erano esperienze che né lui né la maggior parte degli altri abitanti di Shasmahal avevano vissuto in prima persona. Madhat avrebbe dato chissà cosa per essere al posto di Ra e vivere le emozioni che di lì a breve avrebbe sperimentato e, soprattutto, per poter finalmente conoscere il mondo al di fuori della città.

Quei pensieri svanirono quando Ra gli giunse accanto. Madhat non sapeva cosa dire. La sua mente pensava cose che la bocca si rifiutava di pronunciare. Fu Ra a trovare la soluzione: allargò le braccia davanti a lui, senza dire nulla che potesse interrompere il religioso silenzio che si era creato attorno. Fu un abbraccio di rara forza e intensità.

«Vorrei tanto poter venire con te!» disse Madhat, con una voce che tradiva del tutto ogni proposito di apparire calmo e rilassato.

«Non mi porto dietro ragazzini, mi dispiace.» Risero, per sdrammatizzare un po'. «Riporta a casa quel tuo muso nero sbiadito, piuttosto. Capito?»

Ra, a quel punto, tornò serio: «Contaci, pivellino, ma...».

«Non accetto "ma"!»

«Allora ci metto un "se". Se non dovessi riuscirci, promettimi solennemente che porterai a termine l'incarico che sto per affidarti.»

Anche Madhat tornò serio e concentrato: «Tutto quello che vuoi, Ra...».

«Ti affido Lana. Devi promettermi che la proteggerai da ogni minaccia, per tutta la vita, anche a costo della tua stessa vita. Devi giurare che le starai vicino se io non dovessi tornare. Io so che sei la persona più adatta.»

Madhat emise un profondo sospiro e annuì con decisione. Trovò negli occhi di Lana, umidi, quel briciolo di tacita approvazione che gli sembrava necessario, quindi tornò ad abbracciare l'amico, sussurrando nelle sue orecchie un deciso "te lo prometto", e null'altro.

Ra fu calato fino a tre metri dall'acqua. Si diede una possente spinta sugli scogli per allontanarsi il più possibile dai fondali troppo bassi e, una volta giunto alla massima estensione della corda, si lasciò andare tagliando di netto l'imbracatura. Il tonfo della sua caduta in mare si confuse con il rumore delle onde sugli scogli. Sapeva nuotare abbastanza bene, pur non avendo mai avuto modo di esercitarsi in uno spazio più ampio della piccola vasca che, nel periodo delle piogge, veniva allestita nel campo dei giochi.

Secondo una stima approssimativa, l'operazione di recupero della barca non avrebbe dovuto richiedere al giovane più di un paio d'ore. Nel frattempo, tutto l'occorrente per il viaggio sarebbe stato trasportato sul culmine della scogliera, pronto a essere calato a bordo.

Ai primi raggi di sole della mattina successiva, i tre avrebbero dovuto essere già lontani dalla portata del più potente dei cannocchiali, con la vela gonfia e la prua verso sud. Quando il sole si alzò dall'orizzonte, però, il segnale con cui Ra doveva comunicare d'essere pronto per imbarcare i compagni non era ancora giunto.

«È chiaro che almeno per oggi non verrà. Non può muoversi alla luce del sole, lo sa bene.» Abraham era sinceramente preoccupato, ma cercava di non darlo a vedere. Rashid, dal canto suo, esausto per aver passato la notte ad attendere invano la partenza, cercava di trovare giustificazioni plausibili: «Probabilmente la barca non era in condizioni di navigare, se riesce a ripararla verrà a prenderci questa notte...».

Tra i presenti, tutti cercavano di fornire una spiegazione, ipotizzando anche che il vento notturno avesse reso le onde ingestibili, e troppo pericolosa l'operazione di estrarre la barca dalla grotta. Comune a tutti era invece il senso di delusione e di disagio per quella falsa partenza. Timidamente, col passare delle ore, la città riattivò il suo incerto cammino verso un nuovo giorno; anche questo sarebbe stato caratterizzato dall'opprimente senso di soffocamento dovuto alla presenza degli invasori.

Verso metà mattina la sentinella appostata sul lato nord diede l'allarme che era stato convenuto per l'avvistamento di cannoni. Immediatamente, tutti coloro che erano all'aperto corsero a rifugiarsi nei ripari sotterranei. Alla prima bordata, seguita subito da altre due a breve distanza tra di loro, non tutti erano già al sicuro; si alzarono urla di panico e di terrore, ma i colpi, stranamente, non giunsero a destinazione. Nessuno vide o sentì i proiettili abbattersi contro gli scogli circostanti e nemmeno sibilare alti sulle teste, come accadeva quando gli assalitori sbagliavano mira.

«È un segnale! Non ne comprendo il significato ma è chiaramente un segnale.»

I vecchi lupi di mare annuirono a conferma della sentenza di Anafì. Dopo qualche tempo, la sentinella appostata a est emise un richiamo generico. Madhat, che era stato eletto capo della resistenza cittadina, si precipitò in quella direzione, abbandonando senza timore il rifugio.

Arrivato alla postazione non ebbe il tempo di fare domande, perché il fiato gli si bloccò in gola. Uno dietro l'altro, tre giganteschi velieri si stavano avvicinando, da sud, all'imboccatura del golfo, con nobile lentezza.

Madhat non aveva mai avuto l'occasione di osservare così da vicino quei rari esempi d'arte e tecnologia. Fino a quel giorno aveva sempre avvistato bastimenti piuttosto lontani, ma ora aveva davanti a sé tre navi a tre alberi, e le più piccole, tra loro gemelle, avevano l'albero di maestra alto all'incirca trenta metri, quasi quanto le scogliere di Shasmahal. La nave di maggiore stazza, invece, aveva un albero che sfiorava certamente i cinquanta, se non di più. Le due più piccole dovevano essere molto più vecchie e mostravano chiari segni dell'età sul fasciame e sulle palchette, con l'orgoglio di chi ha vissuto intensamente. Dovevano essere galeoni della fine del secolo precedente, modificati nel tempo dai maestri d'ascia per riparare danni subiti o per cercare di tenere il passo con le imbarcazioni più moderne. La nave principale, invece, aveva una linea aggressiva ed essenziale, priva dei fronzoli, dei castelletti e degli abbellimenti tipici dei galeoni del Seicento. I navigatori esperti, accorsi ad ammirare quello spettacolo, valutarono che potesse avere un dislocamento prossimo ai millecinquecento ton per settanta metri almeno di lunghezza e dodici di larghezza. In prima batteria poteva alloggiare almeno trenta cannoni da quarantadue libbre, trenta da ventiquattro in seconda e almeno altri quaranta in terza, con calibri dalle tre alle nove libbre. Nonostante le dimensioni, valutarono pescasse al massimo sei metri, assai di meno delle gemelle. Abraham e gli altri non avevano mai visto navi con casseri così ridotti né riscontrato la totale mancanza di coffe a cesto circolare per le vedette. La linea affusolata di quel gioiello poteva fargli raggiungere, con le giuste condizioni di mare e di vento, velocità non molto distanti dai dieci nodi.

Madhat si svegliò dal torpore in cui era sprofondato alla vista di quelle tre meraviglie quando sua madre Julia, dietro di lui, si espresse con il suo consueto sarcasmo: «Sospettavo che non fossero venuti fin qua a nuoto...».

«Lo sospettavo anch'io. Ecco a chi era rivolto il segnale con i cannoni...»

Sia Anafi sia Abraham, così come anche Phil, sopraggiunto da poco, non erano rimasti indifferenti allo spettacolo davanti ai loro occhi. In navi come quelle avevano passato gli anni della loro giovinezza e vissuto avventure e scorribande al limite dell'immaginazione.

Lentamente i velieri conclusero quella sfilata altezzosa e si disposero, con un ingegnoso sistema di doppi ancoraggi, con la prua rivolta verso il golfo, a ventaglio. Così facendo, spiegò Abraham, sottraevano le mura al pericolo di un eventuale attacco con i cannoni.

Una delle navi più piccole era al centro della formazione; evidentemente meno carica, poteva permettersi una maggiore vicinanza alla costa. Quando venne dato l'ordine definitivo di gettare l'àncora, non era a più di centocinquanta metri dagli scogli di Shasmahal, e tra gli uomini che si muovevano sul ponte centrale, Madhat non ebbe difficoltà a distinguere la figura di Jacob, che vestiva la giubba blu e impugnava una pistola. Con un presentimento che gli attanagliava l'anima, Madhat porse per primo una domanda ovvia: «Come diavolo ha fatto, secondo voi, quel demonio, a essere a bordo della nave, quando solo ieri girovagava sulla scogliera vicino alla città?».

L'interrogativo era giustificato dal fatto che il più vicino tratto di costa dove poter approdare senza trovare scogliere eccessivamente alte si trovava ad almeno tre giorni di marcia dal golfo. Fino a quel momento tutti avevano supposto che uomini e cannoni fossero giunti lì aprendosi un varco nella fitta boscaglia costiera, partendo magari dal luogo dove, quarant'anni addietro, i primi abitanti della futura città erano sbarcati.

Rispose Anafì: «Avranno costruito degli elevatori a corda a strapiombo sulle scogliere, che da qui non possiamo vedere. Anche noi all'epoca avevamo utilizzato quel metodo, per non dover trasportare via terra tutto il materiale. Sono organizzati meglio di quanto credessimo».

Le parole del vecchio erano segnate da una certa amarezza. Improvvisamente Abraham sgranò gli occhi come se un fulmine l'avesse colpito, e il suo sguardo parve perdersi nel vuoto.

«Oh mio Dio!» esclamò, con un filo di voce.

La reazione di terrore dei presenti fu il risultato della conclusione a cui erano giunti tutti, nello stesso momento: i velieri erano ancorati da giorni lì nei paraggi, nascosti alla loro vista dalle scogliere. E quello era il motivo dell'attesa di quella notte. Ra era stato mandato, solo e praticamente disarmato, dritto nella bocca del nemico.

Incredibilmente, nello stesso istante, a bordo del veliero più vicino alla costa, un comando dell'uomo con la camicia rossa avviò dei movimenti sul ponte. Un mozzo fu mandato ad assicurare una corda al bompresso, il piccolo albero obliquo di prua al quale generalmente vengono legate le vele quadre. Qualcosa di pesante al punto da impegnare tre uomini venne gettato fuori bordo e cominciò a penzolare, legato alla cima legata dal mozzo.

Un ragazzino venne mandato da Philip a recuperare il cannocchiale, ma i giovani occhi di Madhat, e il suo cuore, non avevano bisogno di alcuna lente per dare un nome alla grottesca figura appesa al bompresso: «Quello è Ra...» disse, e la rabbia che sentì nascere dentro di sé trovò come sfogo immediato lacrime amare, inarrestabili.

Il corpo di Ra Dugley, o meglio quel che rimaneva del suo corpo, offrì uno spettacolo raccapricciante a tutti coloro che ebbero il coraggio di impugnare il cannocchiale per vederlo più da vicino. Aveva due squarci nel ventre, da uno dei quali fuoriusciva parte delle interiora. Il viso, fortunatamente, era leggermente piegato in avanti e coperto dai capelli, un tempo neri e lucenti, ma ora raggrumati in un impasto di salsedine e sangue. Quando la brezza faceva girare il corpo su se stesso, la schiena mostrava segni di escoriazioni provocate da brutali frustate, e le natiche sembravano come bruciacchiate.

Non fu difficile capire che era stato catturato e torturato a sangue. Con tutta probabilità era ancora vivo quando avevano iniziato l'amputazione delle dita, e nessuno aveva dubbi sul fatto che, forte com'era, avesse resistito a lungo prima di morire dissanguato.

I membri dei vari equipaggi si divertivano a beffeggiare i poveri resti del ragazzo, senza risparmiare gesti osceni rivolti anche agli spettatori sulle scogliere. Altri giocavano al tiro a segno sparando alle pinne dorsali dei pescecani che, attratti dal poco sangue che ancora fuoriusciva dalle ferite della vittima, si accalcavano come impazziti sotto la prua del veliero.

Pochi ebbero la forza di soffermarsi ad assistere a quel tragico spettacolo; molti batterono in ritirata verso l'interno, piegati da un dolore insopportabile.

Uno di loro rimase a lungo lì, dritto sullo scoglio, cannocchiale alla mano. Era Madhat.

Osservò a lungo il corpo di Ra, calmo, concentrato, ripercorrendo nella sua mente quella che doveva essere stata la successione delle torture.

Capì che la sua esistenza non sarebbe stata più la stessa, da quel momento. Sentì di essersi trasformato, da asceta osservatore del mondo, in un predatore senza scrupoli, assetato di sangue. Capì di essere diventato un assassino.

11

All'interno del villaggio regnava lo sgomento più totale. Alcune donne si erano sentite mancare alla vista di quel giovane martoriato, che tutte adoravano come un figlio. Omar, il padre, girovagava barcollando senza nemmeno badare a quanti tentavano di lenire il suo dolore con parole di conforto; era distrutto. Cercava un po' di consolazione in Verginì, sua moglie, che lo abbracciava senza convinzione, con lo sguardo perso nel vuoto, folle di dolore. Erano l'emblema della sofferenza senza speranza, quella che allontana dalla realtà, che fa terra bruciata nell'animo, senza lasciare spazio a nuovi germogli di vita.

Perfino Anafi pareva aver perso parte del suo autocontrollo e si lasciava andare a scatti d'ira, cingendo tra le braccia Houda, a sua volta prossima al delirio.

Solo Abraham aveva preferito non mostrare a tutti i segni del suo dolore per la perdita del nipote, e si era ritirato nella biblioteca, solo, senza dire nulla.

Dopo lo sfogo, Madhat si sentiva invece stranamente calmo e concentrato. Sedeva con le spalle appoggiate al muro dell'osservatorio e stringeva al suo petto Lana, accovacciata in posizione fetale.

Era riuscito a impedirle di guardare dal cannocchiale e lei gli era scivolata tra le braccia, quasi obbedendo a un istinto. L'aveva portata fino al punto di vedetta; il suo pianto, per la verità piuttosto sommesso, era andato scemando ormai quasi del tutto. Lana respirava appena e stringendola a sé Madhat aveva l'impressione di abbracciare un uccellino, fragile e leggero.

Alzò gli occhi e lo guardò intensamente. Era lo sguardo di una donna matura, non della ragazzina con cui si era divertito a scherzare fino a qualche tempo prima.

Ra, il loro Ra, prima di andare incontro alla morte, li aveva uniti affidandoli l'uno all'altra e per nessuna ragione al mondo da quel momento in avanti si sarebbero mancati di rispetto.

I due giovani, legati in quel sodalizio d'amore e spietata sete di riscatto, si congiunsero in un abbraccio intensissimo, senza dire una parola. Fu l'atto definitivo della loro unione.

Quando Lana decise che era tempo di andare ad abbracciare i suoi genitori, Madhat pensò di raggiungere Abraham alla libreria. Da come aveva lasciato la scogliera, il vecchio doveva avere qualcosa in testa.

«Dimmi cosa stai architettando, tu, qui dentro.»

Il saggio, ritiratosi in un angusto locale dietro gli scaffali nell'ingresso, non lo degnò di uno sguardo. Madhat, allora, si avvicinò al tavolo sul quale stava armeggiando e, non capendo nulla dei disegni che riempivano fogli su fogli, cercò una spiegazione negli occhi del suo padre elettivo. Fu molto turbato nel vedere che erano ancora umidi e gonfi di lacrime. Capì che la cosa su cui stava lavorando era più urgente della necessità di dare sfogo al dolore per la morte di suo nipote. Si fece da parte e lasciò che terminasse il suo lavoro, senza disturbarlo.

Dopo diversi minuti Abraham si girò soddisfatto verso il giovane e disse: «Ecco, così dovrebbe funzionare! Almeno in teoria...».

«Che cosa hai in mente, Abraham?»

«Avvicinati, non essere timido. Voglio mostrarti come farai a lasciare Shasmahal.»

Madhat restò sorpreso. Si era preparato mentalmente, durante l'attesa, un discorso appassionato e coinvolgente per convincere Abraham e gli altri dell'assoluta necessità di fare qualcosa – pur non sapendo bene cosa – e di non restare a subire i soprusi di Jacob. Era pronto a minacciare di scappare e lanciarsi da solo contro tutti, se gli avessero negato ancora la possibilità di partecipare in prima persona a una nuova iniziativa. Capì, però, che non ci sarebbe stato bisogno di alcuna minaccia. Tutti, probabilmente mossi dalla rabbia per la terribile fine di Ra, sapevano che bisognava ormai combattere fino alla fine. E capì anche che, tacitamente, Shasmahal aveva scelto lui come nuovo ariete.

Con una lentezza che mal si conciliava con la frenetica eccitazione di Madhat, Abraham appoggiò sul tavolo uno strano oggetto dalla forma inconsueta. Lo aveva assemblato osservando alcuni disegni fatti da Raffaello, il nostromo, con il quale aveva passato giornate intere, anni e anni prima, a discutere e teorizzare idee di ogni tipo.

«Scartando l'ipotesi di costruire un ponte... e anche quella di ritentare la fuga via mare... resta solo un modo per raggiungere la terra...»

Madhat ancora non riusciva a ricondurre a una qualche forma conosciuta l'intreccio di tela e legno che aveva davanti.

L'anziano proseguì: «Dunque non ti resta che tentare con questo...».

Madhat, piuttosto perplesso, guardò con aria interrogativa prima l'attrezzo e poi l'amico; il vecchio scoppiò in una fragorosa risata, forse la prima a risuonare tra le mura della città dopo la tragedia.

«Usa quella testa, giovanotto! Che animale ti ricorda questo modellino?»

Tentò di concentrarsi, ma era piuttosto irritato dalla situazione. Si guardò attorno, in cerca di indizi. Scorse sul tavolo, seppellito da carte e disegni, uno dei manoscritti più preziosi contenuti nella biblioteca della città. Si trattava di una copia di un trattato riconducibile al genio di Leonardo Da Vinci.

Raffaello Cristallino, fiorentino d'origine, ne aveva curato personalmente la redazione, riproducendo a mano i disegni e gli appunti originali dell'artista e inventore italiano che, nel 1505, aveva condotto uno studio sul volo degli uccelli. Il *Codice sul volo degli uccelli*, conservato in originale da Francesco Melzi, il suo allievo prediletto, era stato venduto dai discendenti di quest'ultimo assieme alla maggior parte degli altri preziosi manoscritti con gli studi e le sensazionali invenzioni di Leonardo, che per primo, nella storia dell'umanità, aveva teorizzato il volo dell'uomo. Quei diciotto fogli, copiati e rilegati con cura dal maniscalco e inventore, oltre che nostromo della ciurma di Nicholas Suburban, prima che l'originale venisse disperso, avevano un valore pressoché inestimabile.

Madhat, in passato, aveva trascorso ore ad ammirare quei fogli. Ne aveva imparato a memoria alcuni passaggi, e in quel momento, con una cadenza colma di riverente rispetto, li recitava sottovoce, in italiano: «*Quell'uccello si leverà in alto, il quale con moto circulare, a uso di vite, farà il moto reflesso contro all'avvenimento del vento...».*

Abraham si illuminò e completò la frase, dopo aver preso in mano il modellino: «Esatto, caro Madhat, te la senti di "*Volare sopra alli nugoli per iscoprire altri paesi*"?».

12

Dopo lo stupore iniziale che aveva colto tutti, nella città, cominciarono le opere necessarie alla realizzazione dell'idea di Abraham. Carpentieri, sarti, falegnami, nonostante l'inevitabile scetticismo, si dedicarono alla realizzazione del "gabbiano di tela" descritto nei progetti di Raffaello. Sarebbero stati necessari sei o sette giorni per il completamento; alcune parti erano già state costruite per altri scopi, e quindi andavano assemblate e adattate con quelle di nuova realizzazione.

Durante i lavori anche Madhat aveva il suo bel daffare; come prima cosa, doveva essere istruito, in tempi brevi, alla conduzione dell'attrezzo infernale che lo avrebbe portato lontano dagli uomini di Jacob. Di conseguenza, passava ore con Abraham per carpire le dinamiche di volo e le manovre necessarie a dominare i venti e decidere le direzioni. Gli erano d'aiuto gli altri vecchi navigatori, grandi conoscitori dei venti di tutto il pianeta e delle loro bizzarrie. Saper sfruttare ogni centimetro quadrato delle vele del loro veliero, in passato, gli aveva permesso di compiere imprese fuori dall'ordinario.

Fu poi necessario apportare profonde variazioni al piano originario che era stato studiato per Ra e gli altri. Madhat avrebbe dovuto raggiungere i mercenari a piedi, dall'interno, e non più via mare passando da Città del Capo. Esclusero che potesse raggiungere la città più a sud, sulla costa. Il nemico ormai sapeva che gli assediati pianificavano una fuga e le probabilità che tendesse una trappola proprio vicino a quel porto erano altissime. Per evitare questa eventualità Madhat avrebbe vagato da solo per centinaia di chilometri di savana e di foresta, sconosciute e selvagge, e andava preparato a ogni evenienza.

Senso dell'orientamento, resistenza, strategie di sopravvivenza, conoscenza degli animali selvaggi e delle loro abitudini erano tutte capacità che Madhat, fortunatamente, dominava grazie alla passione e agli studi che aveva seguito fin da piccolo. Nonostante ciò, nessuno poteva negarlo, l'impresa appariva proibitiva e il ragazzo passava molto tempo a confrontarsi con Anafi, Omar, Houda e tutti coloro che erano in grado di fornirgli consigli e suggerimenti. Una città intera ruotava attorno al suo delfino, lo istruiva, lo coccolava e lo preparava; tutti sapevano che un ulteriore fallimento avrebbe sancito l'inappellabile condanna a morte di tutti, per mano di Jacob, o tramite il suicidio collettivo.

Nei pochi momenti in cui non era impegnato nell'addestramento, Madhat correva da Lana. Tra loro era nato qualcosa di molto intenso, e vederli camminare per mano, abbracciarsi, riposare assieme, donava a tutti un po' di conforto. Lana era premurosa e affettuosa, lo massaggiava per rilassargli i muscoli, preparava di persona i pasti nutrienti che lui avrebbe presto rimpianto; gli dava la sicurezza e l'energia di cui aveva bisogno, trovando in lui il conforto necessario a sopportare, almeno in parte, il recente dolore.

La sera prima dell'inizio della folle impresa, tutti gli abitanti del villaggio erano tesi e preoccupati. L'agitazione non dipendeva dal timore di nuove rappresaglie, perché, in verità, dal giorno dell'apparizione delle navi e del loro tragico carico, non vi erano più stati attacchi. Jacob, probabilmente, aveva deciso di concedere alla gente di Shasmahal il tempo per fissare bene nella mente lo straziante dramma che aveva inscenato per loro. Dipendeva, piuttosto, dal timore generato dall'attesa di una sentenza senza appello.

L'unico che appariva calmo e sereno era proprio Madhat. Terminata l'ultima delle estenuanti esercitazioni alla spada con Rashid, sotto l'attento sguardo di Anafi, il giovane fu lasciato libero di riposare qualche ora. Per garantirgli la maggior tranquillità possibile, alla sera gli fu concessa l'unica stanza da letto del rifugio sotterraneo, di solito occupata dai più bisognosi o dalle coppie riconosciute, in cerca di intimità. Accanto al suo giaciglio, per l'occasione preparato con lenzuola di seta indiana pulite e profumate, trovò una cena ricca, a base di zuppa di pesce, carne di capra, patate e, eccezionale privilegio data la distruzione delle colture, frutta in abbondanza. I suoi concittadini, già costretti a restrizioni per la sopravvivenza, avevano deciso di privarsi dei beni più preziosi per garantire al loro eletto il migliore degli addii.

Condivise quel pasto con Julia, sua madre, che gli trasmetteva calma e agio. Giunta a Shasmahal da piccola, aveva pochi ricordi del mondo che si era lasciata alle spalle, a Saint Ives, in Cornovaglia. Aveva condotto una vita ordinaria all'interno dell'eccezionalità di Shasmahal, diventando una delle colonne portanti della comunità, come sarta, principalmente, ma anche cuoca e insegnante di inglese. Dopo la scomparsa di Ra, padre di Madhat, Julia non si era persa d'animo e aveva cresciuto il suo unico figlio con amore ed energia, conscia dell'importanza della missione e supportata in ogni occasione dai concittadini. Era una donna forte, quadrata, silenziosa, consapevole del proprio ruolo. Madhat la adorava ma tra loro non c'era bisogno di manifestazioni d'affetto sdolcinate. Bastava che si guardassero, per capirsi, e quella sera il loro abbraccio fu colmo di significati.

Terminato il pasto Madhat stava per andare a coricarsi, quando sentì aprire la pesante porta d'entrata della stanza. Lana sgattaiolò all'interno verso di lui; con aria timida gli si accucciò a fianco sul letto e, incrociando il suo sguardo, si accese in un meraviglioso sorriso.

«Speravo che venissi.»

«Sapevi che sarei venuta, potevi almeno lasciarmi un po' di frutta...» I due scoppiarono a ridere e si abbracciarono affettuosamente.

«Ti ho portato questo...»

Lana gli legò al polso un braccialetto semplice di cuoio intrecciato, che aveva fatto con le sue mani. Era elegante e resistente. Madhat ringraziò sottovoce e alzò piano lo sguardo su di lei.

Così vicina, sapeva di fresco. Anche lei alzò lo sguardo. Alla luce della candela, Lana era di una bellezza da mozzare il fiato. I suoi occhi, anche se scuri, splendevano in modo quasi innaturale e la sua pelle sembrava dipinta dalla mano di un grande artista. Quando si sciolse la coda e i capelli neri le caddero giù, sotto le spalle e fin sopra il petto, Madhat ebbe la certezza di non aver mai visto cosa più bella in vita sua. Si conoscevano da sempre, e il loro rapporto era stato abbastanza conflittuale, forse proprio per la reciproca attrazione, germogliata piano, col tempo, per sbocciare infine in un bisogno reciproco di amore e protezione. Lana l'aveva sempre attratto magneticamente, con un'intensità costante, che in principio lo aveva spaventato. Con la maturità, e dopo quello che era successo a Shasmahal, i due giovani avevano abbattuto ogni barriera tra loro. E ora Madhat poteva averla tutta per sé, almeno per un po', lontano dagli sguardi indagatori dei concittadini. Non riusciva a credere, soprattutto, di aver battuto i suoi coetanei nella sfida più difficile, quella di meritarsi lo sguardo che Lana gli stava offrendo, e che lo mandava in totale confusione.

Ci pensò lei a rompere gli indugi. Protese le labbra, umide e fresche. Madhat fu felice che lei avesse gli occhi chiusi: non avrebbe mai sopportato di farsi cogliere nell'espressione di inebriante disorientamento che aveva assunto. Si fece coraggio e ricambiò il bacio con tutta la delicatezza di cui era capace.

I due giovani, e soprattutto lei, non avevano mai avuto modo di indagare a fondo i misteri dell'altro sesso; sin da piccoli avevano dovuto convivere con la mancanza d'intimità. Eppure, vissero un'esperienza che sarebbe rimasta impressa nelle loro menti a lungo. Scoprendo assieme, passo dopo passo, i segreti del piacere e della passione, si unirono come se i loro corpi fossero stati generati con l'unico scopo di completarsi a vicenda, in un turbinio di sensazioni, piaceri, emozioni che li avvolse e li portò alle soglie dell'incoscienza.

Poco prima di addormentarsi, ancora nudi, sudati e ansimanti di piacere, si sciolsero insieme in un pianto liberatorio, che moltiplicò l'intensità del loro abbraccio. Lacrime di gioia ma anche di sofferenza, per la tragedia che li aveva colpiti, e per la consapevolezza dell'imminente distacco.

***

Siamo stelle.
Dobbiamo correre il cielo, noi stelle, creature celesti.
Ma Lince, tua Madre, creatura della terra, deve correre la terra e dormire sul nudo suolo.
Noi, che siamo stelle, non possiamo dormire.
Dobbiamo correre il cielo,
insonni.
Noi, che siamo stelle
e corriamo il cielo,
dobbiamo seguire il nostro corso per sempre, insonni,
creature del cielo. Stelle.
Celesti creature[1].

Terminata la danza rituale che da secoli accompagna i boscimani nel racconto mimato delle loro favole o delle cantilene, Houda si accasciò a terra quasi a volersi riprendere dallo sforzo, e si abbandonò al "respiro del fuoco", brevi inspirazioni ed espirazioni continue che la guaritrice era capace di portare avanti per ore.

Perché quei racconti sortissero l'effetto auspicato, il mimo-narratore doveva raggiungere la *trance*, e le droghe naturali, assunte prima del rito per favorire l'elevazione allo stato ultraterreno, contribuirono a prolungare l'effetto. Tutti i presenti, ossia i parenti di Madhat e le persone a lui più care, aspettarono

1. Fiaba boscimana, *La canzone di Cuore d'Alba, la stella del mattino, a sua figlia.*

in religioso silenzio, concentrati a trasferire al ragazzo tutte le loro energie positive.

La penombra generata dalle lucerne all'interno della camera dove erano stati concepiti tutti i cittadini nati a Shasmahal, le fragranze degli incensi e la partecipazione affettiva di tutti i presenti, che si percepiva tutt'intorno, contribuirono a creare un'atmosfera a tratti irreale. Il silenzio quasi disturbava le orecchie, e dopo un po' tutti si convinsero che i cuori dei partecipanti avevano cominciato a battere all'unisono.

Avrebbero potuto rimanere in quello stato di catarsi collettiva per ore, ma dopo qualche minuto fu proprio Madhat a tornare alla mediocre realtà: «Signori, e signore, con tutto il rispetto, io avrei da lavorare...».

Quasi tutti scoppiarono a ridere, e quello fu l'inaspettato epilogo del rito. Houda alzò gli occhi e tutti si accorsero dalle lacrime che le solcavano il viso. Un sorriso sdentato colmo di affetto si affacciò sul volto; allargò le braccia rugose in direzione di Madhat che, un po' a disagio, le si avvicinò e l'abbracciò con trasporto.

Un'energia quasi dolorosa lo pervase; era come se la vecchia strega avesse raccolto la forza di tutti i presenti per trasferirla al giovane guerriero. Madhat sbarrò gli occhi, si estraniò da tutto e da tutti, e ascoltò le parole in swahili che la vecchia iniziò a sussurrare lentamente, come un bimbo in fasce ascolta la ninna nanna che la madre canta sottovoce:

Acqua Buona sei tu,
specchio sincero del mondo, fonte di vita.
Acqua Buona,
figlio d'anima che viene da lontano, e lontano vuol sempre tornare.

Ovunque andrai, Madhat, mago potente,
troverai Buona Acqua, e ne farai dono a chi ti sta vicino.
Beato chi ti ha al suo fianco.
Stolto chi ti allontana.
Pazzo chi ti combatte.
Perché tu sei Shasa, Buona Acqua.

Madhat, da sempre scettico convinto su certe teorie e certi riti mistici, fu come stregato da quelle parole, e sentì che gli si incidevano nella mente, indelebili.

D'un tratto Houda si staccò dall'abbraccio e scappò via, chissà dove. Lui ne fu traumatizzato, sentendosi come privato di una parte del corpo, fin troppo leggero. Si ridestò, e fu lieto di trovare conforto negli sguardi gioiosi e convinti dei suoi cari, stretti attorno a lui.

Il rito era terminato. Madhat sapeva che ne avrebbe compreso appieno significati ed effetti col tempo. Houda, meticcia africana, nata da madre boscimana e padre zulù, aveva preteso che si aspettasse un giorno di luna piena per partire e, non contenta, aveva celebrato negli ultimi giorni altri rituali, frutto di tradizioni millenarie. Quella mattina, la maga aveva trasferito centinaia di anni di cultura africana nelle fibre del ragazzo.

Madhat andò a vestirsi, convinto e consapevole. Era giunta l'ora di lasciare Shasmahal. Si presentò a rapporto da Abraham. Prese in consegna tutta l'attrezzatura preparata per lui, la indossò e fece per incamminarsi verso il luogo dal quale era prevista la partenza.

Prima che uscisse dalla porta della biblioteca, Abraham lo chiamò a sé: «Madhat, figlio mio. Shasmahal ha già perso prematuramente tuo nonno e tuo padre. E ancora li piange, per motivi diversi, ma continua ad amarli come se fossero sempre qui. Il tuo sangue è il loro sangue, quello che ha generato questa città. Vai con Dio, io so che le nostre vite non potrebbero essere in mani migliori...».

A quel punto lo abbracciò con tutta la forza che rimaneva nel suo corpo vecchio e spossato dalle recenti emozioni. Il giovane lo vide stanco, e capì che non avrebbe assistito alla partenza. Non trovò parole per replicare, ma si allontanò con la consapevolezza che quell'abbraccio, nei giorni seguenti, gli sarebbe stato utile al pari di ogni arma che portava con sé.

Giunse nei pressi dello strapiombo che volgeva a est, verso il mare aperto; l'unico punto da cui poteva tentare il decollo era proprio quello che lo avrebbe portato dritto verso le navi nemiche.

La spaventosa creatura proveniente dal genio di Leonardo, dalla follia di Raffaello e dalla passionale dedizione di Abraham, era lì, a pochi metri dall'abisso. Secondo il suo inventore, doveva imitare il modo in cui planano i gabbiani, i falchi, insomma tutti gli uccelli che, sfruttando il vento e le correnti ascensionali, riescono a stare in aria per ore senza mai sbattere le ali. Raffaello, sulla scia delle lezioni del maestro toscano, aveva passato mesi a osservare i principi fisici che i volatili seguono per puro istinto, e aveva cercato di percepirne e teorizzarne i meccanismi più nascosti. Con l'aiuto di Abraham, all'inizio scettico, era arrivato a dominare quei segreti, riuscendo a costruire modellini che, pur legati a una corda, erano in grado di volare. E tanti altri ne aveva lanciati giù dalla scogliera, riuscendo, a volte, a far sì che planassero fin quasi a perdita d'occhio, prima di cadere in mare.

L'uccello di legno e tela era dotato di un'apertura alare di sei metri. La struttura portante era di legno, flessibile e resistente, capace quindi di attutire sollecitazioni anche piuttosto violente. Per garantire una maggiore resistenza, la struttura stessa era stata rinforzata, nei punti critici, con strisce di metallo appositamente modellate dai fabbri. Poggiava sulla "barra di manovra", termine mutuato dal mare, un bastone di legno a semicerchio attaccato perpendicolarmente alla struttura portante che, mosso dalle braccia, serviva a cambiare direzione. Le gambe invece erano assicurate alla coda tramite corde, in modo da distribuire il peso al meglio, come suggerito dagli studi di Leonardo. Quello sgraziato velivolo ricordava vagamente la forma di un falco con le ali spiegate.

Madhat aveva il portamento e la fierezza di un soldato. Si avvicinò al punto del decollo con calma; il momento tanto atteso era dunque arrivato e il ragazzo sapeva di avere tutti gli occhi puntati su di lui. Le modalità di decollo e atterraggio erano state pianificate nel dettaglio, prendendo in considerazione ogni incognita. Quelle teorie, tutto sommato, avevano una logica, ma nessuno le aveva mai messe in pratica, o almeno non a Shasmahal.

13

Jacob era tornato sulla terraferma già da qualche giorno, dopo il trasferimento sulla nave per ostentare la crudeltà riservata al giovane fuggiasco.

Si era fatto costruire una sontuosa abitazione in legno coperta con frasche di makuti, l'albero del cocco, tipico di quelle zone, e passava la maggior parte del tempo a riposo per via della gamba malconcia. Non aveva alcuna fretta, del resto. Il clima favorevole e la selvaggina abbondante garantivano a lui e ai suoi uomini tutto il necessario per trasformare l'attesa che la città si arrendesse in una piacevole vacanza. Prima o poi gli abitanti dell'eremo semidistrutto non avrebbero potuto far altro che alzare bandiera bianca e aprirgli le porte. E se le sue informazioni erano corrette, avrebbe trovato uno dei più grandi tesori mai accumulati da un navigatore.

Nonostante la trappola della scogliera franata e la costante minaccia di vedere catapultati in mare i preziosi, tutto procedeva secondo i piani, e Jacob non poteva che sentirsi fiero.

L'idea di lasciare le navi nascoste alla vista della città era stata sua. Sapeva che gli assediati avrebbero tentato una reazione ed era ovvio che lo avrebbero fatto via mare. Aveva dunque deciso di piazzare due scialuppe con uomini armati a nord e a sud dell'uscita del golfo, a loro volta ben nascoste dagli scogli. Catturare il giovane mulatto era stato un vero e proprio trionfo di strategia, anche se era costato la vita a un paio dei suoi uomini, uccisi a mani nude dal ragazzo che, combattendo come un leone prima di essere imprigionato, ne aveva ridotti male altri due. L'esibizione delle mutilazioni inflitte, però, aveva ampiamente compensato ogni perdita.

Quella mattina Jacob era di ottimo umore per le attenzioni ricevute durante la notte dalla schiava zulù, di rara bellezza, acquistata qualche mese prima a Città del Capo. Il pericolo d'infezione alla gamba colpita dalle frecce pareva ormai scongiurato, e sentiva che pian piano le forze cominciavano a tornare.

Era partito da Liverpool, città di origine di sua madre, un paio d'anni prima. I suoi erano agricoltori piuttosto benestanti; il padre, tedesco emigrato, lo aveva cresciuto nel benessere, insistendo per fornirgli una cultura e un'educazione che gli avrebbero permesso, secondo i suoi piani, di diventare un rispettabile uomo d'affari o un avvocato. Londra e tutta l'Inghilterra, in quel periodo, erano in forte ascesa economica, e le possibilità di mettere a frutto una buona istruzione classica non mancavano di certo.

Jacob, però, aveva sempre saputo, nell'intimo, di essere diverso da come i suoi l'avrebbero voluto. La madre aveva dovuto prenderne atto, col tempo: suo figlio era attratto, sin dai primi anni di vita, da tutto ciò da cui i giovani timorati di Dio stanno di norma alla larga. Jacob era un inguaribile attaccabrighe, sempre pronto a scatenare risse per i motivi più futili. Sembrava faticasse a comprendere i concetti di bene e male. Il giovane, in realtà, tale differenza l'aveva ben chiara in testa, da sempre, e aveva semplicemente scelto, senza esitazioni, il male come unica strada da percorrere. All'inizio aveva collezionato bravate tipiche di un ragazzino viziato: torture di animali, accanimento contro i coetanei più deboli, scherzi di pessimo gusto alle ragazze meno piacenti. Alle soglie dell'adolescenza Jacob aveva però cambiato passo, e si era ritrovato a dover rispondere di veri e propri pestaggi, furti in casa di conoscenti e danneggiamenti in città, tanto per ammazzare la noia. All'età di quindici anni era diventato padre, a esito di un incontro amoroso non esattamente consensuale con la giovane figlia di uno dei contadini che lavoravano per i suoi. I genitori di Jacob avevano dovuto insabbiare lo scandalo a suon di sterline, prendersi carico del piccolo e, giocoforza, allontanare il loro primogenito, ormai ingestibile.

Il collegio a Londra aveva solo peggiorato la situazione, dando modo a Jacob di uscire dal limitato mondo della città di pescatori da cui proveniva ed entrare in contatto con una metropoli che di certo offriva notevoli opportunità a chi intendeva dedicarsi all'illecito.

Tornato a Liverpool dopo la prevedibile espulsione con demerito dalla scuola di Londra e forte delle recenti amicizie, si era dedicato a nuove redditizie attività anche per conto di uomini d'affari europei e africani, interessati a investire sui contingenti di schiavi e deportati in transito dal porto fluviale, e bisognosi della collaborazione di gente del luogo, possibilmente senza scrupoli.

Nel giro di una quindicina d'anni Jacob, coltivando anche attività parallele di ricettatore e, all'occorrenza, sicario, era riuscito a mettere da parte una piccola fortuna, macchiandosi, al contempo, di ogni crimine conosciuto e punito dalla legge britannica. Quando aveva dovuto cambiare aria per evitare una condanna a morte, aveva scelto di investire quasi tutti i suoi averi in una spedizione verso l'altro emisfero, arruolando suo figlio e reclutando un manipolo di manigoldi al seguito. Era entrato subito in contatto con i capi della malavita in Sud Africa, aveva dimostrato in poco tempo le sue doti criminali e scalato velocemente le gerarchie. L'assalto a Shasmahal, progettato con alcuni "colleghi" di Città del Capo, era la sua prima vera e propria missione operativa.

A un tratto Jacob udì delle cannonate provenire dal golfo e saltò in aria come morso da una tarantola. Arrivò zoppicando alla veranda, aspettando che qualcuno venisse a fargli un resoconto della situazione. Immaginava che all'interno della città potessero esserci dei cannoni, ma il fatto che fino a quel momento non fossero mai stati utilizzati lo aveva indotto a credere che fossero ormai fuori uso. Le sue navi erano state ancorate a distanza di sicurezza dagli scogli, ma il fragore di quello che sembrava un vero e proprio bombardamento a tappeto gli tolse ogni certezza.

Dopo qualche minuto, finalmente, vide arrivare di gran carriera Bonehead, il suo braccio destro, uno degli uomini più spietati e malvagi con cui avesse mai avuto il piacere di collaborare. Completamente pelato (*Bonehead* significa "testa d'osso"), sulla cinquantina, maleodorante e corpulento, Bonehead era un assassino nato, un'arma micidiale nelle mani di chi riusciva a dominare il vuoto dentro al suo cranio. Era stato lui a dirigere le operazioni di tortura a Ra e anche in quel frangente aveva dimostrato una straordinaria conoscenza dei più spietati metodi per infliggere sofferenze a un essere umano.

Jacob era molto agitato: «Che cosa sta succedendo, per la puttana?».

«Incredibile, capo. È una cosa incredibile!»

«Ma cosa? Parla!» L'omone non trovava le parole. Non una grande novità, per lui, ma era davvero agitato; faceva gesti strani con le mani, faticando a riprendersi dalla corsa.

«Cosa c'è d'incredibile, santa merda! A cosa diavolo stanno sparando quei bastardi?»

«A niente capo! Nel senso... sparano a vuoto!»

«Ma come a niente, stupida capra! A qualcosa staranno pure sparando, no?»

Bonehead si concentrò, e finalmente trovò il termine: «Copertura! È un fuoco di copertura».

Jacob spalancò gli occhi incredulo; si soffermò per pensare un po' e proseguì: «Copertura per cosa? Qualcun altro tenta la fuga? Ci danno altra carne fresca da macellare?».

«No! Anzi sì... insomma, come dire...» Bonehead era completamente frastornato. Jacob stava per scendere dalla veranda e prenderlo a botte, quando un'ombra oscurò per una frazione di secondo il cielo sopra di loro. Alzarono entrambi gli occhi, in totale confusione, e videro un ragazzo avvinghiato a un marchingegno enorme volare alto, quasi a sfiorare le nuvole. Jacob perse l'equilibrio, rischiando di cadere all'indietro per riuscire a seguirlo con lo sguardo.

Sembrava un falco, un enorme e meraviglioso falco che si stava velocemente allontanando dalla costa, planando leggero e sicuro nell'aria.

* * *

Qualche minuto prima, quando quattro uomini, seguendo le istruzioni di Anafì, lo avevano scaraventato nel vuoto senza tanti complimenti, Madhat aveva provato una delle emozioni più coinvolgenti della sua esistenza. La caduta nel vuoto, prima che le ali del falco trovassero portanza, gli aveva svuotato i polmoni dall'aria; i suoi sensi, abituati da sempre ad ambienti angusti, starati da tale aggressione, gli avevano preannunciato l'imminente impatto con l'acqua, che appariva inevitabile. Per puro istinto, ad occhi chiusi aveva mosso la barra nella direzione opposta da quella presa al decollo, e, come per incanto, si era ritrovato immerso nel vento relativo del volo. Aperti gli occhi, si era accorto di non essere nell'acqua ma per aria, a una ventina di metri di altezza, tutto sommato stabile. Allungando di nuovo in avanti entrambe le braccia, compensò un difetto di equilibrio causato dall'imbracatura, e si ritrovò al cospetto degli alberi dei tre velieri all'àncora, apparentemente insormontabili. Non aveva spazio per guadagnare quota, occorreva passarci in mezzo.

A quel punto era cominciato il fuoco di copertura, proveniente da Shasmahal, per disorientare gli occupanti delle navi e impedire loro di reagire. Le bocche dei cannoni della *Bluebirds*, silenziose da quasi mezzo secolo, avevano vomitato decine di palle di metallo, che saettando a pochi metri dall'oggetto volante erano andate a sfiorare le sagome dei velieri.

Madhat era riuscito a leggere distintamente, negli occhi dei pochi uomini presenti sui ponti, lo sgomento causato dalla sua apparizione. Nessuno di loro riuscì ad adottare contromisure, e solo un paio degli occupanti del veliero più grosso, ancorato leggermente più a largo degli altri, avevano lanciato maledizioni al ragazzo che, con gli occhi sbarrati dalla paura, stava correggendo goffamente la traiettoria per scartare l'albero di trinchetto. Superato l'ultimo ostacolo, Madhat si era trovato a volare sull'immensità dell'Oceano Indiano.

La mattina, l'acqua del mare, che acquista e cede il calore del sole molto lentamente, perde lo scontro con la temperatura del terreno, che si scalda in fretta. L'aria, per l'irradiazione del sole, sale verso l'alto e, sfruttando tale principio fisico, ben noto a tutti i naviganti, Madhat era riuscito a prendere quota velocemente, limitandosi a correggere la direzione di tanto in tanto. Una volta ritenuta sufficiente l'altezza, inebriato dalle reazioni del suo corpo a quelle emozioni mai provate, aveva invertito la rotta, puntando il muso del falco verso la terraferma. La nuova spinta del vento, da poppa, lo aveva costretto ad alzare leggermente la punta acquistando velocità. Ormai abbastanza sicuro ai comandi, come un novello Icaro, non aveva rinunciato a passare non distante dallo scoglio di Shasmahal, per inebriarsi del coro di esultanza dei suoi concittadini, che lo avevano salutato come un'apparizione divina. Tra tutti aveva individuato senza difficoltà Lana, vicino a sua madre, avvampando d'affetto.

Aveva quindi deciso di puntare leggermente a nord, allontanandosi dalla rotta prestabilita, perché aveva intuito che la tana del lupo era stata costruita su quel versante. L'aveva individuata senza sforzo: una casetta costruita dove erano stati abbattuti gli alberi per reperire la legna necessaria all'insediamento dell'esercito nemico. Vinse a fatica la bramosia di atterrare e fronteggiare Jacob per staccargli il cuore dal petto a mani nude. Ci sarebbe stata un'altra occasione, ne era sicuro, per cui si impresse bene nella mente le caratteristiche distintive di quel territorio, per ritrovarlo con facilità.

Volava placido, come un novello Icaro, in lenta discesa, sopra la fitta boscaglia costiera, puntando verso sud-ovest, per raggiungere il diradare degli alberi che scorgeva in lontananza; l'inizio della savana, utile per l'atterraggio. Leonardo da Vinci, nel suo trattato, suggeriva di dotare il pilota di "materiale soffice" a protezione in caso di caduta: Madhat, a quel ricordo, iniziò a sudare freddo.

Mentre si preparava ad affrontare l'ignoto, udì degli schiamazzi sotto di sé. Un gruppo di europei, e qualche locale, circolavano tra gli alberi, armati. Doveva trattarsi di una parte del contingente nemico impegnata nella caccia, ignara di quanto accaduto a qualche miglio di distanza, sulla costa. Si trovava ancora a un'altezza sufficiente per raggiungere gli spazi aperti all'orizzonte ma, curioso come una scimmia, Madhat non resistette alla tentazione di osservare i nemici e, ormai padrone del mezzo, impegnò il falco in un'ampia manovra a otto per perdere qualche metro di quota. La barra, a quel punto, forse proprio a causa della manovra azzardata, si staccò senza alcun preavviso dal suo alloggiamento e l'intera struttura, sbilanciata e priva di controllo, si avvitò su se stessa precipitando in verticale verso le cime degli alberi.

14

Il fracasso degli alberi che cedevano sotto il suo peso fu a dir poco infernale. Madhat si chiuse a riccio per proteggere gli organi vitali. Sentì, improvviso, un dolore pungente al costato: un ramo doveva averlo colpito. Pochi istanti dopo, con un violento strattone, la discesa si interruppe; i resti della struttura del falco si incastrarono tra i rami, bloccando la caduta. Aprì gli occhi: era vivo.

Cercò a tastoni la piccola ascia alloggiata in una tasca di cuoio, la impugnò e con un paio di colpi si liberò dalla presa dell'imbracatura, atterrando agilmente su un ramo. Libero da vincoli si preoccupò della ferita, che gli aveva già imbrattato di rosso la maglia. Anche se impedito dall'attrezzatura e dallo zaino, la toccò con un dito, e cauto penetrò fino ad arrivare all'osso. Era una ferita grave; il costato aveva fatto il suo dovere, preservando gli organi vitali, ma il sangue sgorgava copioso. Allungò il collo per valutare meglio i danni e la vista dell'osso, candido e scheggiato, gli causò un lieve giramento di testa. Pensò di sedersi sul ramo, per riprendersi, ma i suoi sensi lo riportarono bruscamente al presente: gli uomini che stava osservando dal cielo dovevano averlo visto e stavano accorrendo.

Erano sei, quattro bianchi e due neri. Decisamente spaesati, si disposero a ventaglio ai piedi dell'albero, guardando Madhat dal basso con un misto di terrore, curiosità e odio. Il giovane riconobbe uno di loro come l'autore degli insulti più irriverenti ai resti del povero Ra, e non ebbe bisogno di altri incentivi. Si tolse lo zaino, lo assicurò al ramo assieme all'arco con la faretra e, impugnando unicamente l'ascia con la sua mano preferita, la sinistra, balzò a terra come un felino, pronto alla caccia.

«Madhat, ora voglio che tu mi ascolti bene.»

La sera prima, quando era andato a salutarlo, Anafi aveva dato enfasi a quell'affermazione con il tono delle sentenze inappellabili. Il ragazzo lo venerava, soprattutto per la sua fama di guerriero, e quindi si era preparato a ricevere da quel gigante nero l'ennesimo insegnamento, che rischiava peraltro, di essere l'ultimo.

«So che brami di lasciare la città da tanto, e lo capisco. Ora è giunto il tuo momento.»

«Sì, vecchio guerriero. Sono pronto.»

«No, non lo sei.»

Madhat ci era rimasto male, ma conoscendo il suo interlocutore aveva preferito non ribattere. Col silenzio, gli aveva chiesto di proseguire.

«Quante volte ti abbiamo descritto il mondo là fuori, io e gli altri tuoi padri?»

«Molte.»

«Troppe, forse, perché abbiamo contribuito a crearne, nella tua mente, un'immagine non veritiera.»

«Allora aiutami, padre.»

«Non posso, perché in realtà non è possibile. Per quanto

accurati possano essere stati i nostri racconti, non si può imparare a nuotare solo con le parole.»

«Lo so, Anafì. Anche questo mi è stato detto, tante volte, e io, anche grazie a voi, mi sento pronto a immergermi.»

«Hai tutte le caratteristiche per farlo, Madhat, ma anche un enorme difetto, che là fuori potrebbe ucciderti subito.»

Il giovane era spaesato. Abraham, tempo prima, lo aveva convinto del contrario, esaltando le sue doti. Dopo un lungo silenzio, il gigante nero aveva proseguito: «Tu sei buono, ragazzo, e là fuori non c'è spazio per quelli come te. Shasmahal è una bolla di sapone, un involucro protettivo, una grande, enorme farsa, che siamo stati abili a mettere in piedi e tenere viva, ma che ha creato una generazione di sognatori deboli, di potenziali perdenti».

Madhat non si sarebbe mai aspettato un discorso del genere da una delle colonne portanti della comunità. Anafì stava demolendo quel sogno divenuto realtà, a cui tutti gli abitanti avevano creduto ciecamente, sin dalla nascita. Ma lo aveva lasciato proseguire, senza fare eccezioni.

«Ti abbiamo detto in ogni lingua che là fuori il mondo è crudele. Lo hai visto in questi ultimi giorni, e lo proverai sulla tua pelle non appena entrerai in contatto con qualche suo rappresentante.»

«E non vedo l'ora. Posso dirlo?»

«Certo, non ho dubbi. E io ripeto che non sei pronto.»

«Dimmi perché, devo saperlo.»

«Perché tu non sei abituato a lottare per sopravvivere. Non ti sei mai sorpreso di essere vivo. Ogni singolo animale della savana, al contrario, dal più debole al più forte, sa per istinto che ogni giorno potrebbe essere l'ultimo, e che dovrà lottare con tutte le sue forze per arrivare a veder sorgere un altro sole. Tutti noi, al contrario, da troppo tempo, ce ne siamo dimenticati. L'altro giorno, in assemblea, ho visto un lampo nei tuoi occhi. Avevi i pugni chiusi, eri pronto ad aggredirmi. Poi, come sempre, hai fatto prevalere l'educazione, il raziocinio. Non va per niente bene.»

Madhat aveva iniziato a capire. Quello non era un sermone, erano consigli di vita di un vincente, e aveva chiesto al grande nero: «Guidami, allora, vecchia tigre, mostrami la via».

«La via da seguire è molto semplice: è la legge della savana. Tu hai bisogno di cibo, ma sei cibo a tua volta. Se tu non mangi qualcuno, presto qualcuno mangerà te. Non ci sono compromessi, non c'è democrazia, non ci sono i vecchi a darti consigli, perché vecchi là fuori non si diventa. Non ci sono regole o scappatoie. L'unica regola è prevalere sempre e a ogni costo. È straziante vedere un'aquila dilaniare i cuccioli di un uccello più debole, ma quella madre non ha altri mezzi per nutrire i suoi figli. Se non prevali, c'è solo la morte. Da domani, Madhat, tu sarai chiamato a scegliere se infliggere tale punizione o subirla.»

L'allievo aveva bevuto quelle sentenze come un terreno arido accoglie le piogge.

«Non sto rinnegando la mia scelta, non sto infangando la visione di tuo nonno. Lui era una mente illuminata, e ha scelto di costruire Shasmahal al termine di una vita condotta applicando, per decenni, la legge della savana. Ma se tu pensi di fare un giro in mezzo ai rifiuti che troverai oltre quegli scogli, per diffondere come un apostolo i principi e le massime che ti abbiamo inculcato da quando non ti pisci più addosso, darai vita facile anche ai predatori più deboli, ragazzo mio.»

Madhat aveva iniziato ad annuire sempre più convinto, apprezzando in silenzio quelle lezioni di pragmatismo. «Tu hai visto cosa hanno fatto a tuo fratello Ra. Sei rimasto a lungo a osservarlo, l'ho notato. La chiave è lì, Madhat.»

«Sì, lo so.»

«Vai, ragazzo mio, e uccidi, senza pietà. Ci sarà spazio, nella tua vita, per la misericordia, per l'onore, la carità, per i dogmi della religione, per la filosofia o per l'amore e la fedeltà, altre fandonie inventate dagli uomini col culo grasso. Ma non è questo il momento. Tu sei un uomo? Ti senti uomo?»

«Sì.»

«E allora devi fottere, Madhat. Tu devi fotterti il mondo intero, senza pietà, oppure sarà lui a fottere te.»

Il giovane aveva riso, sempre divertito dalle metafore di quel padre nero, che, al contrario, si era ancor più corrucciato.

«Dimmi, quale è la tua missione, Madhat?»

«Salvare Shasmahal.»

«No! Shasmahal non esiste più, lo sappiamo tutti.»

Lui aveva allora corretto il tiro, consapevole: «Salvare la gente di Shasmahal. La mia gente».

«Esatto. Se là fuori sarai gentile, userai il cuore invece della testa, concederai quartiere, rinuncerai a opportunità di mangiare, bere, o fottere ogni volta che puoi, in virtù di princìpi superiori, come ti abbiamo insegnato in questa città, sei già un uomo morto. E se tu muori, condanni a morte la tua gente. È questo che vuoi?»

«No.»

«Allora devi diventare ciò che ancora non sei. Un uomo capace di combattere per la vita, ogni giorno. Devi diventare un predatore.»

Al ricordo di quei discorsi, Madhat, con le spalle protette dal tronco, osservò i nemici. I due indigeni erano rimasti un passo indietro rispetto ai bianchi. Era probabile che fossero schiavi. Erano disarmati, ma prestanti e in ottima forma, condizione necessaria per sopravvivere alla schiavitù. Gli altri quattro invece erano sovrappeso, barbuti e sfatti e gli ricordarono i barbari descritti in alcuni dei classici latini studiati a scuola. Quei popoli, però, notoriamente combattevano come degli indemoniati. Il giovane non si fece illusioni: di certo avrebbero venduto molto cara la pelle.

Madhat non valutò nemmeno la possibilità di tentare con la diplomazia. Prese alla lettera le parole di Anafì e, pochi istanti dopo essere atterrato al suolo, scagliò la scure contro il più vicino dei nemici.

Osservò la parabola dell'arma che, roteando su se stessa, colpì l'energumeno nella parte alta dello sterno, facendo schizzare il sangue tutto intorno. Quell'attacco, brutale, sfrontato, gli salvò la vita, a dimostrazione di quanto cruciali fossero i consigli di Anafì. Cadendo all'indietro, l'uomo tolse la copertura al compagno alle sue spalle che, con il fucile carico, in posizione di caccia, stava per sparare senza essere visto. Fu una frazione di secondo, utile a Madhat per continuare lo slancio in avanti e lasciarsi cadere a terra. Percepì il vento causato dalla rosa dei pallini sfiorargli i capelli, e il colpo andare a impattare contro l'albero alle sue spalle, con una violenza tale da strappare un ampio brandello di corteccia.

Madhat rimbalzò in piedi, sguainando la spada che era stata di suo nonno, ancorata al fianco destro. Il bastardo, sorpreso dagli scatti felini del giovane caduto dal cielo, sgranò gli occhi e fece qualche passo indietro, dedicandosi convulsamente alle operazioni di ricarica.

Gli altri due bianchi, nel frattempo, lo avevano accerchiato con movimenti furtivi. Ne aveva uno di fronte e un altro alle spalle: una situazione di combattimento che, fortunatamente, si era trovato a simulare centinaia di volte durante gli allenamenti. Non si perse d'animo e si girò in modo da mostrare a entrambi un fianco, privando quindi quello alle spalle della possibilità di attaccarlo di sorpresa. Impugnava la spada con la sinistra, certo del fatto che sarebbe stato attaccato per primo dall'uomo alla sua destra. Così avvenne, e avendo previsto la mossa, parare l'affondo gli risultò sin troppo facile. Girando su se stesso dopo il movimento in uscita, si trovò a fronteggiare di nuovo entrambi gli assalitori. I due, con un rapido cenno d'intesa, gli si scagliarono contro nello stesso momento, e Madhat fu costretto a spostarsi di lato abbassandosi con un guizzo per schivare l'affondo dell'uomo di sinistra e parare, per la seconda volta, quello dell'uomo di destra.

Doveva respirare regolarmente, con calma, perché quei due non costituivano un ostacolo insormontabile. A corto di idee, rimasero sorpresi nel veder nascere, sul volto del demonio sceso dal cielo, qualcosa che somigliava a un sorriso beffardo. Si avvidero che era dannatamente giovane, ma maneggiava la spada come un gladiatore esperto. Quello dei due che si era visto parare, quasi senza sforzo, entrambi gli attacchi, fu colto da un impeto d'ira e si scagliò con tutte le forze che aveva in corpo in un nuovo tentativo di stoccata.

L'eccessiva foga, lo sapeva bene grazie agli insegnamenti di Rashid, non è mai di aiuto quando ci sono in ballo delle spade. Il buon guerriero, poi, deve sempre sfruttare a suo favore le debolezze dell'avversario, e Madhat non si lasciò pregare: non dovette far altro che evitare la spada che lo stava per raggiungere, indietreggiando appena con il busto. Sentì lo spostamento d'aria provocato della punta di ferro e si trovò di fronte a un avversario completamente sbilanciato in avanti, senza difese. Non doveva far altro che colpirlo, ma prima che la spada affondasse nelle carni di quell'uomo, dopo il tremendo boato di una fucilata, vide la sua vittima stramazzare al suolo. Ricaricata l'arma, il fuciliere, nella foga, aveva mirato frettolosamente il bersaglio e aveva fallito il tiro, di nuovo.

Per qualche secondo, rimasero tutti fermi per riprendere fiato. L'uomo di fronte a Madhat, di nuovo pronto al duello, doveva avere attorno ai quarant'anni. Peloso, muscoloso, aveva un corpo temprato da chissà quante avventure. Emanava un acuto tanfo di tabacco misto a sudore, con i rimasugli di qualche recente sbronza. Al suo confronto Madhat, bianco come il culo di una scimmia, sembrava un bravo bambino innocente e indifeso. Non lo era. Come una leonessa affamata, stanco di stare sulla difensiva e desideroso di mettere alla prova le sue abilità in uno scontro ad armi pari, passò all'attacco. Il malvivente fu travolto da un'impressionante scarica di colpi potenti, precisi e velocissimi; costretto a indietreggiare frettolosamente, ogni parata risultava di volta in volta meno sicura ed efficace della precedente. Nel giro di qualche secondo si ritrovò disarmato, esausto, ansimante, incredulo, con le spalle al tronco di un albero e con la punta della spada del suo avversario alla gola.

«Pietà!»

Madhat, di fronte a quella richiesta inattesa, vacillò. Del resto, lo aveva reso inoffensivo, che senso aveva ucciderlo?

Mentre stava quasi per imboccare la strada sbagliata che Anafi gli aveva paventato poche ore prima, si accorse che il suo contendente, col viso deformato in una smorfia di dolore, puntava gli occhi dietro di lui a intervalli regolari, con disperazione. Capì che stava solo cercando di guadagnare tempo, sperando che il fuciliere, al terzo tentativo, potesse andare a bersaglio.

Lo trafisse allora senza ulteriori esitazioni percependo, per la prima volta, il rumore di una lama che penetra in un corpo umano, saggiandone la resistenza. Fu sorpreso, in particolar modo, dal risucchio provocato dall'estrazione dell'arma, e ancor più dallo sguardo privo d'espressione di un uomo che esala l'ultimo respiro.

Si girò e, senza preoccuparsi della ferita, raggiunse l'albero su cui era atterrato, mentre l'ultimo degli assalitori bianchi, a distanza di sicurezza, stava ancora tentando di ricaricare il fucile in preda al terrore, reso evidente dalla frenesia dei movimenti. Con calma, Madhat recuperò la sua attrezzatura e impugnò l'arco. Estrasse una freccia dalla faretra, che ne conteneva nove. L'uomo che aveva di fronte, a non più di una ventina di metri, capì di avere i secondi contati, e abbandonate le operazioni di riarmo, gettò a terra il fucile e fuggì, correndo il più velocemente possibile in direzione della costa.

Prima di tendere la corda, quasi senza pensarci, Madhat si soffiò leggermente sull'indice e il medio della mano sinistra. Era il gesto scaramantico che Ra compiva ogni volta, prima di un tiro, e di cui lui aveva sempre sottolineato l'inutilità. Decise che da quel momento in poi l'avrebbe adottato a sua volta.

La freccia colpì l'uomo alla base del collo, nonostante fosse arrivato, correndo a tutta velocità, a quasi sessanta metri di distanza.

Lo scontro era finito. I due schiavi erano rimasti fermi, in silenzio, nel loro atteggiamento schivo, tipico di gran parte degli africani. l giovane li ignorò e si sedette per riprendere fiato. Tolta la maglia esaminò la ferita, con cautela, sorprendendosi del candore delle ossa del suo costato. Bruciava da morire, e guizzi di sangue scurissimo venivano pompati all'esterno con cadenza regolare dal cuore, ancora sui regimi dello scontro appena concluso. Attinse dalla scorta di unguenti e medicinali nello zaino, preparati con cura da Houda. Con un dito scavò un pezzo di pasta arancione da un contenitore di ebano, e iniziò a masticarlo. Quando fu intriso di saliva lo spalmò tra i lembi della ferita, cercando di ricomporli. Era un cicatrizzante molto potente, che conteneva squame di pesce, pestate e lavorate assieme a erbe medicali.

Mentre aspettava che l'intruglio facesse effetto, mangiando una mela, i due neri gli si avvicinarono e misero ai suoi piedi l'ascia e la freccia recuperate dalla prima e dall'ultima vittima. Era un gesto di grande rispetto, dal significato preciso: quei due figli dell'Africa non avevano alcuna responsabilità nell'attacco alla sua gente e stavano comunicando a Madhat di essere dalla sua parte. Lui li ringraziò col capo, portandosi una mano al cuore. Conosceva alcuni dialetti africani, ma i due, probabilmente, non avevano un'idea nemmeno vaga della loro provenienza; cercare di comunicare con loro sarebbe stato inutile.

Di lì a poco sarebbero arrivati gli uomini che Jacob di sicuro aveva inviato al suo inseguimento guidati dal rumore degli spari; Madhat raccolse le sue cose e partì al trotto in direzione sud-ovest.

15

Correva senza sosta già da una trentina di minuti ormai, agile, sicuro e scattante tra gli alberi e gli arbusti della vegetazione costiera. Era coperto di sudore, la ferita doleva un po', ma non al punto di rallentarlo.

All'inizio della corsa si era trovato ad affrontare una sensazione strana, inaspettata. Qualcosa di simile a un disorientamento, insieme alla mancanza d'equilibrio. Non aveva mai provato niente del genere. C'era voluto qualche minuto per dare una spiegazione razionale a quello stato. Sull'angusta cima degli scogli della città, Madhat aveva compiuto i primi passi per poi imparare a correre, a saltare, a sostenere lunghe prove di resistenza fisica, sempre però nello spazio limitato dai confini ristretti della città. A Shasmahal, dopo poche decine di metri in qualunque direzione, si doveva tornare indietro per non finire nell'abisso. I suoi sensi, di conseguenza, erano abituati alle misure cui aveva fatto riferimento fino ad allora. Trovarsi a non avere limiti, a muoversi senza dover tornare sempre sui propri passi aveva sconvolto le sue percezioni.

Si trovava nell'immensità sterminata del continente africano e provava le sensazioni di un naufrago, perso nell'immensità dell'oceano. La consapevolezza delle enormi distese che aveva di fronte e che doveva percorrere però lo eccitava. Aveva atteso quel momento per anni, e viverlo gli restituiva emozioni di gran lunga maggiori di quelle che aveva immaginato. Spinto da quei pensieri estatici, d'un tratto si trovò a dover decifrare un'altra sensazione, questa volta di disagio emozionale. Si sentì sporco, fedifrago, forse, per aver provato eccitazione nel lasciare la città dove era nato e dove decine di anime, tra cui sua madre, aspettavano con ansia il suo ritorno.

Confuso da quel turbinio di emozioni, rallentò lievemente per scartare il tronco di un grosso albero e infilarsi in un sentiero lievemente in discesa. Senza accorgersene, urtò contro un ammasso non ben definito di materia grigiastra, in qualche modo soffice, che a sua volta si muoveva rapida, ma nella direzione opposta. Si ritrovò a gambe all'aria, stordito dallo scontro, piuttosto brusco. Si mise a sedere cercando di capire cosa fosse successo.

Da buon conoscitore della fauna africana, Madhat capì subito che il grosso animale con cui si era scontrato altro non era che un comune babbuino. Il primate, finito anche lui a tappeto, si era già rimesso in posizione eretta e, a pochi passi da lui, lo scrutava sospettoso e apparentemente indeciso sul da farsi, con i piccolissimi occhi neri colmi di terrore, al culmine di un grosso muso scuro e appuntito.

In quel momento, tutt'attorno, l'intera comunità di babbuini, a terra e sugli alberi, messa in allarme, si movimentò, preparandosi alla fuga e generando un gran fracasso. Erano tanti, sicuramente più di cento.

Madhat, da come si erano disposti, colse subito il pericolo mortale in cui si era involontariamente cacciato. Come la maggior parte delle scimmie che popolano il pianeta, anche il babbuino è un animale che vive in gruppi organizzati ed efficienti. Di fronte a una situazione di pericolo la principale arma di difesa è la ritirata, normalmente condotta da alcuni maschi giovani, a protezione dei piccoli e delle femmine. La fuga stessa, nella maggior parte dei casi, vede però i maschi più anziani, quindi più forti ed esperti, pronti a fronteggiare la fonte del pericolo, spesso con una ferocia folle. Quel rituale di coraggioso sacrificio a favore della comunità si stava compiendo davanti ai suoi occhi, e lui, scimmia nuda, che mai in vita sua avrebbe pensato di far del male a quegli esseri pacifici, rischiava di essere dilaniato, per averne involontariamente colpito uno.

I cinque maschi più grossi si avvicinarono, inferociti, dimenando in aria le braccia pelose, sproporzionatamente lunghe, e digrignando i canini in terribili ghigni di sfida. Stavano dimostrando gli insegnamenti di Anafi sulla vita. Ma la situazione era molto più pericolosa e disperata di quella affrontata prima, quando ad attaccarlo era solo un gruppo di uomini armati. Un gruppo di babbuini inferociti, nonostante il maschio superi raramente i quaranta chili, può affrontare un leopardo senza troppi timori.

Madhat si preparò, suo malgrado, allo scontro, sapendo che l'unica via d'uscita sarebbe stata abbattere un paio di primati con l'arco o con la scure, prima che si avvicinassero e lo facessero a brandelli, nella speranza di far desistere gli altri.

L'arco era già teso, pronto a scagliare una freccia a una velocità mortale, quando un boato proveniente da est cambiò di nuovo lo scenario; era un colpo di fucile, che rombando cancellò ogni velleità offensiva dei babbuini. Evidentemente, pensò Madhat, quei poveri animali avevano già avuto modo di conoscere l'efficacia distruttiva delle armi da fuoco; gli uomini di Jacob probabilmente le avevano usate per cacciarli o anche solo per sadico divertimento. Colti dal panico, i primati scapparono precipitosamente, dimenticando ogni altra preoccupazione.

Il giovane tirò un sospiro di sollievo: non aveva alcuna voglia di accanirsi contro animali innocenti. Ebbe, però, la certezza che lo stavano seguendo e, soprattutto, che gli inseguitori erano più vicini di quanto immaginasse. Stimò di avere una mezz'ora di vantaggio sugli inseguitori, che con tutta probabilità si trovavano, in quel momento, sul luogo del suo atterraggio di fortuna, dove immaginò che avessero usato le armi per finire una delle sue vittime o contro gli schiavi. Secondo i calcoli iniziali condivisi con Abraham, il volo avrebbe dovuto concedergli molto di più in termini di vantaggio. Se avevano i cavalli, come immaginava, pur non avendone mai visti intorno alla città, in pochi minuti gli sarebbero stati addosso.

Occorreva cambiare tattica: doveva muoversi non solo veloce, ma anche, e soprattutto, in modo astuto.

Aveva appreso la tecnica dell'osservazione e dell'interpretazione delle tracce in ore e ore di esercitazioni. Saper riconoscere i segni lasciati sul terreno da qualunque essere vivente è forse l'arma più efficace cui affidarsi quando si calpestano territori selvaggi. Il grande Anafi, ai tempi d'oro, era capace di capire da un'orma appena accennata il tipo d'animale, il peso, l'età e una quantità di altri dati a dir poco stupefacente. Sapeva riconoscere l'impronta di ogni cittadino di Shasmahal, e più volte aveva smascherato le marachelle di qualche ragazzo dai segni lasciati sul suolo. Madhat, per la solita mancanza di pratica, non poteva considerarsi un esperto, ma sapeva il fatto suo.

Per la prima volta cercò di sfruttare quel vantaggio per provare a sviare gli inseguitori.

La comunità di babbuini, muovendosi, aveva lasciato un'infinità di tracce sovrapposte l'una all'altra, che avrebbero mandato in confusione anche il più abile osservatore. Madhat cercò di approfittare di quel caos: lasciò deliberatamente orme dei suoi piedi in tutte le direzioni, ripercorrendole e calpestandole nuovamente a ritroso fino a tornare ogni volta al punto di partenza. Simulava in quel modo il movimento in diverse direzioni; quando infine decise di dirigersi a sud-ovest, lo fece, per quanto possibile, saltando di ramo in ramo e cancellando con un arbusto i segni che lasciava per terra. Non aveva idea dell'abilità degli inseguitori, ma quel depistaggio li avrebbe sicuramente messi in difficoltà e permesso a lui di guadagnare un po' di tempo.

Per annullare il vantaggio di chi poteva contare sui cavalli, doveva riuscire ad arrivare al fiume che scorreva più a sud. Era ai limiti della savana: sulle rive del fiume la vegetazione sarebbe tornata a essere più fitta e difficilmente penetrabile; raggiungerla indenne avrebbe significato trovare rifugio e, soprattutto, costringere i cavalli a rallentare.

Il fiume risultò molto più lontano di quanto immaginasse. Madhat dovette correre senza fermarsi per quasi quattro ore, restando sempre al limite tra la vegetazione costiera e gli spazi aperti più a ovest, per non offrirsi come pranzo ai predatori che infestavano quelle zone.

Ormai allo stremo delle forze, sapeva che il suo vantaggio nei confronti degli uomini di Jacob si assottigliava di minuto in minuto, anche perché non aveva più il tempo e le forze per tentare di cancellare le sue tracce. Correva scomposto, a velocità ridotta. Come se non bastasse la ferita al costato cominciava a dare fastidio; a intervalli irregolari, fiotti di sangue scuro fuoriuscivano dal taglio, imbrattando in maniera raccapricciante la parte destra del suo corpo, ma non c'era tempo per medicarsi. Gli sembrava di sentire lo scalpitio degli zoccoli dei cavalli alle sue spalle, anche se non ne aveva mai visto uno, in realtà. E poi era certo che non sarebbe stato fisicamente in grado di affrontare un ulteriore scontro, qualunque fosse il numero degli inseguitori.

Il corpo umano, quando è in difficoltà, è capace di potenziare alcuni sensi: proprio quando era ormai prossimo alla resa, Madhat ebbe la sensazione di percepire l'odore dell'acqua. La sentì vicina, facilmente raggiungibile con un ultimo sforzo. Dopo pochi minuti, infatti, intravide in lontananza la vegetazione fluviale e si avviò per raggiungerla con rinnovata energia. Poco prima di immergersi al riparo delle piante, quando ormai sentiva il gorgogliare del fiume, si girò indietro.

Pur con la visuale oscurata dalla fatica, scorse chiaramente, a un paio di miglia, il polverone alzato dai suoi inseguitori. Incitati dalle tracce fresche che stava seguendo, un piccolo esercito avanzava a tutta velocità verso di lui. Madhat fece una smorfia: era in guerra da solo contro decine di uomini e per di più su un campo di battaglia e in un territorio che aveva appena iniziato a conoscere.

Non si perse comunque d'animo e sparì tra gli alberi prima di essere avvistato.

Percorse l'ultimo centinaio di metri arrancando come un moribondo e quando giunse nei pressi della riva nord del fiume non trovò le forze per mettere a fuoco lo spettacolo che si aprì di fronte a lui: l'impetuoso scorrere di quel corso d'acqua incorniciato da una fitta vegetazione impreziosita da fiori sgargianti e liane. Immerse completamente il capo, trovando immediato sollievo nell'acqua. Non avrebbe dovuto, lo sapeva bene, ma bevve senza ritegno il liquido, torbido a causa del fango: gli parve di bere nettare divino. Riemerse e si mise supino a guardare il sole che filtrava tra i rami sopra di lui; per la prima volta dall'atterraggio ebbe un attimo di tregua.

Passò una trentina di secondi in uno stato di trance quasi totale. Per quanto giovane e allenato, aveva chiesto troppo al suo corpo, che si contorse in uno spasmo, al quale seguì un conato di vomito acido. Si scosse, giusto in tempo per accorgersi che qualcuno stava sopraggiungendo. Dovevano essere le avanguardie degli inseguitori.

Madhat tentò di alzarsi, ma i muscoli si irrigidirono rifiutandosi di ubbidire al comando. Capì che non aveva senso tentare di nascondersi. Non trovò altra soluzione se non quella di rotolare su se stesso fino ad abbandonarsi alla corrente.

16

«Nulla da fare, non c'è traccia di quel poppante.»

«Mio padre se ne farà una ragione.»

Bonehead scosse la testa, perplesso. Scrutava in direzione dello scorrere dell'acqua da qualche minuto, affranto. «Tuo padre, se non glielo riportiamo, se ne farà una ragione solo dopo avermi staccato i coglioni a morsi.»

Eribert stava per rispondere a tono, ma decise di trattenersi. Il luogotenente di suo padre sapeva il fatto suo, tutto sommato, ma restava un buzzurro ignorante con il quale non valeva la pena confrontarsi. Si era unito spontaneamente alla spedizione di ricerca per abbattere la noia causata da un assedio che sembrava dovesse concludersi in fretta e che, al contrario, si stava trasformando in una tortura lenta. La caccia a un essere umano fuggito volando gli era parsa una cosa fuori dall'ordinario, epica a sufficienza da essere vissuta. Ma di giocare a nascondino con un ragazzino non ne aveva alcuna voglia.

«Posso azzardare?»

«Cosa vuoi fare?»

«Un'ipotesi iperbolica.»

«Non capisco, cazzo. Parla come caghi.»

«Oh, mio Dio, quanta ignoranza. Posso dire la mia?»

«Puoi fare il cazzo che vuoi, se non mi chiedi soldi, damerino.»

«Il fiume non è un confine. È una cerniera tra la terra e il tempo.»

«Eh?»

Eribert si divertiva come un matto a mettere in difficoltà Bonehead, e trovava insolito appagamento nell'espressione sbilenca che era riuscito a fargli assumere in quel momento. «Amico mio, voglio dire che a mio parere non lo troveremo più.»

«E perché mai?»

«Perché questi corsi d'acqua sono pieni di coccodrilli, per dirne una.»

L'energumeno ci pensò su un po'. Conduceva quel tipo di attività da molti anni, per cui rimase scettico. «Non ci sono tracce di bestie qui. Né brandelli di carne o vestiti, o attrezzature, né avvoltoi che svolazzano in cielo.»

«Non vuol dire nulla, e lo sai.»

«Io so solo che quel gran figlio di troia è scappato dalla città volando, per la puttana. Ancora quasi non ci credo, cazzo, eppure lo abbiamo visto tutti. Ma non è finita, perché ha accoppato da solo quattro dei nostri, se non te lo ricordi. Poi, se non bastasse, ha tenuto dietro di sé, scappando a piedi, un esercito di coglioni a cavallo e ha confuso le tracce meglio di un uragano. Quello è il demonio, cazzo, e non ce lo vedo proprio a diventare lo spuntino di un lucertolone, dài, su!»

«Sarebbe poco epico, te ne do atto.»

«Eh?» Il delinquente si stava alterando. Anche se parlava col figlio del capo, non gli avrebbe permesso di farsi deridere: «Senti, damigella pettinata a festa, l'hai sentito tuo padre? Vuole la testa di quello stronzo, e io gliela porterò. Mi dai una mano? Bene. Ti rompi i coglioni? Non posso prenderti a calci in culo, purtroppo, ma non ti voglio tra le palle. Prendi un cavallo, due uomini, e torna a leggere i tuoi libri da donnetta al fresco, nella tua baracca. Qui comando io, ricordatelo».

Su una cosa il troglodita aveva ragione: la sua ritrosia era causata dalla poca voglia. Decise di dargli spago, in fondo quella sortita poteva ancora riservare qualche sorpresa. Completamente disinteressato alla smania di ricchezza e di violenza tipica di animi inquieti come suo padre e i suoi principali collaboratori, Eribert, venticinque anni, aveva accettato di seguirlo in Africa proprio per trovare ispirazione per qualche storia da romanzare. Tutto sommato, poi, era ben conscio della probabilità che, per una volta, l'animale dall'alito nauseabondo che aveva di fronte potesse aver ragione.

«Faremo come dici tu, mio caro e intelligente amico!»

Bonehead non colse la sfumatura ironica nella frase del ragazzo e annuì soddisfatto, per essere riuscito a imporre la sua autorità. Eribert proseguì: «Hai elucubrato qualche tattica, mio sommo condottiero?».

«Eh?»

Eribert trattenne una risata, ma a stento. «Mi consenti di azzardare un'idea? Se non sono oltremodo presuntuoso?»

«D'accordo, ma finiscila di parlare come la regina.»

«Supponiamo che quel demonio non sia morto. Sono sicuro che non è andato verso la costa, altrimenti lo avrebbe fatto da subito, senza inoltrarsi nella savana. Se ne deduce che non cerca di raggiungere il villaggio a sud ma, senza dubbio, va a ovest, forse addirittura a sud ovest, per raggiungere il Capo di Buona Speranza. Per proseguire, se è riuscito ad attraversare il fiume, sapendo che noi con i cavalli non possiamo farlo, lo costeggerà dall'altra parte, in modo da essere coperto dagli alberi e avere acqua e selvaggina in abbondanza.»

Bonehead annuì. Stavano rientrando in argomenti a lui congeniali. Il giovane proseguì: «Se sei d'accordo, sfruttando la velocità dei cavalli, senza dover inseguire tracce che il fuggitivo sicuramente manometterà di nuovo, potremmo marciare lontano dal fiume in direzione ovest per qualche giorno, per poi tentare di attraversarlo in un punto favorevole e aspettare che il bocconcino ci arrivi in bocca da solo».

Prevenendo l'obiezione che lesse negli occhi dell'uomo calvo, continuò: «So cosa pensi, e concordo. Manderemo qualche uomo a piedi lungo questo argine, nell'eventualità in cui il disgraziato pensi di guadare nuovamente il fiume».

Il cranio pelato dell'omone, ancora madido di sudore, luccicò ai raggi del sole pomeridiano che filtravano tra i rami. «Bene signori miei del cazzo, allora è deciso. Muoviamo le chiappe e andiamo a cucinarci il nostro uccellino!»

17

Madhat si accorse di essere svenuto, probabilmente era rimasto senza coscienza per qualche minuto. Quando aprì gli occhi, fluttuava ancora nell'acqua, fresca e rigenerante, tenuto faticosamente a galla dallo zaino. Alzò la testa e non riconobbe il tratto di fiume; doveva aver galleggiato a lungo, la vegetazione tutt'attorno si stava facendo più fitta. Giunto in prossimità di un'ansa piuttosto ampia, colse l'occasione per lasciare il centro del letto. Gli avevano insegnato a galleggiare, non a nuotare, ma con qualche bracciata improvvisata deviò dalla corrente e si allungò per afferrare alcune radici che sporgevano. Erano molto scivolose ma sufficientemente fitte per aggrapparsi. Si sollevò lentamente, vincendo la presa dell'acqua e, trovando l'equilibrio a fatica tra la fanghiglia del fondale, si issò verso il culmine dell'argine. Un'iguana, da sopra, lo guardò incuriosita, incerta sulla pericolosità di quella scimmia rosa. Poco prima che quello strano essere raggiungesse la vetta, strisciando come un serpente, batté in ritirata di gran lena, con la tipica andatura ondulante.

Madhat si sedette con le gambe penzoloni, tremando per il freddo, più pungente per l'ombra degli alberi attorno a lui. Osservando la velocità dell'acqua, cercò di calcolare quanta strada poteva aver percorso, galleggiando, in direzione contraria a quella prestabilita. A un tratto notò un increspamento poco sotto di lui, a un metro circa dai suoi piedi. Non potevano essere radici appena sotto il pelo dell'acqua, perché ricordava bene di non aver incontrato alcun ostacolo fino a quando non si era volutamente attaccato agli arbusti poco più a valle.

Il suo istinto, certamente innato, ma ben coltivato nelle ore di addestramento cui era stato sottoposto, fece scattare l'allarme coccodrillo. Preceduto da una scia a "v" appena accennata, il muso spaventoso di una lucertola decisamente troppo cresciuta spuntò dall'acqua a una velocità quasi innaturale. Spinto dalla possente coda, il coccodrillo, della lunghezza di oltre tre metri, schizzò in aria, serrando le fauci esattamente dove Madhat si trovava pochi istanti prima. Il giovane, terrorizzato, sentì il terreno sobbalzare sotto i suoi piedi quando il rettile impattò pesantemente a terra con un suono cupo, scivolando in avanti sul fango, per inerzia, di un paio di metri almeno. Appena fu fermo, girò il muso sulla destra, in direzione del suo pranzo.

Preda e predatore si guardarono per un attimo negli occhi. Lo sguardo del coccodrillo era inespressivo ed evocatore di morte, tanto che Madhat percepì distintamente il suo intestino che si preparava a svuotarsi. Quel meccanismo ancestrale di autodifesa, che serve a eliminare sostanze potenzialmente vettrici di infezioni, in caso di ferite alla pancia, lo destò in parte. Sapeva bene che anche fuori dal suo naturale ambiente di caccia, grazie alla coda, un lucertolone di quel genere era capace di balzi impressionanti, quindi non commise l'errore di sentirsi al sicuro.

I coccodrilli sono tra i più spietati e infallibili predatori al mondo. Forti della loro mobilità in acqua, del loro eccezionale fiuto, della corazza che li protegge e della micidiale forza delle loro mascelle, non temono alcun avversario, o quasi. Proprio in virtù di tale supremazia, un po' come gli squali nel mare, non sono abituati a subire attacchi da parte delle loro prede. E così Madhat gli scagliò contro alcuni sassi in rapida successione, frastornandolo per qualche secondo. Quello stratagemma risultò provvidenziale, perché gli diede il tempo di alzarsi in piedi e affidare di nuovo alle sue gambe le speranze di salvezza. Si voltò e cominciò a correre il più forte possibile, tentando di sopportare il lancinante dolore causato dall'acido lattico in eccesso nei muscoli, accumulato nell'interminabile corsa di poco prima. Sentì dietro di sé rumori convulsi, causati dal rettile che tentava di rincorrere la sua preda, e capì in fretta, con sollievo, che lo stava distanziando. Corse comunque tra la vegetazione per molto più del tempo necessario, forse solo per dimostrare a se stesso d'essere ancora vivo.

Allontanatosi dal fiume, rallentò e si guardò attorno. Per evitare di attirare altri predatori, si raggomitolò su un albero abbastanza alto e si lasciò andare alla stanchezza. Trascorse in quel modo parecchio tempo, alternando sonno profondo a minuti di veglia e riflessione, fino a quando scese la notte, finalmente.

Lo zaino gli aveva profondamente segnato le spalle durante la corsa e toglierselo risultò doloroso. Per fortuna nulla del suo contenuto era andato perso o rovinato durante la corsa o il bagno nel fiume; le donne di Shasmahal avevano avvolto ogni materiale con guaine di cuoio reso impermeabile da particolari tecniche di essiccazione. Pensò dunque a come sfamarsi. Considerando avventata l'ipotesi di rimettersi in moto per cacciare, consumò una piccola parte delle scorte di carne secca. Per ultimo, controllò che nello zaino ci fosse ancora uno degli oggetti più importanti che gli erano stati affidati: l'enorme pietra preziosa con cui avrebbe dovuto convincere i mercenari a sposare la causa della sua città era ancora al suo posto. Lo smeraldo, grosso come una noce, splendette al chiarore della luna, come dotato di luce propria. Quel nobile bagliore rischiarò in parte anche l'umore di Madhat, disorientato per aver vissuto, negli ultimi giorni, emozioni più brucianti di quante ne avesse mai provate in quasi venti anni di vita.

In parte risollevato, appoggiò la nuca al ramo su cui era adagiato e guardò l'imponente stellato sopra di lui. Le labbra si abbandonarono a una cantilena propiziatoria, quella che Houda gli aveva affidato, poche ore prima, sulle stelle, destinate a correre in cielo. Poi si perse tra mille pensieri, come era solito fare nelle lunghe ore di vedetta, assaporando l'illusione di essere ancora tra gli scogli natii, sicuro e protetto.

Si rimise in moto qualche ora prima del sorgere del sole, riposato e in uno stato di forma accettabile. Raggiunse il luogo dove aveva abbandonato il fiume e rabbrividì vedendo le tracce lasciate dal coccodrillo che aveva tentato di fargli la festa. Distrarsi, nella sua nuova vita, era un lusso che non poteva più permettersi.

Cominciò a risalire il fiume, cercando di fare meno rumore possibile man mano che si avvicinava al punto in cui aveva rischiato di incontrare i suoi inseguitori. Col favore della penombra del mattino li intravide e, acquattandosi, giunse in prossimità del loro accampamento, dall'altra parte della riva. Il fiume, in quel punto, aveva una larghezza di una trentina di metri; da lì le sentinelle accampate attorno al fuoco potevano scorgere la riva opposta. Madhat dovette quindi essere molto cauto nello sporgersi dai cespugli per effettuare una ricognizione visiva. Vide un gruppo di ippopotami poco distante, con la schiena a sfiorare il pelo dell'acqua. Nel corso della giornata avrebbero abbandonato il refrigerio del fiume solo di rado, perché non essendo in grado di sudare non sopportavano le alte temperature diurne. Gli sbuffi continui e il loro rumoreggiare offrivano una buona copertura per l'osservazione del nemico.

A giudicare dalla spossatezza che gli uomini e i cavalli davano a vedere, il giovane comprese che la lunga corsa del giorno precedente non aveva sfiancato solo lui. Sentiva, infatti, i gemiti di dolore emessi da chi era nel dormiveglia, e anche i poveri diavoli costretti al turno di guardia apparivano quasi incoscienti. I cavalli, a loro volta, portavano ancora i segni della lunga marcia, nel miscuglio di polvere e sudore rinsecchito di cui erano ricoperti. Madhat si emozionò comunque alla loro vista. Erano creature meravigliose, esattamente come gli erano state descritte.

Scartò l'ipotesi di organizzare un'imboscata: meglio scappare nel silenzio e accumulare il maggior vantaggio possibile. Rimase ancora qualche minuto a osservare il campo nemico per imprimere bene nella memoria soggetti e armamenti a loro disposizione. Poi ripartì verso ovest.

* * *

La natura ti dà ben più di quanto ti serva per sopravvivere, ma devi temerla. Perché se la temi, la rispetti. Se non la rispetti, muori.

Con il passare dei giorni, con quella massima di Anafi sempre in testa, Madhat uscì rapidamente dal torpore dell'inesperienza ed entrò in simbiosi con l'ambiente attorno a lui. Pur imponendosi ritmi di marcia proibitivi riuscì, senza grandi sforzi, a imparare a sfruttare quanto l'Africa era in grado di offrirgli. Le piogge erano terminate da poche settimane e la natura godeva ancora dell'abbondanza che quelle stagioni donano a territori altrimenti poveri di risorse. Nei primi giorni il rampollo di Shasmahal dovette adattarsi a razziare i resti di animali abbattuti da altri, sfruttando la naturale ritrosia di avvoltoi e iene. Queste ultime, in particolare, andavano temute perché talvolta, forti del gruppo, vincevano ogni remora ed erano capaci di attaccare anche leoni adulti. Nel giro di qualche giorno, riversando nella pratica l'imponente mole di insegnamenti sulla flora e la fauna africane ricevuti dagli anziani, Madhat iniziò a ottenere qualche risultato concreto trasformandosi, da opportunista e osservatore, in predatore. Riuscì ad abbattere, inizialmente, animaletti non troppo grandi, come zibetti e genette, ed esultò come un bambino quando trafisse e uccise, con una sola freccia, un dik dik adulto (*digidigi*, in swahili, dal verso che fa quando è spaventato) che gli diede carne a sazietà. Si ricongiunse in fretta con la vera natura dell'uomo, che per millenni aveva dedicato ogni giorno della sua vita all'approvvigionamento di cibo, avendo come unico vero obiettivo la sopravvivenza. Imparò, poi, a scovare, qualche ora con sempre maggiore scaltrezza, giacigli sicuri dove riposare qualche ora di notte, alternando veglia e sonno in modo da essere sempre pieno di energie.

In sette giorni stimava di aver già percorso almeno duecento chilometri.

Quando la sera si fermava a riposare, però, non riusciva a

impedire ai suoi pensieri di tornare verso Shasmahal. Non gli era mai successo di rimanere completamente solo così a lungo; Prima di riuscire ad addormentarsi, provava sensazioni e pensieri tra loro contrastanti, capaci di farlo sprofondare, talvolta, nello sconforto più totale.

Il bruciante sentimento per Lana, sbocciato e consumatosi troppo in fretta, lo nutriva e inquietava allo stesso tempo. Solo il pensiero di tornare da lei, di poterla riabbracciare di nuovo, gli provocava momenti di eccitazione difficili da tenere a bada. Lana, assieme a Julia, sua madre, erano però al sicuro, protette da un gruppo di mirabili combattenti, ed era certo che presto li avrebbe rivisti tutti.

Il ricordo della tragica fine di Ra, in quelle notti solitarie, gli procurava sofferenze mai vissute, capaci di indebolirlo, tanto da permettere a un altro sentimento brutale, contro cui aveva combattuto fin da piccolo, di tornare a galla e minare il suo equilibrio mentale: era il senso di disagio per non aver mai potuto conoscere suo padre. Anche se i racconti di sua madre e degli altri erano sempre stati piuttosto vaghi, Madhat aveva capito da tempo che Ra Suburban aveva deliberatamente scelto di togliersi la vita pochi giorni dopo aver scoperto che la moglie era in attesa e, pur sforzandosi di comprendere, non era mai riuscito a dare un senso logico a tale atto.

Si ritrovò qualche volta a piangere e contorcersi nella notte africana, incapace di sostenere il peso degli eventi che avevano sconvolto una vita, fino a pochi giorni prima, piena di gioie, spensieratezza e benessere. Ma le lacrime innescavano sempre nuovi stimoli. Erano un modo per esorcizzare tutte quelle novità, un male necessario ma utile a moltiplicare gli sforzi, e a trovare le energie per non mollare.

18

Ogni due o tre giorni Madhat interrompeva la corsa lungo il letto del fiume. Per cancellare le proprie tracce con maggior attenzione di quanto non avesse fatto finora, si allontanava dalla direzione ideale, percorrendo tre o quattro chilometri verso l'aperta savana. A quel punto tornava indietro, fino a ritornare sui passi lasciati tre o quattro ore prima della deviazione stessa, per poi fermarsi per qualche tempo, ben nascosto, nei paraggi. Così facendo aveva modo di accertare l'eventuale sopraggiungere di inseguitori. Era una vecchia tattica, suggerita dai suoi maestri che, pur rallentandolo, si dimostrò provvidenziale.

L'ottavo giorno, a poche ore dal tramonto, tra le sterpaglie, Madhat stava effettuando le manovre d'allontanamento dal fiume. Per scongiurare il pericolo di eventuali attacchi di predatori, avanzava acquattato e sottovento, in modo da non attirarli col proprio odore. Per precauzione si guardò intorno, scorgendo tutt'a un tratto in lontananza, nella direzione del suo cammino originario, due figure umane che correvano dietro a un animale, probabilmente un *potamochoerus*, artiodattilo molto simile al cinghiale, ma dalla caratteristica testa sottile e allungata e dal dorso leggermente arcuato.

Per quanto ne sapesse, nessun uomo bianco si era mai avventurato in quelle zone prima di lui, e non gli fu difficile capire che quei cacciatori, piuttosto maldestri, non potevano che appartenere al contingente dei suoi inseguitori. Capì che il piccolo esercito lo aveva superato cavalcando lontano dalla vegetazione dall'altra parte del fiume e che, in seguito, doveva aver trovato un luogo per guadarlo. Sicuramente, pensò, dovevano essersi appostati per tendergli un'imboscata. Se avesse continuato ad andare avanti, senza mai cambiare direzione di marcia, sarebbe finito dritto tra le loro braccia.

Madhat adottò ogni cautela e cominciò ad avvicinarsi al nemico passando dalla savana, cosa che di certo non si sarebbero aspettati. D'un tratto colse come un fremito del terreno sotto i suoi piedi; dapprima appena accennato, poi sempre più dirompente, il tremolio diventò un sobbalzare convulso e costante. Pur non avendone mai vista una, immaginò che si trattasse di una grossa mandria, bufali o gnu in fuga da felini a caccia. Anche se di solito sono predatori notturni, non era inconsueto che, in quei periodi, leoni o leopardi assaltassero le mandrie in migrazione, attratte dall'abbondanza di cibo favorita dalle piogge.

Per evitare di diventare il pasto di qualche leonessa, reagendo in maniera quasi automatica a uno dei tanti insegnamenti dei suoi padri, si arrampicò agilmente su un kigelia, detto anche "albero dei salami" per i frutti dalla forma caratteristica, per attendere al riparo l'evolversi di quella situazione imprevista. Pochi istanti dopo essersi messo al sicuro su un ramo resistente, con la coda dell'occhio notò un movimento ai suoi piedi. Nel caos generale non l'aveva sentito né visto arrivare, ma osservando con attenzione notò la sagoma di un grosso felino aggirarsi alla base dell'albero. Il cuore gli accelerò nel petto: l'istinto di sopravvivenza preparava il suo corpo a fronteggiare un pericolo mortale.

Non aveva mai visto un leopardo, ma lo riconobbe grazie ai libri sulla natura che aveva divorato in biblioteca, e ai racconti dei suoi concittadini figli di quella terra ricca di pericoli. Aveva la coda folta di colore nero, con la parte inferiore bianca, la stessa tinta delle orecchie, irte e arrotondate. Non aveva, inoltre, le linee nere ai lati delle fauci tipiche dei ghepardi, che peraltro non fanno parte della grande famiglia dei "gatti", non avendo unghie retrattili. L'avere identificato il nemico non ne limitava la pericolosità: Madhat rappresentava una preda più facile e sicuramente meno cocciuta e veloce di un bufalo, e solo per un attimo il felino non era riuscito a prenderlo prima che si riparasse sull'albero. In effetti Madhat, arrampicandosi, aveva notato alcuni segni sulla corteccia e percepito un vago odore di urina, ma non se ne era preoccupato. Suo malgrado, si rese conto di aver scelto come riparo la tana di un predatore.

Il leopardo non è in grado di cacciare un bufalo o uno gnu adulto. Con il suo corpo affusolato ed elegante predilige di solito prede più minute, cuccioli, o esemplari di media grandezza, come impala, gazzelle, antilopi, bushbuck o, talvolta, babbuini. Di sicuro non stava partecipando in prima persona all'assalto della mandria, probabilmente ingaggiato da un gruppo di leonesse. Si era limitato a osservare per cogliere al volo l'occasione di rimediare cibo senza rischiare di essere travolto e schiacciato, avventandosi magari su un cucciolo isolato. E Madhat era quell'occasione. L'altezza non lo metteva di certo al sicuro, perché il leopardo è un arrampicatore superbo, capace di salire senza difficoltà su qualsiasi tipo d'albero, anche trasportando le pesanti carcasse delle sue prede. In quel momento il gattone continuava a girare intorno alla base del tronco, ma era solo questione di attimi; appena superata la diffidenza per quella strana preda, dall'odore e dalle forme sconosciute, si sarebbe lanciato all'attacco senza lasciare scampo.

D'un tratto il felino si fermò e, scrutando il polverone della mandria che si allontanava verso sud, si dedicò alla preda che aveva scelto, alzando per la prima volta lo sguardo: due fanali gialli squadrarono Madhat lanciandogli un messaggio chiaro, riconosciuto ovunque, lo stesso comunicato dagli occhi del coccodrillo qualche giorno prima.

Madhat si impose di fare respiri profondi e cadenzati, per tenere lontano il terrore che quasi gli impediva di muovere le gambe. Vedeva davanti a sé solo due vie d'uscita, entrambe però avrebbero comportato dei sacrifici consistenti: poteva colpire il leopardo senza troppa difficoltà da quella posizione privilegiata, con una freccia, la scure o la cerbottana, ma avrebbe ucciso la creatura più bella che lo avesse mai minacciato di morte, raro esemplare di grazia, forza e bellezza. Oppure poteva fare affidamento sulle buone probabilità che il felino si accontentasse dell'intera scorta di carne secca contenuta nel suo zaino, riserva per lui essenziale, in caso gli fosse divenuto impossibile cacciare.

Temporeggiò per tutto il tempo che il gattone sembrava potergli concedere, cercando di convincersi che la prima via d'uscita fosse la migliore, come suggerivano le raccomandazioni di Anafi. Ma la sua cronica, ostinata, fastidiosa bontà d'animo lo fece optare per la seconda. Scuotendo la testa riunì le scorte di sopravvivenza in uno straccio e le scagliò a una quindicina di metri dalla base dell'albero. Il leopardo seguì con curiosità la parabola dell'inconsueto proiettile, e non appena l'inebriante odore della carne giunse alle sue narici, si precipitò a prendere possesso di quella manna caduta dal cielo. Raccolse tutto il fardello tra le fauci e si avviò verso est; dopo pochi passi si voltò indietro, senza fermarsi, lanciando un ultimo magnetico sguardo a quella strana scimmia. Da quel comportamento Madhat capì che si trattava di una femmina, una madre a caccia per procurare il cibo ai suoi cuccioli, che dipendono dalle sue abilità fino all'età di due anni. Fu felice di non averli privati dell'unica fonte di sostentamento e di aver anzi scelto di contribuire in prima persona a nutrirli.

Prima che il felino cambiasse idea, saltò giù dall'albero e si incamminò nuovamente verso il piccolo esercito che lo attendeva vicino al fiume.

* * *

Approfittando della luce ormai scarsa, Madhat aggirò l'accampamento dei suoi inseguitori restando distante abbastanza da evitare le postazioni di eventuali sentinelle. Non ebbe modo di scorgere il punto esatto dove si erano sistemati, ma riuscì a individuarlo approssimativamente dall'orientamento delle numerose tracce che convergevano verso un'unica direzione. Gli uomini di Jacob erano stati molto accorti nel mascherare la loro presenza a valle del corso del fiume, mentre i segni dei loro passaggi erano evidenti là dove mai avrebbero pensato che il fuggiasco potesse muoversi.

Il giovane si aggirava come una pantera tra gli alberi, sfruttando l'oscurità che nel frattempo era diventata totale: erano calati un gran silenzio e un freddo intenso. Sapeva, potendo contare sull'effetto sorpresa, di essere nuovamente in vantaggio sugli inseguitori, ed era determinato a sfruttarlo al meglio. Non aveva senso rimandare ancora uno scontro, del resto inevitabile. Aveva deciso di attaccare: difficilmente avrebbe potuto avere occasione più favorevole.

Dopo un'ora buona di ricognizione dei luoghi, Madhat, al massimo della concentrazione, cominciò a disegnare mentalmente una strategia. Gli uomini di Jacob avevano guadato il fiume qualche centinaio di metri a monte del luogo scelto per l'imboscata, in modo da nascondere le tracce dell'attraversamento. Si erano serviti di un rudimentale ponte costruito con tronchi galleggianti uniti tra loro da cime. Traballante ma efficace, il ponte era ben ancorato agli alberi circostanti e reggeva la spinta della corrente. Con ogni probabilità avevano dovuto lasciare i cavalli sulla riva opposta, con alcuni uomini di guardia. Contò attorno al campo cinque sentinelle, a distanza di cinquanta metri l'una dall'altra; due di queste stavano dormendo. Il ponte invece non era presidiato, quindi era utilizzabile, soprattutto di notte.

I suoi inseguitori potevano contare su armi da fuoco, che fino a quel punto non avevano ancora avuto modo di usare, non essendo riusciti ad arrivare abbastanza vicino al loro bersaglio. Pistole e fucili costituivano un vantaggio troppo grande, andavano neutralizzate.

Quando stimò fosse giunta l'ora di passare all'azione, Madhat si avvicinò con passo felpato alla prima delle due sentinelle addormentate.

Abraham, nei suoi racconti, gli aveva più volte parlato della strana attrazione che l'alcol esercita su coloro che devono rimanere svegli. Una bottiglia di rum semivuota vicino al malcapitato fu la conferma, ancora una volta, che il vecchio aveva ragione. Protetto dall'oscurità e dalla vegetazione, il ragazzo lo avvicinò da dietro e, preciso come un chirurgo, gli infilò un coltello nelle parti molli dietro l'orecchio. Scossa da un fremito quasi impercettibile, la sentinella lasciò il mondo dei vivi in un istante.

Non provò il minimo pentimento per quell'omicidio a sangue freddo e penetrò come un mamba all'interno del semicerchio immaginario disegnato dai componenti di guardia e dall'argine sud del fiume. Si avvicinò al punto dove diversi uomini giacevano attorno alle braci esauste del fuoco che li aveva scaldati; cercò di capire se qualcuno fosse ancora sveglio, ma sentì solo il brontolio di quelli che russavano.

Sapeva bene che non sarebbe mai stato in grado di uccidere tutti quegli uomini senza che qualcuno si svegliasse e avvertisse gli altri, quindi doveva giocare d'astuzia, mettendo in atto delle opere di sabotaggio. I fucili sperava potessero trovarsi al centro dell'accampamento, accanto alle scorte di cibo. La fiducia nel suo istinto non lo tradì. Bagnò ad arte le meccaniche più delicate delle armi versandoci acqua dalla sua fiaschetta. Per giorni sarebbero state inutilizzabili.

Prima di tornare sui suoi passi cercò le scorte di viveri. Individuò il sacco della farina, e ci versò dentro un veleno inodore e insapore ideato da Houda. Rubò, infine, un coltello di pregevole fattura, una sacca con delle gallette di riso e una bottiglietta di grog, il liquore dei marinai, che, alla bisogna, è anche un buon disinfettante.

Soddisfatto, fece per tornare verso i cespugli da cui era venuto, quando sentì alle sue spalle un grido strozzato dalla raucedine di chi tenta di pronunciare le prime parole dopo il sonno. Rimase fermo, immobile per qualche secondo, sperando in un miracolo, che non avvenne.

«Chi va là?»

Altri rumori di uomini che si stavano svegliando provenivano dall'accampamento. Madhat, cercando di ignorare il panico, tentò una manovra disperata. L'energumeno che l'aveva individuato, o forse solo sentito, stava tentando di metterlo a fuoco, sporgendo in avanti il viso e aguzzando la vista in un'espressione sorpresa, resa spettrale dal riverbero delle braci. Il giovane trovò appena il tempo di soffiarsi sulle dita e, protetto solo in parte dalla vegetazione, portò la cerbottana alla bocca e soffiò con forza. Lo colpì in bocca, e questi indietreggiò con il busto, spalancando gli occhi in un'agghiacciante espressione di terrore. Mise una mano alla gola ma non riuscì a emettere suono. Stramazzò al suolo immobilizzato dal veleno, estratto dai bozzoli maturi di alcuni coleotteri, con cui Houda impregnava le punte dei proiettili.

A quel punto Madhat emise il verso del galagone, con una imitazione così verosimile che gli uomini allertati dal grido del loro compare allentarono subito la tensione, maledicendo ogni specie di scimmia esistente.

Poi, immobile, lasciò passare qualche minuto. Una formica grossa come un'arachide lo punse sul collo provocandogli un dolore acuto, ma riuscì a trattenersi e a non gridare. Solo quando il russare si impose di nuovo imperioso tutt'intorno, si allontanò definitivamente. La notte era ancora giovane; aveva davanti almeno sei ore di tenebre da sfruttare al meglio per preparare l'attacco successivo.

Come prima cosa attraversò il ponte per saggiarne la solidità e individuare gli ancoraggi. Giunto dall'altra parte del fiume, seguendo le numerose tracce, non gli fu difficile individuare il luogo dov'erano stati nascosti i cavalli. Protetti da uno steccato rudimentale, costruito con tronchi d'albero della dimensione adatta conficcati nel terreno, gli animali ondeggiavano sfiorandosi e scuotendo a intervalli irregolari le code.

Nei racconti del vecchio Abraham, nei libri letti, nei ricordi degli altri abitanti della città, Madhat aveva sentito parlare di quegli animali talmente spesso da avere l'impressione di conoscerli da sempre. Un amante della natura e di tutte le sue creature come lui non poteva però rimanere indifferente al primo vero e proprio incontro ravvicinato con quegli splendidi esempi d'eleganza, forza e bellezza. Il pelo lucido, le maestose criniere, i muscoli scolpiti, ma soprattutto il portamento orgoglioso e aristocratico lo lasciarono di stucco.

A guardia dei cavalli c'erano solo tre uomini, che in quel momento giacevano annoiati attorno a un grande fuoco, il miglior deterrente per qualsiasi predatore. Con buona probabilità erano i primi europei a percorrere quelle terre, e aspettandosi l'arrivo del nemico dall'altra parte del fiume non avevano piazzato ulteriori sentinelle. Sembravano poco attenti e fiacchi, ma erano svegli.

Madhat non adottò cautele: apparve alle loro spalle uscendo dall'oscurità e si mise in posizione d'attesa, con le braccia conserte. I tre sventurati non davano cenno di voler notare la sua presenza, per cui, dopo qualche secondo, il giovane tossì vigorosamente, al che gli uomini si voltarono di scatto scorgendo subito, nell'agghiacciante espressione dell'avversario, illuminata solo dalla spettrale luce del fuoco, il loro destino. Eccitato per l'imminente scontro, Madhat diede loro modo di mettersi in guardia e accerchiarlo, poi partì all'attacco armato di spada, scure e, soprattutto, di una rabbia assassina fino a poco tempo prima sconosciuta. I tre non seppero sfruttare il vantaggio numerico e nel giro di qualche minuto si ritrovarono a terra, esanimi.

Poi Madhat, suo malgrado, liberò i cavalli. Con tutta probabilità sarebbero andati incontro ai predatori, ma sapendo di non poter eliminare tutti i nemici in un solo agguato, era obbligato a non lasciare ai suoi inseguitori la possibilità di contare su quegli splendidi animali.

A quel punto si dedicò alla parte più macabra del suo piano: imbrattare con il sangue delle sue ultime tre vittime il ponte e legare i loro resti ai tronchi. Era un'operazione disgustosa al punto da provocargli forti giramenti di testa e conati di vomito, ma avrebbe costituito un valido avvertimento per scoraggiare i nemici.

Appena finito, scavò una buca piuttosto profonda vicino all'accesso del ponte sulla riva dove si trovava, poi risalì il fiume in direzione opposta a quella da cui era venuto. Non mancava molto al sorgere del sole, ma aveva necessità di riposare almeno un po', quindi si acquattò nel primo giaciglio utile.

19

Madhat dormì poco ma si svegliò carico. Consumò velocemente della frutta secca, bevve molto, poi si incamminò lungo il corso del fiume senza adottare particolari precauzioni. Era ancora scuro, ed era essenziale arrivare prima che i nemici si rendessero conto degli effetti della sua visita notturna.

Una quindicina di minuti dopo scorse alcuni uomini dall'altra parte del fiume. Avvicinandosi notò un giovane, certamente europeo, che si muoveva sulla riva, con un paio di neri alle spalle. Era vestito in maniera diversa da tutti gli altri, con una certa eleganza, nonostante le circostanze. Lo aveva già notato, durante l'assedio, aggirarsi sugli scogli di fronte a Shasmahal e, se non ricordava male, anche sui velieri, ma non lo aveva mai visto impegnato in azioni contro la città. Al diminuire della distanza, gli sembrò assomigliare al maledetto Jacob: poteva essere un figlio. In quel momento, nonostante il buio, si stava facendo la toletta, verosimilmente, impugnando uno specchietto con una mano e un rasoio con l'altra, guardato a vista dai due schiavi, forse incaricati di tenerlo al riparo dai coccodrilli o da altri predatori. Quando gli fu davanti, il ragazzo alzò lo sguardo e lo vide. Si guardarono negli occhi per qualche istante, e quello gli sorrise, beffardo. Si rivolse, poi, a uno dei due neri sussurrandogli qualcosa, e questi si girò sparendo di corsa tra i cespugli, in direzione dell'accampamento. Come se niente fosse, il biondo si disinteressò del visitatore e riprese a radersi.

Madhat restò in attesa qualche secondo, sorpreso e contrariato da quella reazione. I rumori provenienti dall'accampamento, invece, presero presto la direzione da lui auspicata. Urla, imprecazioni: il nemico reagiva alla notizia portata dal nero e, soprattutto, alla scoperta dei due cadaveri all'interno dell'accampamento. In pochi minuti un drappello di energumeni armati e agguerriti giunse alla riva in ricognizione. Madhat, facendo appositamente rumore con delle frasche, fuggì verso la savana alle sue spalle. Tutti, tranne il giovane alle prese col rasoio, reagirono come burattini e si misero a correre in direzione del ponte. Anche Madhat fece lo stesso, raggiungendo la buca che aveva scavato.

Aspettò che i primi tre giungessero dalla sua parte e, ben nascosto, contò gli altri. Cinque stavano attraversando il ponte e nove erano in attesa sull'altra riva. Diede qualche secondo ai più veloci che, nel frattempo, convinti di dover rincorrere il fuggitivo verso nord, invocavano a gran voce l'attenzione dei compagni a presidio dei cavalli. Quando ritenne di avere sufficiente spazio di manovra balzò allo scoperto, alle loro spalle, e prima che si accorgessero della sua presenza tagliò con la scure le cime che tenevano ancorati alla riva i tronchi galleggianti. Il gorgoglio nell'acqua annunciò l'ingresso in scena dei coccodrilli che, richiamati dal sangue che Madhat aveva sparso qualche ora prima, attendevano con impazienza di saziarsi. Dall'altra parte del fiume gli uomini in attesa, tra i quali non c'era il figlio del capo, rimasero inorriditi da quello spettacolo, inermi e incapaci di reagire.

Madhat, dovendo fronteggiare i tre che aveva fatto attraversare, non si godette lo spettacolo. Non sapendo se avessero qualcuna delle armi che non aveva avuto modo di disinnescare, gli fu addosso prima che potessero mettere mano ai fucili. Ebbe ragione di loro in modo rapido e micidiale. Solo uno, l'ultimo aggredito, intuendo di non avere speranze, tentò la fuga, ma fu raggiunto e abbattuto, senza pietà.

In preda all'eccitazione della lotta, e godendo al trionfo della sua strategia, tornò lentamente verso la riva del fiume, sporco del sangue di coloro che erano riusciti ad attraversarlo. Tutti i superstiti, tra cui il giovane biondo e l'energumeno pelato, si erano assiepati vicino alle cime che fino a poco tempo prima avevano tenuto insieme i tronchi del ponte. Alcuni di loro imprecavano maneggiando i fucili, ignari del perché non funzionassero.

Madhat aveva dimezzato l'esercito che lo inseguiva, da solo e senza i loro mezzi: era al massimo dell'esaltazione. Da quel momento avrebbero dovuto rincorrerlo a piedi, se avessero trovato il coraggio di non arrendersi di fronte alla sua schiacciante supremazia. Senza reagire a insulti e minacce li guardò fissi, sorridente, un po' spavaldo. Dentro di sé si faceva strada una consapevolezza nuova, appagante: era stato in grado, in pochi giorni, di raggiungere e soggiogare un gruppo di delinquenti professionisti, assai più esperti di lui, che era approdato nel mondo reale da così poco tempo.

Stava per salutarli e rimettersi in moto verso ovest, quando gli parve di sentire dei passi alle sue spalle. Si girò di scatto, allarmato, ma non ebbe il tempo di rendersi conto di quel che stava accadendo. Percepì un unico lampo, accecante al punto da cancellare ogni cosa attorno. Nessun dolore, nessuna sensazione. Dopo quella luce improvvisa solo un buio totale, impenetrabile.

20

Lana ripose la maglia bianca sotto il suo cuscino, e sospirò, triste. La indossava Madhat quando si erano uniti, la prima e unica notte passata con lui, la sua ultima a Shasmahal. L'aveva custodita gelosamente, da allora, ritrovandosi chissà quante volte ad annusarla con avidità per assaporare l'odore maschile di cui era impregnata. Quella fragranza l'aveva accompagnata per molti giorni, aiutandola a tenere vivido il ricordo e a stimolare emozioni, sogni e sospiri. L'odore di Madhat stava scomparendo, pian piano, assieme alla speranza di vederlo tornare a breve.

«Ti manca tanto, vero?»

Verginì, sua madre, faticava a trattenere il dolore lancinante per la perdita di Ra. Ciò nonostante, ogni giorno si sforzava di apparire presente per alleviare, indirettamente, le pene degli altri, senza permettere a nessuno di compatirla. Lana la adorava per quell'atteggiamento, assai più impegnativo dell'abbandonarsi al dolore in modo totalizzante, consolatorio. Anche in quel momento sua madre le sorrise, nella speranza di darle conforto. Da donna, non aveva grossi dubbi su quali fossero le cause dei suoi malumori.

Lana le sorrise, a sua volta, grata di avere una madre come lei.

«A chi di noi non manca, mamma?»

«Dove sarà adesso, secondo te?»

Per assecondare il comportamento materno, Lana volle immaginare Madhat nel pieno della sua giovane irruenza: «Conoscendolo, sarà impegnato in qualche esercizio fisico per migliorare la potenza dei suoi muscoli».

Madre e figlia risero assieme e si abbracciarono teneramente.

«Io sento che è ancora vivo, mamma. Ne sono sicura.»

«Lo so, piccola mia. Non ne ho dubbi. Madhat non ci deluderà.»

«Ma è solo, là fuori, in un mondo che non conosce. Non riesco nemmeno a immaginare tutti i pericoli che può incontrare. Non sapere nulla mi logora... Ho paura, mamma.»

«Madhat è una tigre, Lana, e tu lo sai, perché hai sentito tuo nonno chiamarlo in quel modo tante, tante volte. Ed è un Suburban, non dimenticarlo mai. È forte, intelligente, folle se necessario. È vero, non ha esperienza, come tutti noi, ma ricorda che l'istinto ci dona capacità che non si imparano. E Madhat è un combattente, Lana. Chi gli si mette contro deve avere paura, credimi. Ovunque andrà, lui troverà buona acqua.»

Lana annuì, convinta, commossa dalla passione con cui la madre tentava di infonderle coraggio. Anche se ragazzina, nell'aspetto, era maturata in fretta, per necessità, nell'ultimo periodo. Si fece forza: «Mamma, posso dirti qual è il tuo vizio peggiore?».

«Puoi dirmi tutto quello che vuoi.»

«Hai il vizio di avere sempre ragione...»

La donna rise, e le rughe d'espressione intorno agli occhi si inumidirono leggermente. «Sei una birbante. Mi prendi in giro?»

«No! E te lo dimostro. Fammi una previsione. Dimmi quando vedremo Madhat sugli scogli qui davanti.»

Verginì prese la cosa sul serio e ci pensò un po' su: «È facile. Calcola il tempo per andare e quello per tornare, e togli una settimana. Perché Madhat ci deve sorprendere sempre, altrimenti non è contento».

Le due donne, terminati i lavori quotidiani di cura dei feriti, si stesero esauste nel piccolo giaciglio a loro riservato, all'interno del rifugio sotterraneo.

Dal giorno del bombardamento, per la verità, la situazione si era mantenuta abbastanza tranquilla. Le sentinelle avevano continuato a segnalare la presenza degli uomini di Jacob attorno alle scogliere, ma nessuno aveva più tentato azioni offensive. Ormai la tattica che avevano deciso di intraprendere era chiara: l'attesa. Si limitavano a sorvegliare la zona per impedire ulteriori tentativi d'evasione, banchettando rumorosamente ogni sera e infischiandosene della popolazione ridotta alla fame.

Il consiglio aveva deciso di considerare con diffidenza quella calma apparente e, di conseguenza, la maggior parte dei cittadini passava sottoterra intere giornate, mentre solo i più forti portavano avanti l'opera di lenta ricostruzione.

I feriti meno gravi, grazie alle cure di Houda e dei suoi assistenti, erano ormai prossimi alla guarigione; solo quattro infermi suscitavano ancora qualche preoccupazione. La situazione generale, a ogni modo, poteva considerarsi sotto controllo.

Gli artigiani della città, per quanto possibile, avevano ripreso le loro attività. Le oltre duecento persone costrette a convivere nel ristretto ambiente sotterraneo erano state sistemate al meglio in pochi giorni, grazie alla rapida costruzione di letti a castello alti fino a quattro piani. Le condutture dell'acqua erano state modificate per portare il liquido contenuto nelle cisterne ancora utilizzabili direttamente nella grande stanza, evitando così infiniti pellegrinaggi con i secchi. Inoltre, a turno, gli abitanti si alternavano nello svuotamento delle latrine, ricavate in un angolo, in modo da salvaguardare l'igiene e la salubrità dell'aria che gli assediati erano costretti a condividere. Le limitate scorte di viveri a lunga conservazione erano state suddivise in modo da poter durare il più a lungo possibile.

Shasmahal, in definitiva, era tutt'altro che morta. La sua organizzazione, il suo cuore, pulsavano ancora, anche se con un po' di fatica.

La città meravigliosa si era chiusa in se stessa e viveva nell'attesa e nella speranza che il suo frutto migliore riuscisse a compiere un miracolo.

21

Il piano di Madhat, messo su in fretta, e senza alcun precedente cui fare riferimento, aveva funzionato alla perfezione. La sua inesperienza, però, gli era costata cara. Non aveva pensato, infatti, che il nemico potesse aver distaccato delle retroguardie, incaricate di seguire gli spostamenti da distante, per prevenire eventuali trabocchetti.

Tre uomini, distanziati di un giorno di marcia, quella mattina erano giunti in prossimità del ponte e avevano scorto Madhat pronto a rimettersi in moto dopo la breve sosta. Lo avevano seguito di nascosto, assistendo al combattimento mimetizzati tra le frasche. Quando il giovane aveva abbassato la guardia, per godersi il trionfo e sbeffeggiare i superstiti, si erano avvicinati con circospezione e lo avevano sorpreso colpendolo in pieno volto con il calcio di un fucile.

Madhat si svegliò nel tardo pomeriggio di quel giorno. Il mondo gli girava vorticosamente attorno: gli sembrava di essere cieco. Udiva un fischio continuo, vedeva solo nebbia e, quando cercò di mettersi seduto, sentì un dolore diffuso, insopportabile al punto da dargli la nausea. Cercò di ricordare dove si trovasse e cosa fosse successo, ma avvinto in quel vortice di angoscia, non fu in grado di orientarsi. Si sforzò di essere razionale, per quanto possibile; si impose domande semplici, per accertarsi di essere ancora nel mondo dei vivi. Non ricordava neppure il suo nome: il dolore, devastante, prevaleva su ogni cosa. Si lasciò cadere di nuovo nell'incoscienza.

Si svegliò di notte, tremando dal freddo. Ricordava il suo nome e non fece troppa fatica a ripercorrere gli ultimi momenti di cui aveva memoria, col nemico dall'altra parte del fiume. Il fischio all'orecchio sinistro non accennava a diminuire, la vista rimaneva sfocata. Si rese conto di essersela fatta addosso, pur non sentendo alcun odore, e questo lo scosse un po', perché l'urina attira i predatori.

Provò a mettersi seduto, ma dovette accontentarsi di appoggiarsi su un gomito, perché tutto girava vorticosamente, senza sosta. Il dolore tornò a oscurargli la vista e, incapace di compiere ulteriori movimenti, si addormentò di nuovo.

La mattina seguente si accorse di essere ancora vivo. Riuscì a muoversi a carponi, lentamente, limitando così la nausea. Il sole era alto, ma lui continuava a non vederci bene. Raggiunse il fiume, poco distante, strisciando e percependo il rumore delle acque in mezzo al consueto fischio, appena meno assordante. Quando immerse la testa in acqua percepì una sensazione di sollievo quasi fastidiosa; lasciò che la corrente lenisse le sue pene e bevve voracemente. Recuperate un po' di forze, si allontanò dalla riva, si mise seduto e trovò il coraggio di toccarsi con cautela il viso. Il naso era spappolato, non opponeva alcuna resistenza allo schiacciamento. L'emorragia aveva causato accumuli di sangue su entrambi gli occhi, al punto da impedirgli di aprirli. Non ci sentiva più dall'orecchio sinistro, quello tormentato dal fischio: doveva aver ricevuto un colpo talmente violento da distruggergli il timpano.

Dopo qualche minuto di disorientamento, capì di avere fame, forse la prima buona notizia dal risveglio. Si accorse di avere ancora lo zaino sulle spalle. Prima di cercare all'interno, però, si impose di aprire almeno un occhio, perché un animale cieco nella savana non ha molte speranze di sopravvivere. Il destro gli sembrò meno gonfio, e come aveva visto fare ad alcuni dei suoi concittadini, premette con forza l'accumulo di sangue dall'alto verso il basso, svenendo immediatamente dal dolore. Al risveglio ci vedeva un po'. Trovò della frutta secca nello zaino e la consumò, sentendo che gli infondeva subito energia. Il fischio non diminuì, la nausea a metà pomeriggio scemò parzialmente. Con un occhio e un orecchio in discrete condizioni, provò a valutare lo stato di braccia e gambe, rendendosi conto di essere ancora in grado di camminare. Riuscì ad accendere un fuoco davanti a una roccia, accontentandosi di quella protezione, e si rifugiò di nuovo nel sonno, la medicina più efficace che aveva in dotazione.

La mattina successiva si svegliò affamato; ci vedeva parzialmente anche dall'altro occhio. Si avvicinò a un formicaio alto quanto lui e, senza indugi, vi infilò un bastone lungo un metro che, una volta estratto, era completamente nero, ricoperto di formiche. Le mangiò con avidità, tossendo quando qualche insetto gli si infilava nell'esofago. Scricchiolavano sotto i suoi denti, ed erano amare come il fiele, ma costituivano una fonte preziosa di proteine.

Quella sera, prima del calare del sole, fu in grado di fare una ricognizione a medio raggio, con circospezione. Capì, dalle impronte, di essere stato attaccato alle spalle, mentre aveva abbassato la guardia. Aveva sbagliato ed era stato punito, duramente: gli sarebbe servito da lezione. Non riuscì a comprendere, però, che fine avessero fatto i suoi assalitori e come mai, soprattutto, lo avessero trascinato nel luogo dove si era svegliato. Non c'erano tracce di cavalli abbattuti da predatori, tutto attorno, ma molti segni di gente che era andata e venuta a piedi e in groppa a qualche animale. Nessun segno di accampamenti. Pensò che chi l'aveva colpito lo avesse ritenuto morto, e quindi lo avesse abbandonato, ma gli sembrò poco verosimile. Era possibile anche che i superstiti del suo attentato fossero morti per la farina avvelenata, ma in quel momento non era certo nelle condizioni di accertarsene. Non capiva, soprattutto, come mai non fosse diventato, mentre giaceva incosciente, cibo per iene, ghepardi, sciacalli e altri predatori. Sembrava che qualcuno, dopo averlo quasi ucciso, avesse vegliato su di lui.

Madhat, forse per la prima volta, fu sorpreso e grato di essere vivo.

Dopo un altro giorno fu in grado di tornare a muoversi quasi in maniera normale. Lasciati irrisolti quei dilemmi, ripartì verso ovest. L'orecchio danneggiato gli dava problemi di equilibrio, quindi all'inizio mantenne ritmi blandi. Dopo un paio di giorni, però, fece un incontro che cambiò radicalmente la sua posizione: uno dei cavalli da lui liberati qualche sera prima, incredibilmente sopravvissuto, si abbeverava placido nei pressi di un ramo secondario del fiume. Era splendido, bianco a chiazze nere, imponente e dal portamento regale. Anche se non sellato, era avvezzo al contatto con gli uomini, quindi non fece troppe storie quando Madhat lo avvicinò. Dopo qualche ora erano in confidenza, e il ragazzo scoprì senza sforzi di avere doti innate da cavallerizzo. Il cavallo, ribattezzato *Uhuru* (libertà in Swahili), forse sentendosi protetto accettò di lasciarsi condurre dal nuovo amico, in cambio delle sue cure. Moltiplicando più volte le distanze percorse ogni giorno, il tempo perso per l'incidente venne recuperato in fretta.

Dopo un mese circa dalla partenza da Shasmahal, Madhat stimava di aver percorso circa mille chilometri. Le indicazioni sull'ubicazione della base dei Sebeti erano però state piuttosto vaghe; a un certo punto cominciò a dubitare di essere nella direzione giusta.

Quando la savana lasciò definitivamente spazio a colline sempre più frastagliate e sconnesse, con torrenti, laghi e ampie vallate, il giovane si rese conto di vagare in un territorio sconosciuto e vastissimo, senza alcun punto di riferimento.

Non si perse d'animo e, non avendo alternative, impose a sé e al suo nuovo compagno d'avventura ritmi di marcia ancora più serrati.

22

La sentinella a nord diede l'allarme e, in pochi minuti, la squadra di arcieri fu alle sue spalle, capeggiata da Mark Fry. Rashid conduceva, invece, il manipolo destinato allo scontro frontale, che si ammassò poco distante. Avevano simulato quella procedura decine di volte e tutti si muovevano come i meccanismi di un orologio, raggiungendo le postazioni di difesa in silenzio. I cittadini non coinvolti nei turni non furono svegliati.

Anafi giunse alla garitta poco prima che tre assalitori iniziassero la traversata. Sarebbe toccato ad Abraham, quella notte, la supervisione delle operazioni, ma l'anziano in quel periodo non si sentiva bene, quindi l'amico lo aveva sostituito.

I primi tre attaccanti nemici, per intraprendere l'assalto alla città, avevano lanciato con movimenti sicuri corde con arpioni, le cui parti metalliche erano state ricoperte di stoffa per attutire il rumore. Alle loro spalle, in fila indiana, vestiti di nero, altri uomini attendevano il loro turno, dopo aver assicurato le cime ai fusti di alberi massicci, poco più a nord, quelli rimasti dopo la frana di qualche settimana prima.

Il comitato di "benvenuto", come previsto dalle procedure di emergenza, lasciò che una dozzina di nemici arrivasse a destinazione. I primi, dondolando appesi nel vuoto, ci impiegarono diversi minuti. Quelli dopo, incoraggiati dal successo delle avanscoperte, furono più rapidi. Il gruppetto si compattò in basso, a un paio di metri dal culmine delle scogliere, in attesa dell'arrivo degli ultimi tre, ancora impegnati nella traversata. Quando giunsero alla metà del percorso, con un cenno d'intesa, Rashid e Mark convennero che fosse giunto il momento di agire. I difensori si lanciarono sui nemici dall'alto, a ventaglio, per scongiurare la possibilità che qualcuno di loro potesse fuggire dai lati e penetrare nella città.

Si mossero in perfetta sincronia, silenziosi e micidiali, e furono addosso ai nemici nel giro di una manciata di secondi. L'effetto sorpresa, ingigantito dalla forza d'impatto dei corpi e dalla velocità della discesa, fu devastante. Ogni abitante di Shasmahal conosceva quelle rocce meglio delle proprie tasche e, nonostante il buio, ognuno terminò la propria corsa esattamente dove stabilito durante le esercitazioni.

Gli uomini di Jacob furono travolti prima ancora di poter capire cosa stesse succedendo, senza avere il tempo di impugnare un'arma. Tra le urla e le imprecazioni, solo un paio di spade furono brandite, ma nel silenzio della notte prevalsero le urla disperate di chi cadeva nel vuoto. Da quell'altezza, per chi aveva la fortuna di evitare gli scogli in basso, l'impatto lasciava segni permanenti, se non risultava mortale.

Tre degli abitanti, tra cui Rashid, si affrettarono a recidere con delle asce le corde ancora tese tra la città e il continente, facendo cadere nel vuoto anche gli ultimi tre nemici che, ancora sospesi nel vuoto al momento dell'attacco, stavano già battendo in ritirata. Uno di loro riuscì a rimanere appeso dopo l'impatto col muro, più in basso, ma venne subito colpito dalle frecce degli arcieri, che si rivolsero poi anche ai pochi superstiti rimasti dall'altra parte.

Dopo qualche minuto di silenzio, alcuni uomini di Jacob si mossero dai cespugli a nord e per lanciare un contrattacco spinsero avanti, aiutati dagli schiavi, alcuni cannoni che avevano nascosto. Il comandante in persona, zoppicante, con un ghigno sadico osservò, sulle scogliere di fronte a lui, il panico generato dalla vista delle sue macchine di morte.

Un istante prima di dare l'ordine di sparare Jacob scorse, con la coda dell'occhio, una figura ergersi sul culmine della scogliera della città, sprezzante del pericolo. Rimase interdetto e non lanciò il comando che stava per impartire. Era Anafì che mostrava la sua mole, solo in minima parte scalfita dagli anni. A gambe leggermente aperte, incrociò le braccia e mantenne un'espressione di ghiaccio. L'altezza, il portamento, le cicatrici tribali sul suo volto e la posizione rialzata, furono improvvisamente esaltati da un bagliore rossastro che divampò alle sue spalle.

A un cenno della sua mano il fragore emesso dal braccio della catapulta liberato dai fermi frustò l'aria. Una palla di fuoco delle dimensioni di una botte da duecento litri venne proiettata nel cielo a una velocità impressionante. Gli sguardi di tutti i presenti furono catturati da quel dardo, che si disfaceva in aria, allargandosi a ventaglio in tante palle fiammeggianti. Anafì, invece, non mosse un muscolo. Quando, in lontananza, si sentì il rumore del proiettile a contatto con l'acqua, si concesse solo un ghigno soddisfatto, poi si girò di scatto e balzò con un'agilità stupefacente di là dallo scoglio, sparendo alla vista.

Jacob osservò immobile quello spettacolo. Sapeva che non era un altro lancio dimostrativo, e fu come una pugnalata sul petto vedere una parte dei preziosi affondare nell'oceano. Incapace anche solo di bestemmiare, urlò la ritirata ai suoi, sparendo a sua volta nel buio, zoppicando da solo.

Aveva di fronte un nemico tutt'altro che indifeso. Shasmahal avrebbe venduto carissima la pelle e l'ostinata resistenza che non era riuscito ancora a spezzare avrebbe comportato costi enormi per retribuire tutti i suoi uomini. La vacanza si era trasformata ormai in agonia.

Passò il resto della notte a sfogare l'ira, senza freni, frantumando qualsiasi cosa gli capitasse a tiro.

* * *

In città, al contrario di quanto era avvenuto dopo il primo successo, gli entusiasmi furono contenuti. Il nemico era stato fermato un'altra volta, ma di certo non avrebbe desistito. Il senso di oppressione dato dall'assedio non accennava a diminuire, e le speranze riposte nella fuga di Madhat, dopo qualche settimana dalla sua partenza, talvolta svanivano nella nebbia dell'ignoto.

Noi non abbiamo problemi, ma sfide da vincere. Era il mantra di Nicholas Suburban, inculcato nei cittadini di Shasmahal da generazioni. Era sempre stato il faro che illuminava la via degli abitanti della città meravigliosa. Ma quella mattina si abbatté un altro colpo sulla comunità, una sfida troppo grande da affrontare, agli occhi di molti. Il vecchio Abraham, che già da giorni accusava forti dolori alla testa, dopo aver passato una notte travagliata si era svegliato, ben più tardi del solito, con un senso di torpore nella parte destra del corpo. Se all'inizio quel formicolio non aveva destato preoccupazione, col passare delle ore la situazione era andata peggiorando.

Il pomeriggio successivo Abraham era paralizzato in tutta la parte destra del corpo, compresa la faccia, che si era deformata divenendo asimmetrica, tanto da impedirgli di parlare correttamente e di nutrirsi con efficacia. Houda si dichiarò impotente. Dal colore degli arti immobili, capì che il sangue non circolava più a dovere, e gli somministrò quindi un nauseabondo intruglio di sua invenzione, ma non seppe far altro. Ridotto a letto e costretto all'immobilità, Abraham stentava a reagire, e il dover dipendere dagli altri anche per le principali funzioni vitali sembrava deprimerlo oltre misura. Tutta la comunità viveva nell'angoscia, preoccupata per le sorti di uno dei pilastri della città.

Tuttavia, accudito amorevolmente dai suoi cari e spronato dalla sua forza di volontà, ogni giorno Abraham riusciva a ottenere qualche piccolo miglioramento, fino a raggiungere uno stato accettabile, con il viso quasi totalmente tornato alla sua forma originaria e gli arti che cominciavano a riacquisire un po' di sensibilità. Quei miglioramenti lo rinfrancavano in parte, ma in pochi giorni sembrava invecchiato di vent'anni.

«Come va oggi, nonnino?» Lana era stata fin dal primo momento una delle assistenti che si dedicavano con più passione alla cura del nonno. Quella mattina lo aveva raggiunto, come ogni giorno, nei locali adibiti a infermeria, per aiutarlo a lavarsi e a fare colazione.

«Potrebbe andare meglio, piccola mia, ma anche peggio, non vi è dubbio.»

«Sono sicura che ti riavremo presto più in forma di prima, sai?»

«Grazie della fiducia e dell'ottimismo. Per me sono le cure migliori.»

«Ma cosa ti è successo?»

«Oh, piccolina, non ho mai avuto dubbi, in realtà...» Lana annuì incuriosita, spronando il nonno con un cenno del capo a proseguire il discorso: «Si tratta di quella perfida malattia chiamata vecchiaia...».

«Ma via, birbante, sei più forte di me e vivrai ancora abbastanza da seppellire molti di noi! Sono pronta a scommetterci.»

«Vorrei tanto che tu avessi ragione, Lana, ma non si può negare l'evidenza. Come vedi il mio corpo si è ribellato al peso di tutti gli anni che mi porto dietro. Quella contro il tempo è l'unica sfida che non si può vincere, mia cara.»

«È vero, ma tra noi ci sono persone più vecchie di te e ben più forti di molti ragazzi.»

«Se è di Anafi che parli, ricorda che lui è figlio dell'Africa e, se non bastasse, la natura lo ha dotato delle qualità che riserva a pochi fortunati. Anafi è fuori dalla competizione, lo è sempre stato.»

«Va bene. Ma se il tuo corpo si è preso una vacanza, non si può dire lo stesso della tua testa, giusto? Sei rimasto sveglio e lucido come al solito, e noi abbiamo bisogno della tua esperienza. Ogni giorno migliori, è evidente, e finché non potrai andare tu dai tuoi concittadini, a consigliarli e a vegliare su di loro, come hai sempre fatto, verranno loro da te.»

Lana si era infervorata, con dolcezza, e questa era la sua forza. Decisione e coraggio che gran parte delle nuove generazioni di Shasmahal aveva ereditato dai discendenti della straordinaria ciurma di Nicholas Suburban. Abraham le sorrise, orgoglioso, osservandola mentre gli versava del latte di capra da una brocca, dove avrebbe poi inzuppato del pane vecchio, la sua grande passione. Lei, con piglio, continuò: «E poi, caro mio, non te la cavi così facilmente. Sarebbe troppo comodo abbandonarci adesso, nel momento del massimo bisogno. Quindi prima combatti contro lo strano male che ti ha costretto a letto e poi ti alzi e torni a occupare il tuo posto accanto agli uomini che combattono quei tiranni, capito? È tuo preciso dovere. Sono stata abbastanza chiara?».

23

Dopo quasi due mesi di vagabondaggio, la fame e la quotidiana lotta per la sopravvivenza avevano temprato Madhat nel corpo e nello spirito in maniera ben più profonda di quanto non avessero fatto anni di addestramento a Shasmahal. Non aveva più un grammo di grasso e i suoi muscoli, già in precedenza ben delineati, si erano ingranditi e torniti, donandogli ulteriore potenza e agilità.

Dagli errori, più o meno gravi, commessi ogni giorno o quasi, continuava a trarre lezioni importanti. Il suo problema con i colori, aggravato dalla fame, in un paio di occasioni lo aveva esposto al rischio nel cibarsi di bacche o funghi sconosciuti. Alcune drupe lo avevano privato della saliva per ore, obbligandolo a cercare acqua come un vagabondo nel deserto perché le piaghe nella sua bocca non prendessero il sopravvento; dei funghi dal colore opaco, invece, lo avevano costretto a svuotarsi ogni dieci passi per due giorni, con grande disappunto di Uhuru.

Calcolando il tempo necessario per il ritorno, pur potendo contare sul suo nuovo compagno di viaggio, Madhat sapeva di essere agli sgoccioli. La sua città non avrebbe potuto sopportare ancora per molto le ristrettezze cui era stata costretta. Se non portava a termine la missione, l'assemblea poteva decidere di usare il suicidio collettivo come ultima arma contro la profanazione del sogno di una intera comunità.

Procedendo con le operazioni di rastrellamento a diagonali del territorio, iniziò a notare tracce convergenti, che destarono la sua attenzione. Comprese che si trattava di impronte di animali costretti a fuggire da insidie che provenivano da un'unica fonte, a una trentina di gradi a ovest del mezzogiorno. Abbandonò quindi il suo zigzagare e puntò direttamente la direzione individuata, anche se fino a quel momento non aveva rinvenuto tracce riconducibili ad attività umane.

Al calar del sole, mentre trascinava per le briglie Uhuru, esausto, alla ricerca di un giaciglio sicuro per entrambi, sentì che l'animale si irrigidiva. Emetteva brontolii e si mostrava recalcitrante a seguire la direzione imposta dalle briglie, che normalmente assecondava, docile. Madhat, ormai in simbiosi col compagno di viaggio, colse l'allarme e si fermò, avvicinandosi al muso del cavallo e accarezzandolo, mentre assaporava l'afrore del suo manto. Nel silenzio totale, interrotto solo dal respiro cadenzato dell'animale e dal vento che muoveva le fronde più alte degli alberi sopra di loro, non notò nulla, attorno a sé, pur allertando al massimo i sensi. Quando Uhuru iniziò a muovere vorticosamente le orecchie, però, Madhat decise di fidarsi dei sensi della bestia, ruppe gli indugi e si preparò allo scontro. Nemmeno il tempo di portare la mano all'ascia, che la vegetazione attorno esplose in un turbinio di movimenti. In pochi istanti una dozzina di figure nere sbucarono fuori dal nulla, accerchiandoli.

Il giovane, senza fiato per lo sgomento, tentò di comprendere come avessero fatto quegli esseri a giungergli addosso senza farsi vedere nonostante il suo avanzare guardingo e silenzioso. Dovevano essere guerriglieri nati e vissuti in quell'ambiente, in possesso di doti che un bianco mai avrebbe potuto nemmeno sognare. Erano neri come la fuliggine, e le loro espressioni, glaciali, assumevano sfumature di follia per via dei disegni tribali di cui erano coperti. Una freddezza che discendeva, con ogni evidenza, dalla loro dimestichezza con la morte altrui. Dalla disinvoltura con cui impugnavano le armi, inoltre, comprese che si trattava di assassini avvezzi allo scontro, implacabili.

Madhat si impose di rimanere calmo per sfruttare la stasi ed elaborare un piano. Poiché non sembravano spaventati dal cavallo, animale di certo non diffuso a quelle latitudini, sperò che qualcuno di loro fosse in qualche modo già entrato in contatto con la civiltà bianca, quindi cominciò a fare appelli di non belligeranza in tutte le lingue che conosceva, europee e tribali, dato che sapeva di non avere speranze in caso di scontro. Gli uomini lo guardarono incerti, immobili, fino a quando uno di loro, il più alto, parve reagire con un cenno all'appello in spagnolo. Madhat fece per insistere su di lui, quando una frase in portoghese giunse, stentorea, da una voce alle sue spalle: «Loro non ti capiscono, per tua fortuna io sì».

Si girò, e si trovò di fronte un uomo sulla quarantina, europeo, che si stava avvicinando con passo sicuro. Vestiva pantaloni kaki e una camicia a maniche corte, non portava armi. Barba e capelli castani, lunghi, legati in una treccia, occhi nocciola, penetranti. Giunto a pochi metri, urlò una frase in una lingua sconosciuta, e gli indigeni si disinteressarono immediatamente dello straniero, rilassandosi.

Madhat lo guardò senza timore, con i pugni ancora chiusi

per la tensione, e andrò dritto al punto, nella speranza di aver trovato ciò che cercava da settimane: «Mi chiamo Madhat Suburban, cerco i Sebeti».

Quello era il nome di battaglia dei mercenari. Erano stati soprannominati così, "I Grigi", per via dell'unguento con cui erano soliti colorarsi il corpo durante gli scontri. Spesso erano chiamati a combattere contro gente della loro stessa razza, ingaggiati per sedare faide tra indigeni, di conseguenza avevano dovuto trovare un modo efficace per distinguersi: questo, col tempo, era divenuto il loro marchio.

L'individuo si limitò ad annuire senza pronunciare nemmeno una parola. Lo invitò a seguirlo e si mise in marcia a passo svelto in direzione ovest, seguito da tutti gli indigeni, silenziosi e obbedienti.

Camminarono per più di due ore, durante le quali la foresta, sempre più fitta, fu avvolta totalmente dalle tenebre. Madhat faticava a vedere più lontano del suo naso, ma continuò a tenere il passo della processione di uomini che sembravano conoscere quei luoghi come il palmo della loro mano. Uno degli indigeni li seguiva nelle retrovie, cancellando con una frasca le tracce del loro passaggio.

Dopo un tratto in leggera salita, apparve alla loro vista uno scenario da mozzare il fiato. Lo sguardo di Madhat non era mai andato oltre l'orizzonte intorno alle scogliere di Shasmahal. Il suo animo, però, da sempre era conquistato dalla disarmante bellezza con cui l'alba riusciva a infuocare di colori gli scogli di quella piccola insenatura, con tonalità sempre diverse. Aveva passato ore, da solo o con i vecchi naviganti, ad ammirare estasiato il cielo notturno, schiacciato dalla sensazione d'immensità di quella misteriosa volta nera, accesa da centinaia di minuscole luci, capaci di rapire l'animo di ogni sognatore e orientare ogni marinaio, in tutto il globo, da tempo immemore. Di notte il Creatore aveva deciso di dare riposo anche ai colori, lasciando al nero dell'infinito e al bianco degli astri il compito di riempire gli occhi. Il risultato risultava comunque, semplicemente, impareggiabile.

Innamorato della natura, in tutte le sue manifestazioni, sin da piccolo, aveva sfidato le violente precipitazioni periodiche abbandonandosi alla pioggia senza remore, per assistere all'incontro tra l'acqua piovana e le onde, in una danza più sinuosa e ritmica di qualunque coreografia mai concepita dalla mente umana. Lo aveva fatto per ore, giorni, ostinato, più di chiunque altro, sognando il momento in cui avrebbe sfidato quelle onde, come i suoi avi.

La piacevole clausura cui era stato sottoposto fin dalla nascita aveva privato Madhat di molte opportunità. Non avendo mai visto, fino a poco tempo prima, un fiume, una vallata verde, una collina oppure la savana, così come un felino o una mandria di zebre, nelle ultime settimane si era nutrito delle nuove esperienze con la stessa avidità con cui la terra arida accoglie l'acqua.

Aveva pianto di gioia, pochi giorni prima, alla vista di un gruppo di elefanti che accudivano gli ultimi nati. Uno di loro, una femmina dominante, gli era passata accanto guardandolo dall'alto con il suo occhio umido, donandogli un'emozione difficile da contenere. Poche ore dopo aveva rischiato di diventare lo spuntino di alcune leonesse, per osservare il nobile andamento di una colonia di giraffe che attraversavano un corso d'acqua, rimanendo scioccato dal colore della loro lingua blu, quasi nera, e dalla sua lunghezza, che permette ai grandi mammiferi di lavarsi perfino le orecchie. In quel caso era stato Uhuru a prendere in mano la situazione, infilandosi di corsa tra gli alberi quando l'odore delle femmine affamate aveva stuzzicato le sue narici.

Madhat non si annoiava mai e non era mai sazio di scoprire nuove meraviglie. Fu per questo che, anche se esausto, rimase impressionato dallo spettacolo che si trovò davanti dopo aver scollinato, sotto i raggi di una luna enorme, non più oscurata dalla fitta vegetazione.

Gli apparve un'incantevole vallata creata da quattro collinette completamente ricoperte da alberi e arbusti, i cui versanti confluivano in un punto dove, comodamente adagiato in un alveo naturale, sorgeva un laghetto che la luna aveva scelto come specchio per ammirare, vanitosa, le proprie misteriose rotondità.

Il gruppo rimase impassibile di fronte a quello scenario più che familiare e si avviò giù per la discesa lungo un sentiero appena accennato. Madhat, al contrario, volle fermarsi per ammirarlo.

Avrebbe voluto essere un pittore, per immortalare su tela quello spettacolo, ma non lo era. Allora un poeta, per tentare di imprimere in qualche verso ispirato l'emozione che stava provando. Ma non lo era. Si sarebbe accontentato di avere accanto a sé la sua Lana e condividere con lei la magia di quell'atmosfera. Ma Lana era troppo distante.

L'indigeno che cancellava le orme lo affiancò e lo guardò male. Madhat, allora, si scosse. Immaginò Anafi e, in particolar modo, le mazzate che gli avrebbe rifilato se avesse saputo di come si stava facendo dominare da sentimenti più consoni a una damigella alla corte del Re Sole. Sorrise tra sé e partì alla rincorsa degli altri, che l'avevano già lasciato indietro di qualche decina di metri.

Giunto a poca distanza dal lago, cominciò a scorgere delle forme squadrate in prossimità di una delle rive opposte. Erano piccole capanne, perfettamente mimetizzate tra gli alberi. Continuando ad avvicinarsi, si rese conto che le dimensioni dell'accampamento erano maggiori di quanto non sembrasse da lontano. Abilmente nascoste nella vegetazione, una trentina di casupole di legno di piccola e media grandezza formavano un villaggio in piena regola. Al centro era stato ricavato un ampio spiazzo per le attività sociali di una piccola comunità, in quel momento in gran parte addormentata. A Madhat parve di essere a casa. Era cresciuto in un luogo simile a quello, almeno per organizzazione urbanistica.

L'arrivo del piccolo gruppo provocò dei movimenti all'interno della maggior parte delle case e, nel giro di qualche minuto, molte teste scure si affacciarono da rudimentali porticine, come per dare il bentornato.

Madhat era giunto alla convinzione di aver effettivamente trovato i Sebeti. Del resto si trovava in mezzo a indigeni ben addestrati, agli ordini di un bianco europeo. Dalle capanne però, inspiegabilmente, si erano affacciati solo donne e qualche bambino, e questo lo aveva disorientato. Sembrava che quella comunità non avesse nulla a che fare con la guerriglia mercenaria.

Gli fu indicata una casupola nella quale entrare. Senza dire nulla un indigeno si offrì di accudire Uhuru, che venne portato in un recinto poco lontano con altri cavalli. Un altro lo invitò a sdraiarsi su un giaciglio di paglia, appoggiando a terra una ciotola piena d'acqua, ricavata dall'essiccazione di una zucca, e della frutta fresca.

Madhat era molto stanco. Era sicuro che se avessero voluto ucciderlo l'avrebbero fatto già da tempo; decise di rimandare al momento del risveglio calcoli e ragionamenti per capire dove fosse capitato. Consumò con voracità quello che gli avevano portato, si sdraiò e si assopì con facilità.

24

Madhat aveva trascorso le ultime settimane in accampamenti improvvisati, sotto il costante pericolo di un attacco da parte di predatori, arrampicato su qualche albero o protetto dal bagliore dei fuochi. Si era quindi abituato al sonno del soldato, un sonno leggero, instabile ma riposante, che permette di stare sul "chi vive" anche nel mezzo del più profondo dei sogni. Per tale ragione scattò come un mamba quando si sentì battere su una spalla. Dimenticò di essere sotto un tetto, per la prima volta da settimane, con un movimento istintivo scagliò il suo assalitore a distanza, impugnando subito il coltello che teneva sempre accanto a sé, pronto alla difesa. Si rese immediatamente conto di aver sbagliato, ma era troppo tardi: il nero che lo aveva nutrito la sera prima giaceva a terra intontito, dopo aver sbattuto la testa contro una parete. La confusione aveva attirato altri sei uomini che, trovando l'ospite bianco in atteggiamento offensivo, si prepararono ad attaccarlo.

Madhat, per tentare di pacificare gli animi, gettò subito a terra il coltello, alzando le mani in segno di resa. Gli indigeni ignorarono quel gesto e si fecero avanti minacciosi, eccitati anche dalla vista del loro compagno, ancora a terra, che sanguinava dalla testa piuttosto copiosamente. Madhat era più alto di almeno una spanna rispetto al più possente degli indigeni, ma si rese conto che ognuno di loro era in grado di sprigionare una forza sproporzionata rispetto alla mole. Disarmati, lo atterrarono e lo strinsero nella morsa di una presa a quattro braccia, lo trascinarono all'esterno e lo scaraventarono come un sacco di patate nella polvere del piazzale centrale, dove si era già assiepata una folla di curiosi. I sei lo accerchiarono e Madhat fu costretto, suo malgrado, a mettersi in posizione di difesa. Si avvicinarono, ben coordinati tra loro, e iniziarono a punzecchiarlo con brevi attacchi, forse per saggiare le sue capacità di reazione. Picchiavano duro, erano maledettamente veloci, e facevano male. Sembravano, poi, divertirsi a sbeffeggiarlo. Le loro espressioni compiaciute, le grida con cui accompagnavano gli attacchi, salirono d'intensità, forse per divertire le donne e i bambini presenti e per annientare l'orgoglio del loro ospite, che evidentemente non consideravano un vero pericolo. Vedevano un ragazzo giovane, bianco come il culo dei babbuini, dai tratti gentili, e non potevano immaginare di avere di fronte un guerriero addestrato, veloce come una mangusta e gentile quanto una tigre affamata ma, soprattutto, non abituato a sopportare le umiliazioni.

Fu proprio l'orgoglio, unito al dolore inferto da quelle insopportabili torture, a portarlo oltre il punto di non ritorno. Accecato da un odio crescente, il giovane d'un tratto attaccò senza preavviso, veloce come un falco in picchiata, aggredendo i due più vicini con una potenza e una tecnica che lasciò di stucco tutti gli altri.

«Shasmahal!»

Il suo grido di battaglia echeggiò in tutta la vallata. Madhat aveva colpito per uccidere; i due malcapitati erano franati a terra come frutti maturi e giacevano immobili. Non si sarebbero rialzati facilmente.

Saltellando in posizione di guardia, concentrato, era conscio di aver conseguito una vittoria parziale. Aveva di fronte veri guerrieri, cui sarebbe bastato organizzare un attacco coordinato per annientare ogni sua velleità. Aveva comunque ottenuto un risultato, per quanto effimero: nessuno lo avrebbe più sbeffeggiato.

Ciò che più temeva si materializzò davanti ai suoi occhi subito dopo. Gli indigeni, ripresisi in fretta, ricorsero alle armi: non impugnarono archi o altri mezzi a lunga gittata, ma gli *Assegai*, lasciando intendere di voler colpire da vicino, senza fare prigionieri.

L'assegai è un'arma millenaria, che i San, e altre popolazioni tribali africane, hanno utilizzato per diventare predatori senza rivali nella catena alimentare. Simile alla zagaglia, più corta di una lancia, è fatta di legno flessibile e resistente, con l'unica punta in osso o in metallo. Se maneggiata con perizia è più efficace di qualsiasi spada, come testimoniano alcune litanie cantate dai boscimani, che da secoli narrano di guerrieri in grado di fronteggiare leoni adulti armati solo di quell'attrezzo di morte.

Madhat temette il peggio. Se quei guerrieri non erano invincibili nel corpo a corpo, con quell'arma in mano non gli avrebbero lasciato alcuno scampo.

"Un secondo, anche rubato con i denti, talvolta, può salvare una vita!" Quella massima, una delle tante inculcate agli allievi dai maestri della città, gli echeggiò in testa e Madhat, per metterla in pratica, si avventò su un sostegno fatto da tre legni intrecciati, che serviva a sospendere le pentole sul fuoco. Un gruppo di donne e bambini che si stavano godendo quello spettacolo mattutino fuggì via. Non era di certo la miglior arma che avesse mai impugnato, ma se non altro gli dava la possibilità di opporre qualcosa agli attacchi nemici. Separò i tre tronchetti e ne impugnò uno per mano, scagliando il rimanente, con forza, verso gli indigeni, che lo evitarono con facilità. Avrebbe dato chissà cosa per avere la sua spada, ma la capanna dove aveva dormito era troppo lontana e ben presidiata. Agitando vorticosamente i bastoni in aria, tornò all'attacco, sicuro della sua fine ma desideroso di raggiungerla guadagnando più tempo possibile, e con l'onore delle armi.

Uno sparo echeggiò nell'aria, seguito da imprecazioni. Gli indigeni si ritirarono all'istante e Madhat scorse in controluce la figura che già il giorno prima gli aveva salvato la pelle. L'omone barbuto sopraggiunse brandendo in aria il fucile con cui aveva sparato, minaccioso, rifilando calci qua e là per calmare qualcuno dei suoi uomini. Uno solo dei guerrieri, approfittando di un attimo di distrazione del suo capo, sferrò un colpo alla caviglia di Madhat che finì a terra, imprecando per il dolore e cercando con gli occhi il vigliacco che lo aveva colpito a tradimento. Ma il vigliacco si ritirò appena in tempo per non essere scorto dall'uomo col fucile e scomparve tra i suoi compagni.

L'uomo si rivolse a Madhat irridendolo: «Sono stanco di salvarti il culo, stupido ragazzo».

Il giovane scattò in piedi come una molla, e gli arrivò vicino al punto di sentire l'odore del suo fiato, che sapeva di caffè e tabacco di pipa: «E allora tieni a cuccia i tuoi cani bastardi!».

Erano alti uguali, ma lui sembrava suo figlio, e in effetti, per la differenza di età, avrebbe potuto esserlo. Il più anziano appariva, senza dubbio, più temprato. I segni sul corpo di Madhat erano per lo più recenti. L'altro arrivava da anni di scontri e di vita avventurosa, e aveva un portamento fiero e sicuro, monumentale. Non si scompose minimamente, sostenendo lo sguardo del giovane. Poi, lesto come una mangusta, gli diede una lezione di vita. Madhat si accorse che andargli così vicino era stato un azzardo: non ebbe il tempo di muoversi, che una poderosa testata lo colpì sullo sterno. Se avesse mirato al viso, l'avrebbe ucciso sul colpo.

A Madhat sembrò di essere stato investito da un rinoceronte in corsa. Cadde a terra, incapace di respirare, e vide il portoghese allontanarsi placido, distribuendo disposizioni nella lingua dei locali. Dopo un po' si riprese e, con la coda tra le gambe, si alzò per tornare verso la sua capanna.

Capì di essere coperto da un'immunità, forse temporanea, dovuta alle incomprensibili disposizioni di quell'uomo. I guerrieri non avrebbero potuto toccarlo fino a nuovo ordine; lo si capiva dal loro atteggiamento. Non seppe resistere: si avvicinò all'indigeno che lo aveva colpito a tradimento poco prima, e mentre lo superava lasciò partire un violentissimo colpo alla cieca, a mano aperta, che lo prese in pieno viso. Lo sventurato si portò le mani al volto e, vedendole insanguinate, scoppiò in un impeto di rabbia animale, urlando insulti e maledizioni nella sua lingua e sputando saliva rossastra. I suoi compagni lo trattennero a stento, e Madhat si allontanò ignorandoli.

Gli bastò però sedersi e riprendere fiato per pentirsi di quel puerile gesto di ripicca. Aveva appena gettato le basi per un'inimicizia destinata a durare nel tempo e a concludersi, prima o poi, con uno scontro fatale. Si era comportato in un modo che nessuno dei suoi maestri gli avrebbe mai potuto perdonare, e promise a se stesso di non lasciarsi più andare. Cercare altri guai non aveva alcun senso: il nemico da combattere era Jacob.

25

«Posso entrare?»

Quella richiesta, in un portoghese abbastanza sicuro, non proveniva dall'europeo barbuto che gli aveva quasi sfondato lo sterno, poco prima. Madhat, sospettoso, non acconsentì, e la testa del primo indigeno che aveva dato segno di comprendere i suoi appelli, la sera precedente, si affacciò timidamente all'uscio. Gli sorrise, poi si ritrasse, e un attimo dopo mostrò solo le mani, che reggevano un pezzo di pane e una brocca. Madhat si rilassò; era disidratato, e quel pane sembrava invitante. Decise di fidarsi: «Vieni avanti…».

L'indigeno entrò con circospezione, gli porse quel che aveva portato e stette in silenzio per qualche minuto, appoggiato allo stipite, mentre l'ospite si cibava con voracità. Al termine del pasto, Madhat si ricordò le buone maniere, e parlò a sua volta in portoghese, lingua che dominava discretamente: «Grazie, amico. A cosa devo questa generosità?».

«Sei arrivato come ospite. È un malinteso che ti ha reso un nemico di tutti…»

Madhat sbarrò gli occhi: «E tu come fai a sapere del malinteso?».

«Mia moglie ha medicato l'uomo che hai aggredito. Lui le

ha detto la verità. In questo villaggio molti non aspettano altro che un pretesto per usare la violenza, e pare che con te abbiano trovato pane per i loro denti...»

«Io non volevo apparire ostile...»

«Mia moglie spargerà la voce. Sarebbe felice di medicare anche te, visto che sei tutto ammaccato.»

Madhat acconsentì di buon grado e, subito dopo, una donna, giovane e minuta, entrò nella stanza. Era nera come il carbone, con occhi grandi e molto espressivi, i capelli rasati e foltissimi, le labbra carnose e il seno prosperoso della giovinezza, coperto a stento da una maglia a collo ampio, di cotone liso ma pulito. Era entrata a capo chino, e gli si mise davanti con la pacatezza che contraddistingue molte delle culture che popolano quei luoghi. Solo a quel punto alzò gli occhi, accennando un sorriso, ma quando incrociò quelli di Madhat sussultò. Il giovane percepì qualcosa come una scossa, ma fu distratto dall'espressione della ragazza, che sembrava spaventata e che, nel guardarlo, si era portata una mano alla bocca. Madhat, imbarazzato, si voltò verso l'indigeno che guardava fuori dall'uscio e pareva non essersi accorto di nulla. Si volse di nuovo verso di lei, che nel frattempo si era girata e tirava fuori alcuni unguenti da una sacca di cuoio, facendo finta di nulla. Si alzò e, in silenzio, senza più guardarlo negli occhi, iniziò a girargli attorno per valutare i danni. Lui la lasciò fare, e lei si dedicò a tamponargli le ferite con una pezza bagnata e qualche mistura sconosciuta. Gli sembrò che le tremassero le mani. Colse quel momento di intimità per andare dritto al punto che gli premeva e togliersi una volta per tutte il dubbio che lo stava torturando, rivolgendosi all'uomo: «Siete i Sebeti?».

L'indigeno rispose senza esitazioni: «Sì. Sei in una delle basi dei Sebeti. E di là, nella sua capanna, c'è qualcuno che muore dalla voglia di capire come hai fatto a trovarci...».

Madhat si rilassò, finalmente. La parte più difficile della sua missione, che a tratti gli era parsa irraggiungibile, era conclusa. Aveva compiuto un piccolo miracolo, ma non aveva tempo per esaltarsi. Approfittò della disponibilità del suo interlocutore per passare immediatamente alla fase successiva. Aveva a che fare con un individuo che non sembrava certo un selvaggio, e così cercò di stabilire un contatto con lui: «Io mi chiamo Madhat Suburban. Tu?».

«Il mio nome è Abe.»

«Che origini hai, Abe?»

«Sono un Masai. Vengo dal nord.»

«Quindi possiamo parlare in swahili!»

L'uomo sgranò gli occhi in segno di sorpresa, e adottò immediatamente quella lingua antica, rotonda e armoniosa: «Tu parli swahili?».

«Io penso in inglese, parlo in spagnolo, litigo in arabo, sogno in italiano, e con i miei migliori amici parlo sempre e solo swahili.»

Madhat notò che la donna aveva sorriso a quelle parole. Anche lei comprendeva quella lingua, e da quel momento in poi la conversazione scivolò via leggera come un veliero che naviga con il vento in poppa. Madhat ricoprì Abe di domande, per apprendere elementi utili per la sua missione. Si trovava nell'accampamento più antico dei mercenari, proprio quello di cui i suoi concittadini avevano sentito parlare, tanti anni prima. Ve ne erano diversi altri, più recenti, in zone strategiche, ma quello era stato scelto, da una quindicina d'anni, per le famiglie dei mercenari. Madhat si rese conto che i Sebeti si erano trasformati, col tempo, in una vera e propria impresa per fare soldi. A capo di circa cinquecento guerrieri, principalmente africani, vi erano quattro bianchi, in società, uno solo dei quali discendente di Clive Dunn, l'olandese che tanti anni prima aveva riunito il primo manipolo d'uomini che combatteva al servizio del migliore offerente. Clive Dunn Junior, figlio del fondatore, era al momento impegnato con cinquanta uomini in un servizio di appoggio ai contrabbandieri portoghesi nei dintorni di Mombasa. Degli altri tre capi, uno si stava godendo chissà dove i suoi guadagni nei tre mesi di sosta annuali che spettavano a turno a ognuno di loro, un altro stava combattendo con duecento uomini a est e l'ultimo, il burbero Fernando de Morales, il portoghese, era a capo del contingente rimasto a guardia del campo base.

I Sebeti facevano capo a un'organizzazione ben più estesa, che aveva investito i suoi proventi in attività lecite e non, in ogni parte del mondo. Tra queste, un avviato giro di scommesse su combattimenti sullo stile dei gladiatori romani, organizzati in un'arena a Città del Capo. Con il passare del tempo le truppe di mercenari, originariamente costituite da un'accozzaglia di scarti della società trasferitasi nel Sud del mondo, avevano mantenuto nelle loro file pochi bianchi mediterranei, troppo irrequieti, più difficili da gestire e molto più esigenti quando si trattava di soldi. In quel momento, i soldati al servizio della ditta Dunn e soci erano quasi tutti indigeni africani, con una netta predominanza di discendenti dei "San", qualche Masai e dei bantù, questi ultimi provenienti da terre appena più a nord. Mentre molto tempo prima la parte più consistente della truppa era formata da indigeni strappati con la forza alle loro culture, in quel tempo c'era solo un miscuglio di uomini senza radici né origini chiare, nati e allevati per combattere senza fare domande, contenti di ricevere in cambio poco più dell'indispensabile per vivere.

Madhat assorbì quelle informazioni come una spugna, per capire meglio con chi avesse a che fare. Abe si dimostrò una persona profonda e scaltra, dotata di discreta cultura, con quoziente intellettivo di molto superiore a quello dei suoi commilitoni. Il giovane non riuscì a comprendere il suo ruolo in quella compagine, ma decise di non approfondire, per non alterare l'equilibrio che i due avevano raggiunto. Fu l'indigeno a interrompere la discussione, riferendo a Madhat che doveva presentarsi a rapporto da Fernando. Porse la mano, come a suggellare un'amicizia appena nata, e lui gliela strinse forte, lo ringraziò. Fece un cenno di ringraziamento anche alla donna, che uscì salutando timidamente, evitando di guardarlo di nuovo negli occhi.

26

«Dunque cerchi i Sebeti, ragazzino?»

Di nuovo quello stramaledetto termine. Madhat fece buon viso a cattivo gioco e, facendo finta di aver dimenticato la testata ricevuta quella mattina, rispose con cortesia. Cercò di trasformare il suo spagnolo in portoghese, almeno in parte, adattandosi al padrone di casa: «Sissignore. Viaggio da settimane per trovarvi. Sono felicissimo di esserci riuscito».

«Chi ti ha detto dell'esistenza di questo villaggio? Nessuno dovrebbe sapere dove si trova.»

«Per la verità l'idea iniziale era quella di raggiungervi a Città del Capo, dove so che avete dei referenti, ma per una serie di inconvenienti ho dovuto avventurarmi nella savana e poi nella foresta per giungere qui; vengo dalla costa est e raggiungere la città senza un'imbarcazione avrebbe richiesto troppo tempo, signore.»

«Non chiamarmi signore, mi infastidisce. Voglio capire come hai fatto a giungere qui. Devi dirmi chi ti ha indicato la strada.»

«Nessuno. Dapprima ho seguito il fiume, poi mi sono fidato del mio istinto.»

L'uomo lo scrutò a lungo, poi parve credergli. Abe gli aveva anticipato che la segretezza di quel luogo fosse d'importanza cruciale per i Sebeti, ma Fernando parve non voler affrontare la questione, almeno non in quel momento. «Sentiamo di cosa si tratta. Ma ti anticipo che io non ho tempo da dedicare alle cazzate, e di solito divento scortese con chi mi fa perdere la pazienza. Sono pronto a scommettere che tu mi farai diventare scortese.»

Madhat ingoiò nuovamente, frenando il suo istinto, che lo avrebbe spinto a restituire la testata. Fu breve e conciso, ripetendo a Fernando un discorso che si era preparato mentalmente in quelle settimane. Fece un resoconto della storia di Shasmahal e dei suoi fondatori e spiegò come i suoi concittadini fossero minacciati dall'assedio di Jacob e del suo esercito. Fernando non lo interruppe mai, coinvolto dall'enfasi del narratore. Il portoghese si limitò di tanto in tanto ad aggrottare la fronte o sbarrare gli occhi nelle circostanze più sconvolgenti del racconto. Al termine, lasciò trasparire un accenno di empatia nel porre la prima domanda: «Dunque tu saresti il nipote del Capitano Nicholas Suburban?».

«Fiero di esserlo. Ne hai sentito parlare, vedo…»

«Sfido chiunque a non conoscere almeno qualcuna delle sue imprese. A quanto ne sapevo, era stato dato per morto assieme a tutta la sua ciurma in seguito a un naufragio dopo l'ennesimo scontro in mare.»

«Una messa in scena magistrale. Uno stratagemma indispensabile per garantire l'isolamento totale.»

«E il nero che era con lui? Quella montagna di forza e cattiveria? Ancora ne parlano. Al *Circus*, giù a Città del Capo, abbiamo un gladiatore zulù che lo ricorda, per mole e forza distruttiva. Un fuoriclasse.»

«Anafi. È ancora vivo. E nonostante l'età è ancora pericoloso come un ippopotamo imbestialito.»

Fernando si rilassò sulla seggiola di legno e paglia dove era seduto. Distolse lo sguardo dal ragazzo che gli stava di fronte e si accese un mozzicone di sigaro. La stanza si riempì del classico cattivo odore dei sigari d'infima qualità, mentre lui rimase immobile e concentrato per qualche minuto.

Madhat si limitò a fissarlo intensamente, cercando di cogliere dal suo aspetto i tratti essenziali del suo carattere. A guardarlo meglio, Fernando doveva avere una quarantina d'anni, ma ne dimostrava di più per via della barba, folta e con striature argentate. Da come parlava e dall'acutezza mentale che dimostrava doveva aver ricevuto un'istruzione in gioventù, ma la sua pelle testimoniava anni passati a combattere l'aggressività del sole africano. Il suo ventre pronunciato mostrava segni di un grande amore per birra e alcolici in genere, ma per il resto le gambe, le braccia, il torace e le spalle apparivano temprate dall'attività di guerriglia. Peloso e trasandato, tutto sommato non doveva essere un brutto uomo, sotto quella corazza. Madhat restò affascinato soprattutto dal suo sguardo, perché riconobbe gli occhi del predatore. Lo sguardo di chi è abituato a qualsiasi azione, lecita o illecita, per raggiungere i suoi obiettivi.

Dopo un lungo silenzio, Fernando tornò a far tuonare la sua voce baritonale: «Faccio fatica a credere alla tua storia, ragazzo. Però devo ammettere che inventarsi di sana pianta qualcosa di così contorto non sarebbe da tutti».

«È la verità, e poi perché mai dovrei essermi inventato tutto?»

«Abbiamo tanti nemici. E tu non hai prove per dimostrare l'esistenza della città che dovrei aiutarti a salvare.»

«Ci sono oltre duecento anime in pericolo di morte e i Sebeti sono l'unico modo per garantire loro la sopravvivenza. Devi credermi.»

«Anche nell'eventualità che io decidessi di intervenire, la segretezza della tua fantomatica città sarebbe comunque compromessa.»

«Non ho dubbi su questo. Ma io sono stato mandato qui per salvare delle vite umane; è questa la cosa più importante, tutto il resto è secondario. Jacob non ci lascerebbe vivere anche se ricevesse da noi ciò che vuole, quindi l'unica soluzione è annientarlo. Se partiamo subito...»

«Ehi, buono, *niño*. I Sebeti hanno lavoro per i prossimi due anni. Non è possibile prima di allora. Mi spiace per te, dovrai trovare un altro modo di salvare il culo alla mamma.»

Madhat sentì il fuoco ardere dentro. Stava per replicare, ma l'istinto prevalse e non riuscì a impedire al suo pugno di schiantarsi sul tavolo tra lui e Fernando. Tutto ciò che c'era sopra saltò per aria, e una tazza di terracotta si frantumò a terra. Fernando scattò come una molla e si avventò su Madhat, convinto di avere vita facile con l'imberbe, come era successo la mattina. Il ragazzo però se lo aspettava, evitò il pugno e, approfittando dello sbilanciamento del corpo del portoghese, lo spinse con un piede facendolo rotolare a terra. Avrebbe potuto azzopparlo, a quel punto, o infliggergli altri colpi devastanti, ma non lo fece, preferendo che l'uomo capisse che aveva inteso graziarlo. Questi si rialzò di scatto ma, prima di scagliarsi di nuovo sul giovane, se lo trovò davanti a gambe aperte, con in mano la pietra preziosa più grande che avesse mai visto.

Si acquietò, come folgorato da quella visione. Dimenticò in

fretta ogni ostilità, prese in mano la pietra e l'osservò, anche controluce, per valutarne le caratteristiche.

«Ne hai altre di queste?»

«Non con me. Ma a Shasmahal ce ne sono un'infinità.»

«Quant'è il vostro patrimonio?»

«Incalcolabile. Sufficiente a comprare cento volte qualsiasi cosa tu abbia mai sognato di possedere, più l'intero Portogallo, colonie comprese.»

«E quanto sareste disposti a pagare?»

«La metà di tutti i nostri averi.»

Madhat notò negli occhi del portoghese un luccichio fugace, che poteva avere un solo significato: avidità. Sperava di riuscire a suscitare in lui tale sentimento, perché sapeva che chi è abituato a fare qualunque cosa per accumulare ricchezze, non avrebbe potuto rifiutare offerte come quella. Lo vide girarsi e dargli le spalle senza dire nulla, infilandosi il gioiello in tasca. Chinò il capo, come dovesse riflettere, ma il ragazzo sapeva che la trattativa era terminata.

«Mi hai convinto, piccolo bastardo. Dammi il tempo di parlare con i miei ufficiali e organizzare una squadra. Domani avrai la mia risposta definitiva.»

27

Madhat trascorse il resto della giornata con Abe. L'indigeno lo portò con sé a caccia nei dintorni, principalmente con l'intento di non farlo incontrare con gli uomini che stavano per ammazzarlo. I due scoprirono una buona affinità e il giovane, assetato di conoscenza, osservò con attenzione il suo modo di muoversi nella vegetazione, simile a quello di un animale selvaggio: rapido, furtivo e sicuro. Notò inoltre, un qualcosa di anomalo nel suo aspetto, di nettamente diverso dagli altri, a partire dall'altezza. Abe era poco più basso di lui, mentre quasi tutti i suoi compagni erano, in media, molto più minuti. Era un particolare del viso ad avergli suscitato quella curiosità; anche se scuro di pelle come gli altri Sebeti, aveva i tratti somatici assai diversi da quelli africani: niente labbra pronunciate o naso largo alla base, ma un profilo alla francese e bocca sottile. Anche i capelli, inoltre, sembravano molto meno crespi e ispidi rispetto agli altri.

Verso sera, roso dal desiderio di sapere, si fece coraggio: «Abe, ti devo chiedere una cosa. Perché sei così diverso dai tuoi compari?».

«Cosa intendi dire, subdolo uomo bianco? Che sono l'unico che non vuole il tuo scalpo?»

Madhat rise. «No, non intendevo quello. Parlo dei tuoi lineamenti.»

«Ma non dire sciocchezze! I miei lineamenti non hanno nulla che non va...»

«E perché sei così alto, allora? Ma, soprattutto, perché sei l'unico di loro che sa di avere un cervello e sa parlare anche un'altra lingua?»

Abe mutò espressione. Non aggiunse altro, e Madhat capì che non era il caso di insistere. Dopo qualche attimo d'imbarazzo, fu l'indigeno a cambiare argomento, indicandogli delle tracce di un gruppo di leoni sul terreno e spiegandogli come distinguerle. Proseguirono a lungo in quella ricognizione e tornarono a casa con un cinghiale grande a sufficienza per sfamare una mezza dozzina di uomini.

L'indomani mattina Madhat si presentò a rapporto da Fernando. Aveva dormito poco e male quella notte. Il portoghese era seduto sulla sedia e fumava il suo solito sigaro puzzolente. Lo fece accomodare e andò subito al dunque: «Accettiamo la tua proposta, ragazzo. Ho deciso di credere alla tua storia e sono ben felice, tra le altre cose, di incontrare la gente che discende dalla ciurma di Nicholas Suburban. Per questo motivo sarò io stesso a capeggiare la spedizione».

«Sarà un piacere presentarti tutti, una volta liberata la città.»

«Bada bene, però, ragazzo. Ho dovuto stravolgere i programmi di tutto il gruppo, e non è stato semplice. Se capiremo di essere stati presi in giro, o se le ricchezze che ci hai promesso non dovessero esistere, sia ben chiaro, ti faremo pentire di essere venuto al mondo e stermineremo la tua gente. La cifra che ci hai proposto è sufficiente per due mesi, viaggio compreso. Siamo d'accordo?»

Madhat sentì il cuore riempirsi di gioia, ma si trattenne, cercando di mantenere un tono pacato: «Certo che siamo d'accordo! Se partiamo subito, possiamo marciare per almeno dieci ore, prima che cali la notte».

Fernando rise fragorosamente: «Con calma, ragazzo, tu corri troppo. Io e i miei non saremo pronti a partire prima di una dozzina di giorni, se va bene».

Così come la felicità aveva riempito il suo cuore, altrettanto rapidamente Madhat sentì il mondo cadergli addosso. «Cosa? Perché mai dovremmo aspettare tanto? E perché solo trenta soldati? Sei impazzito? Ti ho già detto che laggiù la mia gente è ridotta alla fame e che Jacob dispone di almeno duecento uomini!»

Fernando si rilassò sulla sedia con noncuranza e tentò di congedare il giovane con un cenno della mano. Madhat stava per dare nuovamente in escandescenze, quando l'uomo, sorridendo, impugnò una pistola nascosta sotto la seggiola, e gliela puntò alla pancia. Poi proseguì: «Non pensare che ti lasci fare nuovamente il gradasso, qui a casa mia. Io ti ammazzo subito, senza pensarci due volte».

Il giovane alzò le mani, docile. L'altro proseguì: «Partiremo quando uno squadrone di dieci uomini sarà di ritorno da una missione breve qui attorno. Non posso lasciare il campo sguarnito. Tu non hai capito con chi hai a che fare. Questa operazione non era prevista e considera un privilegio il fatto che io abbia deciso di accettare».

Madhat stette al gioco. Fernando non si sarebbe fatto umiliare nuovamente. Respirò a fondo e ribatté: «E se questi uomini tornassero prima?».

«Se i preparativi per la partenza fossero a buon punto e se

io lo reputassi opportuno, potremmo partire con un po' d'anticipo.»

«Va bene. Ma trenta uomini sono pochi, te lo ripeto. Fronteggeremo un esercito a Shasmahal.»

«Sottovaluti le capacità dei miei soldati.»

«Le ho messe alla prova di persona le capacità di alcune delle iene che comandi, e ti assicuro che...»

«Povero idiota. I miei uomini avevano già ricevuto ordine di non ucciderti, sin dalla prima sera. Hai combattuto bene, è vero, ma se avessero avuto carta bianca da parte mia, anche uno solo di loro avrebbe potuto romperti il culo in due minuti. Impara a stare al mondo, ebete.»

Madhat rimase senza parole, colpito nell'orgoglio. Fernando riprese: «Marceremo a ritmo serrato, avremo dei cavalli, e poi tu sai già la strada. Una volta là colpiremo di notte, o in ogni modo sfruttando la sorpresa. Ho visto i miei soldati destreggiarsi in situazioni assai peggiori, quindi stai al tuo posto e porta rispetto. Se tutto va secondo i piani tra poco più di un mese i vostri forzieri dovranno prendere aria e io sarò molto lieto di offrirmi come volontario per aprirli. Non serve che tu risponda, non farmi perdere tempo, è tutto deciso. Ora levati di qui».

28

Le preghiere di Madhat vennero ascoltate e il gruppetto che attendevano fece ritorno alla base dopo sei giorni. Fernando era pressoché introvabile durante quel breve periodo e Madhat ne aveva approfittato per rafforzare la sua amicizia con Abe e per sedare, per quanto possibile, le inimicizie con il resto dei Sebeti. Con le sue capacità di animatore aveva conquistato dapprima donne e bambini, con giochi, canzoni, balletti, poi era riuscito a rendere meno ostile nei suoi confronti la maggior parte degli uomini che avrebbero combattuto per la liberazione di Shasmahal. Fare il pagliaccio era stato necessario per la buona riuscita dell'impresa.

Abe gli aveva detto che una decina di uomini si alternavano costantemente nel circoscrivere con ampi cerchi di perlustrazione i luoghi intorno al laghetto, per tenere sempre sotto controllo la zona, prevenire eventuali attacchi e cacciare selvaggina. Madhat stesso era caduto nelle grinfie di uno di quei gruppi, ed era stato solo grazie a Fernando che aveva avuto salva la vita.

Quando seppe dell'arrivo delle vedette itineranti, il giovane cominciò da subito a fare pressione sul capo, che dopo qualche tempo capitolò e cedette alle sue insistenze. Lo avvisò che il contingente si sarebbe mosso la mattina del nono giorno dopo l'accettazione dell'incarico. Madhat accolse la decisione con sollievo: in quei giorni aveva temuto che qualcosa potesse compromettere la partenza, ma il momento tanto atteso era finalmente giunto.

Quella sera si ritirò nella sua capanna più presto del solito, eccitato e concentrato. La sua mente viaggiava veloce, ripercorrendo la strada dell'andata per condurre la spedizione lungo la via più breve, evitando tutti gli errori di itinerario commessi. Era incredibilmente emozionato: la voglia di vendetta incalzava.

Bussarono alla porta e Madhat fu lieto di ricevere Abe, che a sua volta doveva aver appreso della partenza.

«Si torna a casa, dunque...»

«Sì, finalmente. Non sto nella pelle. Sarai dei nostri, vero?»

«Non mi perderei questa missione per niente al mondo.»

«Ci contavo...»

«Ascolta, ragazzo. Qui fuori c'è Zainabu, mia moglie, che vuole parlarti prima che tu parta.»

«Ma certo! Di cosa si tratta?»

«Non lo so di preciso. Lei è una persona speciale, lo avrai notato. Ha delle doti. Cura la gente, e questo lo sai, ma non solo. Lei "vede", non so se mi spiego...»

«Non del tutto...»

«Zainabu scorge ciò che chi non ha le sue doti non noterebbe mai. Ha come dei poteri, insomma... ma non è magia o altre cose da stregoni. Voleva parlarne con te, ma prima mi ha chiesto di accertarmi che tu non fossi contrario a certi argomenti. È molto timida, non vuole annoiarti.»

«Sì, sono scettico. Ma sono anche curioso... falla entrare.»

«Lo immaginavo. Vi lascio soli, ci vediamo domani mattina.»

Zainabu entrò all'interno della stanza dopo un rapido cenno d'intesa col marito, che le diede un'affettuosa carezza, prima di andarsene. Si sedette al centro incrociando le gambe. Con grande naturalezza si sfilò la veste, rimanendo praticamente nuda, col seno scoperto e le parti intime nascoste parzialmente da un panno di perline blu, gialle, verdi e nere che le cingeva la vita. Con un sorriso radioso invitò il suo interlocutore a sedersi di fronte a lei. Madhat, in imbarazzo, le si mise di fronte, e lei gli sfilò la camicia, gettandola sopra la propria. Ci fu qualche istante di silenzio, in cui il sorriso della ragazza non accennò a diminuire, mentre Madhat cercava di dissimulare l'imbarazzo guardandosi attorno e fingendo interesse per le disadorne pareti della baracca. La pelle della giovane aveva un profumo speziato, per via di qualche unguento artigianale, probabilmente a base di timo. Fu lei a parlare per prima: «Io ti vedo, Shasa!».

Madhat sgranò gli occhi e la fissò in viso, con aria interrogativa; lei annuì per trovare la giusta intesa, e per fargli capire che potevano parlare tranquillamente.

«Houda, la guaritrice della mia città, mi ha chiamato in tal modo di recente...»

«È buona cosa. Significa che anche lei, come me, ti vede.»

«Cosa vedete?»

La donna chiese il silenzio con un cenno. Poi si fece porgere la mano destra, e la accolse tra le sue, minute e calde. Gli strinse al polso un braccialetto, a fianco di quello donato da Lana, degli stessi colori sgargianti della sua veste. Poi chiuse gli occhi, e portò la mano di Madhat al suo seno sinistro, sussultando al contatto. Lui, ancora disorientato, non capiva. Stava per ritrarsi, quando la donna gli prese l'altra mano e se la mise dietro la nuca, piegando la testa all'indietro e aprendo leggermente la bocca. Il giovane capì che si trattava di un rituale e non si mosse, accogliendo la sensazione di benessere che quel doppio contatto gli stava diffondendo in tutto il corpo. Dopo qualche istante, Zainabu lasciò la presa e portò le sue mani, come aveva fatto con quelle di Madhat, sul cuore del ragazzo e dietro la sua nuca.

Rimasero avvinghiati in quel modo per qualche tempo, fino a quando lei si ritrasse senza preavviso, aprì gli occhi, tornò a sorridere e rispose alla domanda.

«Noi "vediamo" l'energia, la forza vitale, l'aura.»

Madhat si accorse di avere gli occhi chiusi; quando li riaprì, a fatica, impiegò qualche istante a tornare in sé. Adesso non provava più alcun imbarazzo, né eccitazione, pur avendo a pochi centimetri una ragazza splendida, seminuda. Cogliendo la sua espressione, Zainabu si offrì di proseguire: «Ti spiego meglio? Ti interessa?».

«Molto...»

La piccola indigena si lanciò in un appassionante racconto in lingua swahili, dimostrando una proprietà di linguaggio, un livello di cultura, e in generale una profondità del tutto inaspettati. Lei proveniva dall'entroterra equatoriale, dalla tribù degli Wanyamwesi, dai quali discendevano i celebri "Uomini serpente", impareggiabili guaritori, conosciuti e venerati in tutto il continente nero. Aveva conosciuto Abe durante il suo lungo soggiorno a sud di Mombasa, seguendolo poi nel trasferimento al quartier generale dei Sebeti. Gli parlò, con semplicità ed entusiasmo, di energie e flussi vitali. Erano argomenti di cui Madhat aveva sentito parlare a Shasmahal, principalmente da Houda e Anafi, pur senza avervi mai dato molto peso. Si considerava un tipo concreto, attratto più dalle leggi della fisica che governano la natura, e lasciava agli stregoni le fantasie sulle forze trascendenti e tutto ciò che non è spiegabile. Si ritrovò comunque ad ascoltare con attenzione, soprattutto perché Zainabu, dotata anche di una buona dose di sagacia, pensò bene di toccare un punto molto sensibile del ragazzo: il narcisismo.

Al termine del racconto, Madhat le fece delle domande: «Quindi tu saresti in grado di vedere l'aura di ognuno…».

«No, non proprio. È più giusto dire che riconosco tutto ciò che è indicativo dell'energia che ognuno di noi sprigiona, negativa o positiva che sia. In alcuni casi, se ci sono affinità speciali con chi ho di fronte, o se mi trovo in periodi di particolare sensibilità, intravedo qualcosa di paragonabile all'aura.»

«Hai il "terzo occhio"?»

«Magari. Diciamo che ho una buona predisposizione naturale. Se incontrassi qualcuno potente al punto da "aprirmelo" allora sì, forse potrei avere il terzo occhio. Occorrerebbero anni di meditazione, e grande impegno fisico e mentale. Io vedo già più di chiunque altro, ma solo per dono di natura.»

«E in me cosa vedi…»

«Madhat, tu sei un fiume infuocato di energia vitale. Non ho mai visto nulla del genere.»

Lui se ne compiacque, e si domandò se fosse quello il motivo per il quale la donna, al loro primo incontro, era parsa quasi spaventata. Decise di non chiederglielo, però, perché aveva la sensazione che le ragioni fossero diverse, più profonde. «Energia positiva o negativa?»

«Positiva. Assolutamente positiva. Tu sai che è una cosa che non si comanda a piacimento. Non è merito tuo, è indole, è natura. È come avere gli occhi azzurri.»

Nel pronunciare quella frase Zainabu fu colta da un fremito, appena accennato, ma Madhat lo percepì, e riconobbe il bagliore che aveva notato nei suoi occhi al loro primo incontro. Ci aveva ripensato spesso e, incuriosito, provò ad approfondire: «Ma io non ho gli occhi azzurri».

Zainabu annuì, seria, e rispose con una domanda che lui non si aspettava: «Perché non hai gli occhi azzurri?».

Madhat rimase interdetto. Quella domanda non aveva senso. Per rompere il silenzio troppo lungo che seguì, quasi a giustificarsi, aggiunse: «Mio nonno li aveva. Anche mio padre. Io invece li ho color nocciola, come mia madre».

La giovane indigena sospirò, rasserenata: «Lo vedi che siamo infiniti?».

Il ragazzo non comprese, ma si accontentò della gioia che la sua interlocutrice aveva riversato in quell'affermazione sibillina. Lei sorrise radiosa, poi abbandonò l'argomento, che per qualche motivo sembrava imbarazzarla, per tornare al discorso interrotto: «Madhat, tutti noi abbiamo energie, come ogni essere vivente. Avere energia negativa non significa necessariamente essere cattivi, quanto piuttosto "spenti", passivi, nei confronti della vita. Non esprimere positività o negatività significa invece essere tranquilli, normali, ininfluenti dal punto di vista energetico».

«Questo lo capisco. Ma riguardo la mia?»

«Tu irradi energia esuberante e contagiosa, anche mentre dormi. Lo si capisce quando sei in mezzo agli altri, dalle loro reazioni alla tua presenza. Lo si nota da come la gente, inconsapevolmente, guarda i tuoi occhi e ci si specchia, da come, nella maggior parte dei casi, cerca la tua presenza o addirittura il contatto fisico.»

«In realtà molti da queste parti volevano farmi la pelle.»

«Non è un caso, Madhat, e tu dovrai farci l'abitudine. Sei ospite in una comunità di uomini che sopravvivono solo perché uccidono. Questo è il luogo della negatività, e tu sei come un bufalo bianco in una mandria di bufali neri.»

«Se lo dici tu… e riguardo l'aura?»

«È questa la cosa impressionante. Ho visto tante persone positive, ma non quanto te. Il mio Abe, per esempio, e anche qualcuno dei ragazzini non ancora rovinati dai Sebeti o qualche giovane moglie dei mercenari. Ma nel loro caso intravedo l'aura vitale, che è lo specchio di come siamo, dell'energia che produciamo, di come ci vedono gli altri e di qual è il nostro ruolo nel mondo… solo a volte, solo per poco.»

«Nel mio caso, invece?»

«Procediamo con calma!» Zainabu rise, allegra. Era bella e solare, pensò Madhat, che si rimproverò per non essere riuscito a trattenere la curiosità. «Hai ragione. Scusa. Prosegui…»

«La tua luce mi appare in maniera netta, accecante. L'ho detto subito a mio marito, che si è comportato nei tuoi confronti di conseguenza. L'aura vitale ti cinge completamente, è intensa, regolare e solida, con picchi fiammanti in prossimità della testa, del petto e di tutti gli altri punti dove confluiscono le energie in entrata e in uscita.»

Madhat comprese il perché di quel contatto diretto, quando si erano conosciuti. Aveva percepito un flusso, senza sforzo, ma non era stato nulla di così diverso da quelli provati in occasione di altri contatti ravvicinati con persone care, in passato.

Recuperando un po' del suo pragmatismo, provò a vederci chiaro: «Sono argomenti molto affascinanti, ma mi sto un po' perdendo, Zainabu. Mi domando, soprattutto: perché mi dici tutte queste cose?».

Lei non si lasciò scoraggiare: «Perché hai un dono, raro, ed è giusto che tu lo sappia. Nella tua vita, finora, non hai mai avuto modo di sperimentarlo, per via della clausura, ma io mi sento in dovere di avvertirti. È importante».

«Importante per cosa?»

«Per te, e per tutti quelli che hanno a che fare con te, perché l'energia non è una tua proprietà, non è qualcosa che puoi decidere di usare o meno. È di tutti, perché la condividi con tutti.»

«Temo di non capire...»

«Sappi che le persone sono e saranno sempre attratte da te, spesso inconsapevolmente. Le energie si cercano e si completano, soprattutto quando sono opposte. Chi sarà carente di energia ti si avvicinerà. Allo stesso modo, chi sprigiona una forte negatività ti contrasterà. E non è tutto. Le energie stanno anche nelle cose, nel mondo. Al tuo passaggio nulla resta indifferente. Preparati a una vita in cui il mondo attorno a te cambia, mentre lo attraversi, e non necessariamente in meglio. Le cose in procinto di accadere, accadranno molto probabilmente proprio quando le avvicinerai, grazie all'energia che ti porti dietro.»

«Se volevi inquietarmi... missione compiuta.»

«Lo capisco. E comprendo anche se resterai scettico. Se non mi credi, ti basterà guardarti attorno, Madhat, ogni giorno. E capirai, anche dalle piccole cose: sei pieno di punture di insetti. Sembra che vogliano solo te... Le giovani mamme ti danno sempre in braccio i loro bimbi, che con te ridono e stanno buoni. Alcuni animali si agitano, al tuo passaggio, senza apparente motivo, altri ti si avvicinano, rispondendo a un'attrazione inconsapevole. I soldati più offensivi ti farebbero volentieri a pezzi, così, solo per il gusto di farlo. Sono tutti segni...»

«Accidenti...»

«Tu sei Shasa, e io ti vedo. Sei un mago potente, anche senza fare nulla. Devi vivere con questa consapevolezza, e forse imparerai a trarne vantaggio.»

Madhat annuì, silenzioso, concentrato. I due giovani si fissarono per qualche secondo e capirono che non vi era altro da aggiungere. Zainabu si produsse in un sorriso meno intenso dei precedenti, ma più serio, consapevole. Aveva trasmesso al suo interlocutore ciò che voleva che lui capisse.

Fece per alzarsi e andarsene, ma si fermò vedendo che Madhat stava ripetendo tra sé alcune parole, una cantilena. Lei si alzò, andò alle sue spalle e lo abbracciò teneramente, avvinghiandosi alla sua schiena nuda con intensità crescente, come una ventosa. Appoggiò il suo capo alla spalla destra, mentre lui continuava a ripetere:

... Figlio d'anima che vien da lontano,
e lontano vuol sempre tornare.
Beato chi ti ha al suo fianco,
stolto chi ti allontana,
pazzo chi ti combatte, perché tu sei Shasa, Buona Acqua.

D'un tratto si staccò e andò via, senza dire nulla. Quel distacco, troppo violento, lasciò Madhat come in carenza di ossigeno.

29

Madhat aveva lasciato la città da oltre due mesi, ormai. Tutti a Shasmahal erano ben consci dell'enorme distanza che il ragazzo doveva percorrere, e nessuno, nemmeno il più ottimista, avrebbe mai potuto pronosticare, per un eventuale ritorno, un tempo inferiore ai quattro mesi. Ogni abitante, nonostante ciò, aveva iniziato a scrutare oltre le scogliere, nell'attesa di scorgere il sorriso beffardo di quel biondo altezzoso. Non passava giorno senza che qualcuno interrogasse le vedette, al termine dei turni, nella remota speranza di ricevere qualche notizia. Erano coinvolti un po' tutti ma, inevitabilmente, con il passare del tempo gli entusiasmi erano andati scemando. In cuor loro gli assediati continuavano a sperare, ma il costante confronto con la cruda realtà, fatta di stenti, rinunce e sofferenze, iniziava a pesare.

Shasmahal continuava a essere viva, ma nessuno, ormai da tanto, aveva più la forza o anche solo la voglia di scherzare o di mantenere un atteggiamento che non fosse quello di sottomissione al proprio destino. Era inevitabile. I giorni trascorrevano, inesorabilmente, allontanando il ricordo dello stato di beatitudine del passato e avvicinando il momento in cui tutti loro, eremiti sognatori, avrebbero eletto il suicidio collettivo come condanna a morte di un'utopia.

Il lancio del primo carico di preziosi in mare, di contro, aveva funzionato da deterrente contro le offensive degli uomini di Jacob. Da allora la situazione si era mantenuta stabile, salvo piccole scaramucce. I feriti erano stati curati e si erano rimessi del tutto. Anche Abraham, se pur molto lentamente, stava riprendendosi dalla malattia che lo aveva colpito. Il braccio destro, purtroppo, era ancora quasi del tutto fuori uso, ma se non altro la gamba aveva ricominciato a dar segni di vita e il vecchio era ormai in grado di camminare autonomamente con l'ausilio di un bastone.

Le scorte erano state razionalizzate per durare quattro mesi abbondanti. Tutti avevano fatto l'abitudine alle ristrettezze alimentari imposte ma, purtroppo, i primi segni di malnutrizione avevano cominciato a farsi vedere sui più deboli. Houda aveva il suo bel daffare per tentare di contrastare la mancanza di verdure e di frutta. Il momento della verità si stava avvicinando.

Lana, dal canto suo, era dimagrita molto. Pur non avendo perso lo splendore della sua gioventù e quell'aura di candida genuinità che da sempre l'avevano contraddistinta, appariva in sofferenza. In quelle settimane, forse troppo spesso, si era privata della sua razione di cibo quotidiano, preferendo cederla a chi ne aveva più bisogno. Si era dimostrata tra le donne più premurose e attente alle esigenze della comunità, dando il meglio di sé, senza riserve. Quella sera, però, aveva fatto chiamare con urgenza la madre al suo capezzale.

«Dimmi, piccola mia, che accade?»

«Mi sento molto debole, mamma.»

«Lana, lo sai che non puoi continuare così. Tu pensi che io non me ne accorga, ma sono tua madre, tu sei un pezzo di me, e io ti osservo. Ti ho visto cedere il tuo cibo troppe volte. È sbagliato e non puoi fare finta di non saperlo. Se ti ammali per curare un ammalato, ne avremo due, di malati, e il problema sarà doppio.»

«La sfida, mamma, la sfida. A Shasmahal non abbiamo problemi, ma sfide...»

Risero un po', ma a fatica. Lana proseguì: «Comunque hai ragione. Era proprio di questo che volevo parlarti...».

«Non dirmi che ti sei accorta da sola dell'errore che hai commesso? Che tu stia diventando una persona sensata?»

«Ora non esagerare, lo sai benissimo come sono fatta...»

«Ti ho fatta io, peraltro... ma dimmi, cosa posso fare per te?»

«Voglio che tu chieda all'assemblea di mettermi nella lista di chi ha bisogno di cibi più sostanziosi.»

«Oh, Signore benedetto! Allora è vero, ti sei ammalata anche tu!»

«Ebbene sì, mamma. Ormai ne sono certa e sarebbe stupido negarlo. Ho aspettato più che potevo, ma ho chiesto a Houda, e ora devo prendere atto della mia condizione.»

Verginì impallidì. Temeva che sarebbe successo. Dopo aver perso l'amato figlio primogenito, temeva che quell'assurda guerra le avrebbe portato via anche Lana. Tremando, sussurrò: «Cos'hai piccola mia? Dimmelo».

«Sono incinta, mamma. Porto in grembo il figlio di Madhat. La sera prima di partire ha fatto a me e a tutti noi il dono più grande che potessimo desiderare...»

La futura nonna spalancò la bocca, poi scoppiò a piangere e cominciò a urlare incredula. Si gettò sulla figlia e la strinse forte al punto da sentire le sue giovani ossa scricchiolare.

Quando la lasciò si accorse che anche lei piangeva di gioia e non poté desistere dall'abbracciarla nuovamente, con ancora maggiore forza. Continuò così a lungo, con un impeto tale da attirare i primi curiosi. La notizia rimbalzò da un capo all'altro della piccola città nel giro di pochi minuti, e una folla di gente in lacrime si assiepò fuori dalla porta; ognuno in attesa del proprio turno per stringere la povera Lana, darle i primi consigli, sollevarla con qualche battuta, felicitarsi.

Lana si sentì per una sera la regina del mondo. Sapeva di aver dato a tutti, con quella notizia, una motivazione che li avrebbe aiutati ad affrontare con rinnovata grinta il destino che li aspettava. Tutti avevano capito che il nascituro sarebbe stato il risultato dell'unione, attraverso tre generazioni diverse, di tre dei più importanti membri della ciurma del Capitano Suburban: Nicholas, Abraham e Phil. Il nascituro sarebbe diventato il vero figlio della città, l'erede di tutta la comunità meravigliosa di Shasmahal.

Come un faro che appare in lontananza in una notte tempestosa, il nascituro aveva indicato la giusta direzione a una ciurma di naviganti esausti che, fino a poco prima, vagava alla deriva, in balìa delle onde.

30

Madhat dovette presto ricredersi sugli uomini che erano stati destinati all'impresa. Il primo giorno marciarono per diciotto ore consecutive, accontentandosi di due brevi soste, e furono in grado di coprire in poco più di una settimana l'ultimo tratto del percorso d'andata; a lui erano serviti venti giorni.

Benché ben allenato, Madhat fece fatica a sostenere quei ritmi di marcia. Non poteva nemmeno contare sul sostegno di Uhuru, inserito nella squadra dei portatori dell'equipaggiamento con altri tre cavalli. Ogni giorno veniva distanziato dal gruppo, che non si preoccupava di aspettarlo, e giungeva ai luoghi di sosta dopo lunghe camminate solitarie, affranto.

I Sebeti riposavano cinque ore scarse a notte. Non si preoccupavano di cercare luoghi riparati per gli accampamenti perché, a turno, tre uomini venivano comandati di guardia. Le guardie non dormivano fino alla notte successiva, senza problemi apparenti. Madhat, al contrario, venne dispensato per ordine di Fernando dalle guardie, per permettergli di recuperare le forze ogni notte e non perdere troppo contatto di giorno. La cosa lo segnò nel profondo. Aveva già raggiunto la consapevolezza di non essere Zeus, e nemmeno Ercole, ma rendersi conto di essere invece paragonabile a Sisifo, il mitologico re di Corinto, che sosteneva ogni giorno un cammino di enorme fatica, senza ottenere miglioramenti, lo portò alle soglie dello sconforto. Dovette poi abituarsi agli insulti dei Sebeti più perniciosi, che non mancavano di sottolineare le sue difficoltà schernendolo senza complimenti.

Il suo orgoglio, gli incoraggiamenti di Abe e il ricordo delle parole di Zainabu gli permisero di reagire. Si impose di ignorare mal di gambe, vesciche ai piedi e disidratazione, pretese e ottenne di essere trattato al pari di ogni altro membro del piccolo esercito, e in breve tempo riuscì a non farsi più distanziare. Alla terza settimana ottenne di prendere parte anche ai turni di caccia giornalieri, con buoni risultati. Qualcuno dei commilitoni iniziò a cambiare atteggiamento nei suoi confronti, riconoscendogli, se non altro, una grande caparbietà.

Durante quel periodo di cammino serrato, Madhat arricchì il suo bagaglio di conoscenze. I Sebeti si muovevano tra gli alberi come il vento, silenziosi e leggeri. Interpretavano le tracce sul terreno senza esitazioni, scoccavano frecce sempre e solo per uccidere e, in generale, interagivano con la natura come ingranaggi di un meccanismo perfetto, misterioso, millenario. Ammirandoli e lottando come una tigre per diventare parte attiva del gruppo, il giovane imparò anche i rudimenti della loro lingua ibrida. Quando giunsero al fiume, nel luogo in cui aveva sterminato i suoi inseguitori, padroneggiava l'idioma al punto da riuscire a raccontare ai suoi compagni, se pur con qualche imbarazzante strafalcione, cosa era accaduto da quelle parti. Narrò anche della terribile bastonata sul viso che aveva ricevuto e li fece sganasciare raccontando loro quanto bello fosse il suo profilo prima del trattamento subìto. Gli ematomi, tra l'altro, non si erano ancora del tutto riassorbiti e il timpano lesionato gli dava fastidio a intervalli regolari, con fitte dolorose e fischi acuti.

Ben poco rimaneva delle tracce di quegli scontri, quindi i Sebeti non furono in grado di aiutarlo a svelare i misteri che ancora aleggiavano attorno a quelle giornate.

Dopo meno di un mese dalla partenza, il gruppo abbandonò il corso del fiume per addentrarsi nel tratto di savana che li avrebbe portati verso la boscaglia costiera. All'andata aveva percorso quel tratto in un unico pomeriggio di corsa sfrenata, dunque Shasmahal era quanto mai vicina; Madhat, di conseguenza, iniziò a scalpitare.

«Devi stare calmo. Ormai ci siamo, lo hai detto tu stesso.»

«E lo confermo. Ma non capisco perché rallentiamo, allora.»

Fernando aveva a poco a poco allentato la sua ritrosia. Durante il viaggio aveva condiviso qualche aneddoto di vita con il giovane, soprattutto dopo avere alzato il gomito. Non era mai sbocciata una particolare simpatia ma, almeno, i due avevano imparato a convivere, e il portoghese, come gli altri, aveva iniziato a conoscere meglio l'esule. Aveva compreso che i suoi limiti derivavano in gran parte dalla mancanza di vita vissuta, imparando però ad apprezzare le sue potenzialità, decisamente fuori dal comune. Madhat era un vulcano, sempre pronto a eruttare, e andava semplicemente contenuto. Per evitare l'ennesima discussione, Fernando decise di puntare sulle lusinghe, arma molto efficace col giovane Suburban.

«Madhat, lo dico a denti stretti, ma tu hai dimostrato di essere quasi alla nostra altezza, nelle ultime settimane. Sei scaltro, ti sai muovere, e se è vero che hai decimato i tuoi inseguitori, giù al fiume, da solo, hai senza dubbio rudimenti di tecnica militare. Dovresti sapere, allora, che attaccare senza una tattica ben delineata significa combattere contro due nemici.»

Funzionò. Madhat si quietò e chinò il capo: «È vero, Fernando, hai ragione. Mi devi scusare. È che siamo talmente vicini alla meta che io non sto più nella pelle».

«Ti capisco, ragazzo. Ma ti ricordo che abbiamo rispettato la tabella di marcia. Per questa notte ci accamperemo al limite della savana, così da essere fuori dalla portata di eventuali ricognitori. Dormiremo a lungo, mangeremo più del solito, per essere riposati e avere la mente lucida. Domani potremo avvicinarci con circospezione e capire come e quando attaccare. Stai tranquillo, siamo professionisti.»

«Sì, Fernando. Lo so.»

Quella notte Madhat dormì poco. Da dove si erano accampati, con un po' di fantasia, si poteva sentire l'odore del mare, quell'inebriante fragranza che lo aveva cresciuto e che gli era mancata molto. Non era più lontano dalla sua gente, dai suoi cari. Si trovava più vicino di quanto loro potessero immaginare. Il suo ritorno, trionfale, non era più un sogno, un pensiero cui ricorrere di tanto in tanto, senza illudersi, ma si era trasformato in qualcosa a portata di mano. Madhat sentiva la presenza di Lana, soprattutto, aveva quasi l'impressione di poterla toccare, lì nel suo giaciglio, sognante. Ma provava anche, insopprimibile, la voglia di scatenare tutte le sue energie contro Jacob e i suoi uomini, senza concedere quartiere. Lo scontro sarebbe avvenuto nel giro di poco ma non lo temeva, anzi, come un cavallo di razza, Madhat scalpitava, sentendo la corsa.

Mille dubbi gli si affacciarono alla mente quando, con gli occhi sbarrati rivolti al cielo stellato, cominciò a ipotizzare che nel frattempo potesse essere successo qualcosa di irreparabile, là sugli scogli della sua infanzia. Riflettendoci su, però, riuscì a placarsi. Shasmahal era più di una città, era il frutto coltivato da uomini dalla mente superiore, la materializzazione di un sogno, una comunità sorretta da principi trascendenti, che nessun oppressore avrebbe mai potuto piegare. Seppe che era viva, in attesa, pronta a rinascere.

Scosso da tutte quelle emozioni, infine, si addormentò.

* * *

Madhat ebbe un ruolo determinante nella strategia d'attacco, ma venne di fatto escluso dalla pianificazione tattica. La mattina, dopo un lungo sonno e una colazione abbondante, Fernando chiamò a sé i suoi collaboratori più stretti e li fece sedere in tondo. Chiese a Madhat, a quel punto, di descrivere con dovizia di particolari il golfo e tutti i luoghi circostanti, tracciando una sorta di planimetria sul terreno, con un bastoncino. Il giovane fu estremamente preciso riguardo al primo aspetto, riferendo anche i nomi di ogni albero, tra gli sguardi attoniti dei presenti. Risultò molto meno dettagliata, invece, la sua descrizione dell'entroterra, anche se l'aver sorvolato la zona durante la fuga gli diede la possibilità di fornire elementi utili, come l'ubicazione della tana del lupo. Preferì comunque non condividere col gruppo notizie sulla sua esperienza di volo. Già Abe, infatti, decisamente il più progredito e moderno dei guerrieri, lo aveva guardato storto ascoltando il suo resoconto. Gli aveva creduto, insomma, ma con evidenti riserve, quindi non era il caso di raccontare quell'esperienza agli altri Sebeti, dotati nella maggior parte dei casi del quoziente intellettivo di un sasso rotto.

Fernando fece poche domande, ben formulate, mirate; era

un animale da caccia, un dominatore, sicuro e concentrato. Madhat, però, non riuscì a fornire tutte le risposte. Dopo circa un'ora di confronto, il portoghese si dichiarò non del tutto soddisfatto delle informazioni. Lasciando interdetto il suo interlocutore, disse che avrebbe condotto un'ispezione del territorio da solo, nell'arco di quella giornata. Gli altri non fecero una piega, Madhat lasciò intendere di non essere d'accordo, ma in tono moderato.

Senza spazientirsi, anche se a fatica, Fernando gli spiegò allora che considerava il suo sopralluogo necessario per la buona riuscita dell'assalto. Erano in netta inferiorità numerica, agivano in un ambiente quasi sconosciuto, dove il nemico si muoveva da mesi, e lui voleva rendersi conto personalmente delle caratteristiche dell'area e della consistenza del nemico. Ringraziò il ragazzo delle informazioni e gli impose di pazientare, aggiungendo che, di lì a poco, gli avrebbe affidato un compito altrettanto importante.

Madhat, suo malgrado, accettò la cosa con maturità e si rassegnò, guardando Fernando allontanarsi accompagnato solo da Chawe, il suo braccio destro, l'indigeno che lo aveva colpito a tradimento dopo la colluttazione all'interno del campo dei Sebeti. Era l'unico dei Grigi con cui non era riuscito, in quei giorni di cammino, a riappacificarsi del tutto, l'unico quindi che gli era ancora in qualche modo ostile.

Fernando fece ritorno alla base al calar del sole. Madhat, che aveva passato la giornata a cercare di placare l'impazienza raccontando ad Abe aneddoti sulla sua vita da eremita, si accorse che puzzava di alcol, forse più del solito. Non vi diede peso, però, perché il suo rapporto alla truppa riunita fu mirabile. Il portoghese disegnò a terra lo schema dell'accampamento nemico. Indicò con precisione luoghi d'accesso, possibili vie di fuga, punti strategici per il combattimento e ogni altro elemento utile. Fu preciso e minuzioso e distribuì i compiti ai suoi, divisi in squadre, secondo meccanismi rodati. I Grigi, dal canto loro, assorbirono quelle informazioni come delle spugne; freddi e impassibili memorizzarono le direttive che li avrebbero portati, nei piani del loro capo, a dover uccidere almeno cinque uomini a testa, per prevalere. Bastò loro uno sguardo a terra per imprimersi nella mente lo schema del campo di battaglia, con la distribuzione dei settori.

Il comandante, infine, riferì di aver carpito alcuni dialoghi da un paio di vedette del nemico appostate in prossimità del golfo. Gli uomini di Jacob erano soliti sbeffeggiare i cittadini di Shasmahal organizzando periodiche abbuffate vicino alle scogliere, per essere visti e sentiti dagli assediati, ormai ridotti alla fame. Sarebbe accaduto la sera successiva, e Fernando intendeva attaccare la notte immediatamente dopo la festa, in modo da assalire uomini appesantiti dal cibo e annebbiati dall'alcol. Riferì anche che gli assedianti si erano organizzati e producevano birra in gran quantità, per cui c'era la speranza di trovarne un buon numero incoscienti o quasi.

Alla fine del suo resoconto, il portoghese si rivolse a Madhat: «E qui entri in gioco tu, *niño*...».

Lui rizzò le orecchie come un segugio che fiuta la preda. Si alzò in piedi e si protese in direzione di Fernando per ricevere gli ordini.

«Hai dimostrato di conoscere le scogliere che danno sul golfo come le tue tasche. Non è così?»

«Altroché... è l'unico panorama che ho avuto a disposizione per vent'anni.»

«Bene. Ora devi avvicinarti alla tua città, cosa che io ho preferito non fare, per non correre rischi, dato che è molto ben presidiata. Portati Abe, per avere una spalla.»

«Che cosa dovrei fare esattamente?»

«Anche se mi sono tenuto distante, ho notato che gli uomini di Jacob sono organizzati in modo da tenere sempre sotto controllo tutta la costa del golfo. Fanno ronde itineranti, a coppie di due, sempre rivolti al mare, quasi mai all'entroterra, dato che non si aspettano attacchi da quella parte. Domani sera, durante la festa, le postazioni saranno presidiate in maniera più blanda, immagino. Come hai visto dallo schema, attaccheremo dividendoci in due gruppi, che solo successivamente diventeranno quattro. Tu hai il compito di trovare una via di passaggio per il contingente che passerà dal golfo. Voglio che tu vada personalmente perché ti renda conto del territorio, avendo osservato quelle zone sempre e solo da un lato, e non posso rischiare che l'attacco da quel versante venga rallentato da eventuali ostacoli che non hai mai potuto notare.»

«Ho capito. Credo di poterlo fare senza problemi. Ho già un'idea su un paio di punti ma concordo con te, meglio non rischiare e fare un sopralluogo.»

«Perfetto. Mi fido di te, ragazzo. Mi raccomando però, perché se ti fai scoprire mandi tutto all'aria.»

«Nessun problema, Fernando. La ditta è seria, e non teme concorrenza.»

Madhat aveva ripetuto, a memoria, una frase ricorrente del vecchio Abraham. Il solo pronunciarla lo emozionò; non vedeva l'ora di riabbracciare quel padre saggio. Fernando non comprese il senso di quell'affermazione, ma non vi diede peso: «Bene. Agiremo domani notte, per cui la cosa più sensata da fare è perlustrare nelle stesse condizioni che ci troveremo ad affrontare. È quasi buio, per quanto mi riguarda potete partire subito».

I due lasciarono la base poco dopo. Avanzarono dapprima rapidamente e poi, una volta giunti in prossimità del mare, assunsero l'atteggiamento e l'andatura tipica dei soldati in avanscoperta. Avevano avuto modo di conoscersi a fondo, quindi avanzavano affiancati con buona intesa, senza esitazioni. Quando furono a ridosso dello strapiombo, nonostante l'oscurità, individuarono facilmente il passaggio più appropriato per agire l'indomani. Abe, dopo una breve ricognizione, approvò la scelta del compagno. Si appiattirono quindi sul terreno come due serpenti, silenziosi e mimetizzati tra le piante. Passarono in quel modo tutto il tempo necessario per stabilire, con la maggiore precisione possibile, l'andirivieni degli uomini di Jacob, piuttosto scontato e regolare.

Madhat trovò quel compito elettrizzante. Si sentiva in diritto di considerare quel luogo la sua casa. Riconobbe i suoni e gli odori del suo golfo, si nutrì dell'aria intrisa di salsedine, si commosse quasi quando gli parve di sentire il gemito di uno dei bambini della città, anche se lontano e soffocato dal rumore delle onde che si frangevano sugli scogli.

Al termine della sosta i due percorsero con circospezione, mantenendosi a distanza, l'intero semicerchio del golfo. Quando ritennero di avere raccolto dati a sufficienza, l'ennesima alba stava per donare luce a quello splendido scorcio di costa africana.

Madhat non seppe resistere e volle vedere la sua città. Conoscendo ormai a menadito i percorsi e i tempi delle ronde, i due si infilarono sotto due cespugli, non distanti da Matthew, l'albero vicino al quale Madhat aveva scorto Jacob la prima volta, una vita prima.

Shasmahal si erse di fronte a loro stentorea, bella come un miracolo, avvolta dalle sfumature rosso chiaro del sole nascente. Madhat non aveva mai assistito all'alba da quella posizione e si accorse di avere il cuore in fiamme. Abe stesso non poté rimanere indifferente allo spettacolo di quella città meravigliosa, mastodontica, nobile, quasi eterea.

Quando ormai l'oscurità aveva perso quasi del tutto il quotidiano scontro con la luce, Madhat prese una decisione improvvisa: «Il sopralluogo è concluso, Abe. Avviati, io ti seguo».

Il giovane mercenario ormai lo conosceva bene e comprese che a nulla sarebbe servito controbattere. Salutò e si avviò con passo agile in direzione dell'entroterra. Nel giro di pochi secondi sparì tra gli alberi.

31

Quella notte il turno di guardia nella torretta ovest era stato affidato a Sid, uno dei tanti nipoti mulatti di Anafi, chiamato prematuramente ad assolvere i compiti di vedetta a causa dell'assedio. Col buio, soprattutto quando la luna non aiutava, dalla sua torretta non era possibile scorgere con chiarezza i contrafforti del golfo. Tutte le vedette, però, avevano comunque l'ordine di tenere i sensi all'erta, per non farsi sorprendere da un eventuale nuovo tentativo di assalto da parte degli uomini di Jacob. E grazie a ciò era stato possibile evitare un vero e proprio sterminio, poco tempo prima.

Ai primi chiarori dell'alba Sid non trovò nulla di meglio, per combattere la noia che lo aveva afflitto fino a quel momento, che seguire con lo sguardo le sei guardie di Jacob; queste, a coppie, gironzolavano stancamente come ogni giorno lungo il perimetro della scogliera, annoiate almeno quanto lui. Il pensiero che da lì a poco sarebbe sopraggiunto il cambio lo rinvigorì un po'. Non vedeva l'ora di addentare la colazione, appena più sostanziosa per le vedette smontanti, e poi infilarsi nella sua amaca.

D'un tratto sentì un suono stridulo provenire dalla scogliera, esattamente di fronte a lui. Non ci diede peso, inizialmente, ma il medesimo richiamo, dopo qualche secondo, tornò a interrompere il cinguettare degli uccelli che salutavano con allegria il nuovo giorno. Quella volta il ragazzino non ebbe dubbi: era il verso del galagone, modificato ad arte, lo stesso che aveva annunciato a tutti l'assedio, mesi prima. Lui non era mai riuscito a riprodurre quel richiamo stridulo e gutturale, e aveva passato ore assieme a Ra, o a Madhat, nel tentativo di ottenere l'intonazione capace di trasformare un'imitazione apparentemente perfetta in un allarme per gli abitanti della città.

Come prima cosa cercò conferme osservando con attenzione le coppie di guardie nemiche che si erano da poco incrociate davanti alla sua postazione, e non rilevò alcun segno d'allarme. I rumori degli animali selvaggi, del resto, costituivano il regolare sottofondo di quelle notti. In quel momento, la figura di un uomo a torso nudo si erse di fronte ai suoi occhi. Sid trasalì, e scattò in piedi rischiando di sbattere la testa contro la fragile intelaiatura di legno della garitta. Nonostante il fisico irrobustito e temprato dalle fatiche, la folta barba biondastra che gli era cresciuta e l'aspetto trasandato, non ebbe dubbi: quello era Madhat!

Fin dalla nascita Sid aveva avuto in Madhat, così come in Ra, un punto di riferimento. Più grande di lui, più forte e allenato, gli era sempre stato vicino nell'apprendimento delle discipline tradizionali, dispensando consigli, dritte e, all'occorrenza, rimproveri. Madhat aveva sempre manifestato nei suoi confronti un occhio di riguardo, nel bene e nel male. Di recente, infatti, Sid era stato vittima di uno dei terribili scherzi con cui il nipote del fondatore della città si divertiva a gettare il panico tra i più piccoli. Era stato incaricato di portare da mangiare a Madhat, a letto malato. Dopo qualche giorno, il convalescente gli aveva confessato un segreto: purtroppo, il male che lo aveva colto lo avrebbe portato inesorabilmente alla morte. Di nascosto il bambino aveva pianto disperato, incapace di tenere per sé un segreto così grande da sgretolare tutto il suo mondo; un mondo fatto, fino ad allora, di giochi e spensieratezza. Scoperto da sua madre, una delle figlie di Anafì, aveva dovuto confessare.

Smascherato l'inganno, Madhat si era difeso sostenendo che il suo era un tentativo di addestramento, per abituare il bambino a sopportare le ansie, utili alla crescita, che la vita spensierata di Shasmahal impediva di provare. L'assemblea non aveva dato peso alle scuse, condannandolo a pulire da solo tutte le parti comuni della città per i due mesi successivi, e nominandolo responsabile unico, per l'eternità, della disinfestazione dei liquami dell'allevamento di gabbiani. Nonostante ciò, Madhat aveva continuato a rivolgere al bambino mille attenzioni, per nulla adirato dal suo tradimento.

Per quello e per mille altri intensi momenti di vita condivisi, Sid avrebbe potuto riconoscere la figura del suo fratellone bianco in mezzo a un esercito, e non riuscì a credere ai suoi occhi quando lo vide lì, baldanzoso nell'aspetto come sempre, ma soprattutto sano e salvo. Un attimo dopo, compiuta una successione di gesti incomprensibili, Madhat si volatilizzò di nuovo tra i cespugli, evitando appena in tempo il ritorno delle ronde.

Sid non si preoccupò di lasciare sguarnita la torretta; era l'ultimo dei suoi pensieri. Insieme al ragazzo sopraggiunto nel frattempo per dargli il cambio, corse al massimo. A quell'ora la città era completamente deserta e solo le vedette rientranti dalla guardia notturna girovagavano stancamente tra le rovine dei vecchi edifici. Vedendolo correre con tanta foga, capirono che doveva essere successo qualcosa e si affrettarono a seguirlo, curiosi.

Il piccolo entrò all'interno del dormitorio come una palla di cannone. Resistette all'impatto con l'aria viziata dal respiro di un'intera comunità addormentata. Non si fece scrupoli d'alcun tipo e, coraggioso, iniziò a destare i primi concittadini che gli capitavano a tiro. Voleva svegliarli tutti, ma sapeva di non poter urlare. L'amico, distanziato, sopraggiunse però a gran velocità e non fu in grado di frenare in tempo per evitare il tavolo all'entrata. Lo prese in pieno, scagliandolo a metri di distanza, e a causa di quel frastuono oltre duecento persone scattarono, pronte a fronteggiare un esercito.

Sid, ottenuto indirettamente ciò che bramava, alzò le mani, per attirare l'attenzione di tutti, e disse, senza girarci attorno: «Ho visto Madhat!».

L'annuncio ebbe sui cittadini lo stesso effetto che avrebbe avuto un terremoto. Molti spalancarono occhi e bocca, altri si portarono le mani alla testa in segno di stupore; ci volle qualche secondo prima che la notizia potesse essere metabolizzata dalla moltitudine. A quel punto i più, ancora increduli, iniziarono a saltellare come macachi impazziti, abbracciandosi e soffocando con le mani le grida di gioia. Diversi cercarono Julia, per congratularsi con lei.

Lana, dal canto suo, si limitò a regalare al buio della stanza la luce del suo meraviglioso sorriso, sommersa subito dopo dai complimenti di tutti, rivolti anche al suo pancino, appena accennato.

Ci volle un po' per ristabilire la calma all'interno della grande camera sotterranea. Anafi, a quel punto, si erse e, con amorevole fermezza, chiese a suo nipote di riferire con calma quanto sapeva. Sid raccontò nei minimi dettagli, anche mimando con precisione, più volte, i gesti che Madhat aveva compiuto dopo essere apparso dalle frasche. Aveva mostrato i bicipiti, per poi puntare con un dito il cielo, compiere un giro di centottanta gradi col braccio sinistro, e mostrare nuovamente i bicipiti.

Anafi rifletté per qualche istante, quindi la sua voce tuonò: «Sappiamo due cose. Che Madhat, per fortuna, è tornato e che, sfortunatamente, non è cambiato…».

Tutti tacquero. Il vecchio guerriero concluse il ragionamento: «Nel senso che ha attraversato l'Africa per settimane col solo obiettivo di mostrarci i bicipiti».

Molti risero. Anafi proseguì: «Qualcuno ha idea del significato di quei gesti?».

«Io.»

Abraham si fece avanti zoppicando, aiutato dalla figlia. Tutti tacquero nuovamente. «Madhat ha utilizzato una gestualità che io stesso ho creato, per Ra; l'avrebbe utilizzata nella parte che avevo scritto per lui nella mia ultima opera teatrale, quella che non abbiamo mai potuto mettere in scena. Avevamo fatto solo alcune prove, con loro due, che si sarebbero divisi i due ruoli da protagonista.»

Abraham faticava a parlare, per cui fece una pausa, durante la quale nessuno si intromise. «Madhat, come sapete, ha sempre mostrato i bicipiti quando vinceva qualche competizione, in segno di trionfo. Vuol farci capire di essere riuscito nella sua impresa.» Mormorii d'approvazione si alzarono tutt'intorno. «Nella peggiore delle ipotesi, voleva dirci che è riuscito ad andare e tornare, ma avremmo potuto capirlo da soli, anche solo vedendolo, giusto? Quindi deduco che abbia trovato i Sebeti.»

I presenti faticarono a trattenere un applauso. Abraham sorrise appena, approfittandone per rifiatare. «Il personaggio che Ra avrebbe dovuto mettere in scena, a un certo punto, indicava il sole compiendo un giro intero con il braccio, nel tentativo di comunicare a un indigeno la promessa di un ritorno entro le ventiquattro ore… Il significato del messaggio, dunque, se conosco bene il nostro caro Madhat, non può che essere il seguente: "Ho trovato i Sebeti; attaccheremo tra dodici ore per liberare la città!"».

32

Dopo una notte di veglia, Madhat tentò di abbandonare i pensieri sull'imminente attacco e cercò di riposarsi con Abe tutta la mattina. Pranzò assieme a tutti, per poi tentare inutilmente di riprendere sonno nel primo pomeriggio. L'emozione incalzava.

Tutti i Grigi, Abe compreso, sembravano invece tranquilli. Passarono il pomeriggio a oziare e scherzare tra loro come un gruppo d'amici in attesa di una serata di baldoria. Quando Madhat chiese a Fernando perché si comportassero così, lui liquidò la questione con sufficienza, pavoneggiandosi e dichiarando la tensione uno spreco di energie che i professionisti non si possono permettere.

Tutto il gruppo cenò al calar del sole, concedendosi una razione di carne di scimmia, molto leggera e nutriente, con frutta. Bevvero molta acqua, ben più del necessario, e terminarono il pasto con un infuso caldo e amaro, con proprietà eccitanti. Quando ormai le tenebre avevano oscurato l'orizzonte, ebbe inizio la parte più coinvolgente del rituale di preparazione alla battaglia. Fernando impartì un ordine a uno dei suoi che recuperò dalle sacche dei cavalli alcuni contenitori di terracotta sigillati. Contenevano l'unguento vegetale con cui i

Sebeti erano soliti ricoprirsi dalla testa ai piedi, la tintura grigia che gli era valsa il noto soprannome. Anche a Madhat ne venne fornita un po', per scongiurare l'eventualità che qualcuno dei mercenari potesse scambiarlo per un nemico e travolgerlo. La trovò molto pastosa e poco spalmabile, ma appena fu a contatto col calore del suo corpo, la sostanza divenne densa come il sangue e, alla fine dell'unzione, il giovane si sentì rinfrescato e rinvigorito. Fu un toccasana, perché la tensione accumulata nel corso della giornata lo aveva fiaccato; ma sia il mal di testa che i dolori muscolari scomparvero immediatamente.

In poco tempo, il gruppo di guerrieri si trasformò in uno scintillante esercito da parata militare. Splendevano tutti di uno grigio argenteo, capace di dare ai loro corpi fattezze statuarie. Madhat rivolse ad Abe le sue perplessità: tutto quel luccichio non li avrebbe certo aiutati durante l'attacco notturno perché avrebbe riflesso i raggi della luna come lo specchio della toletta di una vergine da marito. Abe lo invitò con determinazione a non avere fretta; il rituale non era ancora concluso.

Fernando non si era cosparso di grigio, ma nonostante ciò seguì come tutti gli altri la successiva fase di preparazione, condotta da Chawe. L'indigeno invitò tutti a seguirlo nei suoi movimenti rituali. Era un misto tra una danza tribale e la cadenzata esasperazione dei gesti tipici della battaglia, eseguiti con lentezza, pathos e perfetta coordinazione. All'inizio Madhat non riusciva a comprendere il significato di quel rito, ma col passare del tempo capì che si trattava di un riscaldamento, un preliminare per raggiungere la massima condizione fisica e mentale. Terminata quella danza, si sentì in forma più di quanto riuscisse a ricordare di essere mai stato, notando con ammirazione un ulteriore effetto: il sudore aveva rigato il corpo dei guerrieri di striature scure dovute al colore della loro pelle, rendendoli di un grigio opaco funereo. I Sebeti sembravano delle creature infernali, flagelli satanici pronti a portare morte e distruzione.

Il sudore, però, non aveva avuto lo stesso effetto sul corpo di Madhat. La sua pelle candida esaltava, al contrario, i toni chiari dell'unguento, facendolo assomigliare piuttosto a un porcellino paffuto e appetitoso. Tra le risate generali dei suoi compagni, e su incitamento di Abe, si rotolò quindi nella terra scura del sottobosco. Il risultato, pur se posticcio, risultò in ultimo dignitoso.

Infine il gruppo si armò. Madhat scelse di portare con sé la spada che era stata di suo nonno, l'ascia e l'arco, con le consuete nove frecce, fornite dagli armaioli dei Sebeti. I Grigi si equipaggiarono con un'unica arma a testa. Alcuni, come Abe, erano abituati a combattere solo con l'*assegai*, altri portarono con loro delle spade di scarsa qualità e solo pochi furono equipaggiati con armi a lunga gittata come archi e fionde.

Ultimati i preparativi, il gruppo si avviò silenziosamente verso il golfo. Avanzavano in due file indiane parallele, capeggiate da Fernando e Chawe. Senza dire nulla e senza alcun cenno di saluto o d'intesa, le due file si separarono a circa un chilometro dall'obiettivo e proseguirono per la via prestabilita.

Il piano d'azione era stato disegnato a tavolino dopo vari sopralluoghi. Madhat avrebbe preso parte all'attacco secondario guidato da Chawe, e non a quello principale rivolto al quartier generale di Jacob. Avrebbe affiancato l'indigeno nell'aggressione alla parte del golfo che lui stesso aveva scandagliato la notte precedente, eliminando le guardie lungo l'insenatura e attaccando i nemici rimasti sul luogo dei festeggiamenti per poi unirsi all'assalto, condotto da Fernando all'accampamento principale, dove si presumeva che il grosso del contingente si sarebbe ritirato dopo la cena, come ogni sera.

Durante la marcia verso il golfo, quando il rumore delle onde raggiunse le loro orecchie, l'andatura dei Grigi si trasformò in quella tattica d'avvicinamento tipica dei predatori più scaltri, che Madhat ammirava a dismisura. Sapeva di non essere in grado di acquisire fino in fondo i segreti di quei movimenti circospetti e fugaci. Per quanto si sforzasse, era comunque il più rumoroso del gruppo e il meno mimetizzato. Tutti avanzavano in fila indiana e calpestavano le orme l'uno dell'altro. L' ultimo della fila, con tocchi quasi impercettibili, nascondeva le tracce con una frasca, approssimativamente secondo gli standard indigeni, in maniera perfetta agli occhi di Madhat. Solo un vero esperto avrebbe potuto accorgersi del passaggio del gruppo.

Giunsero sulle rive del golfo e si aprirono a ventaglio per nascondersi ognuno dietro a un albero. Fernando ci aveva visto giusto: gli addetti alla sorveglianza erano quattro anziché sei. Dovevano aver dato il cambio ai compagni da poco, perché dall'andamento davano chiaramente l'impressione di essere reduci da un'abbuffata. Madhat era acquattato al centro del piccolo spicchio di golfo scelto per l'imboscata e aveva Chawe nascosto dietro l'albero alla sua sinistra. Rimasero in quella posizione per alcuni minuti, perché dovevano dare il tempo all'altro contingente di avvicinarsi all'obiettivo, che era più distante.

Una delle ronde, improvvisamente, cambiò la direzione di

marcia verso l'albero presidiato da Madhat. Pur non riuscendo a vederlo, questi comprese che qualcosa non andava dall'espressione di Chawe. Nel dubbio che potessero avvistarlo trattenne il fiato mentre l'uomo si appoggiava al tronco che lo nascondeva. Era ubriaco: emise un rutto sonoro, seguito da un fiotto corposo di vomito che si riversò a terra, accompagnato dal tipico odore acre. L'uomo bestemmiò coloritamente in inglese, quindi iniziò a frugarsi nelle parti basse per trovare sollievo svuotandosi. Quando l'urina cominciò a uscire con pressione e a bagnare la corteccia dell'albero, l'inglese si lasciò andare a un'altrettanto sguaiata flatulenza di decompressione. L'odore d'ammoniaca raggiunse il suo naso e Madhat si rivolse a Chawe, come per trovare sostegno morale. Il Grigio lo inchiodò con uno sguardo che era allo stesso tempo un rimprovero per l'inerzia e un'esortazione ad agire; si passò un dito sotto la gola, non lasciando margini di interpretazione.

Madhat capì che doveva ubbidire. Interrogò Chawe con un gesto, per sapere da che parte fosse girata la sua preda. L'indigeno colse al volo e gli indicò il lato sinistro. Senza pensarci su, aggirò il tronco sulla destra con due passi veloci, tenendo la schiena radente alla corteccia. Colse l'inglese mentre stava per staccare la mano d'appoggio dal tronco, ancora rivolto con la testa dall'altra parte, lì dove aveva liberato lo stomaco. Lesto come una gazzella, gli piantò un ginocchio in un rene, in modo da togliergli il fiato e costringerlo a drizzare la testa, scoprendo la parte sinistra del collo. Con la precisione di un chirurgo, calò brutalmente la scure, come una mannaia, recidendo la maggioranza delle parti molli. La lama si piantò nella parte alta della spina dorsale, tranciandola, e privando la guardia della possibilità di emettere suoni. Gli franò addosso, già privo di vita, e Madhat lo trascinò a fatica al riparo, con la testa disarticolata che pendeva innaturalmente all'indietro. Era dannatamente pesante, quindi Chawe corse in suo aiuto e, conclusa velocemente l'opera, gli rivolse un moderato cenno d'approvazione.

La stessa sorte toccò alle altre sentinelle, per mano dei Sebeti appostati più a sud. Agirono, come sempre, rapidi e micidiali; la prima fase dell'attacco si concluse velocemente, senza alcun intoppo.

Chawe si assicurò che non vi fossero altre ronde e invitò tutti a seguirlo. Si avvicinarono rapidamente, indisturbati, alla parte della scogliera dove i nemici avevano fatto festa, senza abbandonare il riparo degli alberi.

Madhat riuscì a scorgere l'irregolarità della roccia più vicina allo spuntone della città, rimaneggiata dalla "frana". I nemici avevano banchettato vicino allo strapiombo, come annunciato da Fernando, e qualche residuo di brace illuminava pallidamente quello che di lì a poco sarebbe diventato il primo campo di battaglia. Si scorgevano delle figure umane in lontananza, inermi.

Dopo essersi avvicinati ancora di più, a un cenno del loro leader i Sebeti abbandonarono i ripari e si lanciarono compatti all'attacco, consci che anche in quel frangente avrebbero avuto vita facile; una cinquantina di uomini giacevano abbandonati, vittime di un'ingordigia degna di un branco di maiali. I pochi non addormentati, comunque semi incoscienti, furono i soli a rendersi conto del flagello che stava per abbattersi su di loro. Nessuno dei mercenari si fece scrupoli; uccisero con freddezza sei, sette uomini a testa, colpendoli nel sonno, giustiziandoli senza pietà, spesso senza neppure guardarli in faccia.

Madhat, dal canto suo, anche se temprato dalle recenti esperienze, non riuscì a imitarli fino in fondo. Non si sottrasse ai suoi doveri - aveva di fronte gli artefici della distruzione del sogno di un'intera comunità - ma in qualche occasione tergiversò, lasciando volentieri spazio alla ferocia dei suoi compagni, limitandosi a guardar loro le spalle. Tra questi osservò Abe colpire come un demone, implacabile come e più dei suoi. La mattanza si concluse in pochi minuti, senza prigionieri.

Il gruppo si riunì compatto al cospetto di Chawe; elettrizzati e carichi come molle, erano pronti per affrontare la parte più difficile della loro impresa. Chi era riuscito a lasciare la zona del banchetto per tornare al campo, infatti, avrebbe verosimilmente opposto una qualche resistenza.

Si mossero in direzione dell'accampamento, poco distante, nell'entroterra. Dopo qualche centinaio di metri incontrarono un Grigio inviato da Fernando. L'uomo riferì che tutte le sentinelle erano state eliminate e che gli altri avevano raggiunto le postazioni assegnate, pronti ad attaccare. Fernando, invece, avrebbe condotto l'assalto alla casa di Jacob con tre uomini, ritenuti più che sufficienti dopo un ulteriore sopralluogo. Si sarebbe mosso ai primi rumori dello scontro principale.

Tutto era pronto, dunque. Madhat fremeva, roso dalla tensione. Nell'oscurità quasi totale, si preparava ad assaltare l'odiato contingente nemico, in una battaglia di ventisette contro duecento o forse più. Ricordò che l'uomo che lo aveva affrontato nel primo scontro dopo la caduta dal cielo era un discreto guerriero. Se la destrezza degli uomini di Jacob fosse stata di quel livello, Madhat comprendeva di avere davanti a sé una prova decisiva, in cui le sue abilità avrebbero fatto da giudice ultimo, con il potere di condannare a morte. Non aveva mai affrontato situazioni del genere e, al contrario dei suoi compagni, soffriva l'ansia.

Il campo base degli uomini di Jacob non appariva molto confortevole. Solo pochi si erano presi la briga di procurarsi qualcosa che somigliasse a un riparo per la notte. Molti dormivano per terra, russando sparpagliati tra gli alberi. In quel momento una trentina di uomini erano ancora a sedere attorno a un fuoco quasi spento, al centro dell'area, e parlottavano erompendo di tanto in tanto in qualche risata sguaiata, amplificata dall'alcol. Quel gruppo costituiva la sfida principale. Per quanto intontiti dai postumi dell'abbuffata, si sarebbero accorti per primi dell'attacco, vanificando l'effetto sorpresa. D'altra parte, attaccare in massa il gruppetto stesso in situazione di parità numerica, avrebbe richiesto l'attraversamento del campo, con l'evidente rischio di svegliare tutti gli altri e ritrovarsi accerchiati. Non sarebbe stato saggio nemmeno attendere che si addormentassero a loro volta, perché nessuno poteva avere la certezza che non vi fossero ronde esterne o contingenti al rientro da qualche missione. Ed eventuali occupanti dei velieri al largo, tornando alla base, avrebbero potuto scorgere i Sebeti appostati e dare l'allarme.

Abe affiancò Madhat e gli svelò il significato di un incomprensibile gesto di Chawe, con il quale l'indigeno aveva appena comunicato a tutti la nuova tattica da adottare; era un'operazione che i mercenari avevano evidentemente già eseguito in passato, e che li portò a dileguarsi in una frazione di secondo per raggiungere i propri posti, pronti ad agire.

I Sebeti si allargarono a cerchio in modo da coprire interamente la circonferenza immaginaria del campo. Silenziosi come felini in caccia, si collocarono dietro gli alberi o i cespugli vicini alle posizioni in cui i nemici più esterni dormivano rumorosamente. Di lì a poco avrebbero iniziato una spietata opera di assalto e fuga, per uccidere nel sonno il maggior numero possibile di uomini, senza farsi scoprire. Al primo intoppo sarebbe iniziato lo scontro vero e proprio, anticipato però da un'ulteriore tattica diversiva: un gruppetto di cinque uomini, tra cui gli stessi Madhat e Abe, non avrebbero preso parte al primo attacco, rimanendo in disparte con gli archi, pronti ad abbattere il maggior numero di nemici. Abe stimò che, se tutto fosse andato secondo i piani, avrebbero affrontato lo scontro finale in un'inferiorità numerica all'incirca di trenta contro novanta. Quei numeri, per i Sebeti, di notte, in mezzo agli alberi, significavano vittoria certa, o quasi.

Madhat non riusciva a capire se la scelta di affidargli la retroguardia con l'arco fosse dettata dalla perizia che aveva dimostrato con quell'arma durante le battute di caccia o, più verosimilmente, dalla sua scarsa inclinazione a uccidere a freddo, che certamente Chawe doveva aver colto. Decise di scacciare quegli inutili pensieri.

Nella lenta opera di sterminio che iniziò poco dopo, i diavoli grigi si mostrarono superbi nelle loro capacità. Si scorgevano appena; come leggere bave di vento uscivano dai loro nascondigli per tornarci dopo pochi istanti con un cadavere in più sulla coscienza. Non si muovevano mai più di due alla volta, in un lento ma continuo alternarsi scandito da una puntualità spettrale. Proseguirono per mezz'ora circa, instancabili, inafferrabili. Quel valzer della morte fu qualcosa d'agghiacciante agli occhi di Madhat, che allo stesso tempo non poté che rimanerne affascinato, ignorando le remore suggerite dalla sua educazione cattolica. Non vi erano possibilità di compromesso:

la guerra, iniziata proprio da quegli uomini con un attacco brutale a una comunità pacifica, sarebbe finita solo con lo sterminio di uno dei due contendenti.

L'incantesimo dello stillicidio silenzioso si ruppe inaspettatamente. Uno dei partecipanti al falò dei morituri, spossato, si alzò per andare a dormire. Quando giunse al suo giaciglio usuale, lo trovò occupato da un compagno, che non volle saperne di spostarsi. Spingendolo via con un calcione, vide che la sua lingua penzolava da uno squarcio all'altezza della glottide. Inorridito, il poveraccio non fece in tempo a urlare, perché il mercenario che aveva creato quella singolare cravatta balzò fuori da un cespuglio e lo freddò in un istante. Quella manovra, però, attirò l'attenzione di tutti gli uomini svegli. Molti di loro non ebbero tempo nemmeno di alzarsi in piedi, perché vennero falcidiati dalla pioggia di frecce degli arcieri. Poi fu il caos.

Madhat aveva ancora la faretra mezza piena quando capì che con la sua spada sarebbe stato più utile alla causa.

Travolto dalla frenesia dello scontro, si scagliò all'attacco.

33

L'assetto geo-politico globale degli inizi del XVIII secolo era diretta conseguenza di migliaia di scontri che deflagravano improvvisamente, come quello nel bosco costiero a nord di Shasmahal. Solo coloro che, come ad esempio i grandi condottieri romani, erano stati in grado di perfezionare tecniche di guerriglia innovative, capaci di orientare gli esiti di quel tipo di battaglie, avevano scritto la storia. Centinaia di migliaia di uomini avevano combattuto, vinto o erano morti proprio in quel modo, spalla a spalla, nella bolgia infernale dello scontro simmetrico, frontale.

Non sapere da che parte può arrivare un colpo mortale è una condizione che trascende l'umanamente comprensibile. Ognuno è costretto a occuparsi di chi ha di fronte, nella speranza che nessun altro, vinto il proprio duello, lo colpisca alle spalle. Tutto si gioca sulla velocità, sui riflessi, in buona dose sulla fortuna, ma è solo l'istinto del guerriero l'elemento che può far pendere il piatto della bilancia, in maniera determinante, dalla parte della sopravvivenza. Si tratta di un istinto nel vero senso del termine, dato che difficilmente l'esperienza permette di coltivarlo. La sorte, infatti, non consente di sopravvivere a più di qualche battaglia di quel tipo.

Madhat fu scaltro, in parte fortunato, e riuscì a restare in piedi per i primi minuti, i più difficili, senza apparente sforzo. Solo al terzo o quarto uomo di fila che vide trafitto dalla sua spada, e che lo avrebbe ucciso a sua volta se avesse tardato un affondo o una parata, acquisì piena coscienza del significato della parola "inferno".

In battaglia non c'è tempo per pensare, pianificare, tirare il fiato, e la consapevolezza di poter ricevere un colpo mortale in qualsiasi momento, da qualunque direzione, è sempre lì vicino, e sprona a non darsi mai pace, a non abbassare la guardia, in preda a una vera e propria follia controllata. La sensazione di pericolo imminente, il panico adrenalinico che gli si infilò tra le ossa, generarono in Madhat un'esaltazione di cui, in un primo momento, ebbe paura. I suoi sensi si acuirono al punto da cogliere tutto; si accorse di "sentire" i movimenti alle sue spalle, di essere in grado di immaginare le intenzioni dei suoi nemici, in uno scenario che pareva muoversi più lentamente della realtà. Imparò a sfruttare gli effetti vantaggiosi di quella droga che permette di sopravvivere, innanzitutto, e in poco tempo li utilizzò per spezzare le vite degli sventurati che gli capitavano a tiro.

Alternò, instancabile, colpi di fino a stoccate di enorme violenza, sempre controllata, danzando tra alberi e assalitori come un ballerino che ripete per l'ennesima volta una coreografia. Fu in grado, nonostante la poca luce, il frastuono, la confusione, di non commettere il minimo errore di valutazione sulla potenza con cui caricare i colpi, sulla scelta del nemico da attaccare o da cui difendersi. In qualche frangente, tolse addirittura dal pericolo guerrieri rodati come Abe e lo stesso Chawe, utilizzando anche calci e pugni devastanti, leve per atterrare gli avversari, acrobazie da scimmia per evitare gli affondi di chi se lo trovava di fronte.

Madhat combatté come un leone. Un leone dominante che, per la difesa del suo territorio, è pronto a sacrificare la propria vita e ingaggia ogni contendente come se il destino dell'universo dipendesse esclusivamente da quel singolo scontro.

La battaglia prese la giusta piega nel giro di una ventina di minuti. Il ritmo andò pian piano scemando e i Grigi, guadagnato con le armi il sopravvento, ebbero il loro daffare nel cercare di impedire la fuga ai superstiti.

Le perdite tra gli attaccanti, fino a quel punto, erano state irrisorie, soprattutto se confrontate al numero delle vittime tra gli uomini di Jacob. A un certo punto, però, alcuni degli assaliti che erano riusciti a sfuggire, fecero ritorno all'accampamento con una novità inaspettata: pistole e fucili. Spararono proditoriamente su ogni Grigio che gli capitava a tiro e, per quanto imprecisi a causa del panico e del buio, cinque dei dieci colpi che illuminarono a giorno il bosco andarono a segno prima che i Sebeti avessero modo di riorganizzarsi per fronteggiare l'imprevisto.

Madhat non si sottrasse al pericolo e partecipò in prima persona alla controffensiva, senza bisogno di sollecitazioni, rischiando di farsi impallinare a sua volta e attaccando tra proiettili che saettavano a poca distanza da lui. Grazie alla lentezza delle operazioni di ricarica, il contrattempo venne superato in fretta, e i fucilieri furono resi inoffensivi, per sempre. Un paio di gruppi di bianchi riuscirono ad allontanarsi per tornare all'attacco riorganizzati, dando filo da torcere ai Grigi e costringendoli a compattarsi in gruppi per annientarli. La battaglia frontale si trasformò in guerriglia nella boscaglia, un invito a nozze per i Sebeti.

Quando le prime luci dell'alba comparvero all'orizzonte, la guerra poté considerarsi vinta. Il sole, abituato a dar luce a un angolo di paradiso in terra, trovò ad accoglierlo uno scenario raccapricciante. Decine di uomini giacevano esanimi accasciati qua e là in posizioni innaturali, con il terrore e l'angoscia dei loro ultimi istanti di vita sul volto. Solo a una trentina di loro era stato concesso quartiere, e in quel momento giacevano a pancia in giù, affiancati, legati e con l'ordine di tenere il viso ben schiacciato contro il terreno intriso del sangue dei loro compagni.

A quel punto salì impetuoso al cielo l'urlo di guerra dei Sebeti, una cantilena intonata da tutti i superstiti in onore dei caduti, accompagnata da una danza rituale di ringraziamento alle benevole stelle della guerra. I toni cupi, il crescendo di quelle voci ancora colme dell'eccitazione della battaglia, il riverbero della foresta e i movimenti coordinati e spettrali dei figuranti, crearono un'atmosfera entusiasmante che sconvolse Madhat; e lui, escluso da quel rito, non poté che ammirarlo a distanza:

Stella della guerra, quella gente ha indossato
le penne nere da battaglia, quella gente ha indossato
le penne della coda del colombaccio.

Schiaccia!
Schiaccia, la loro faccia
che prenda la forma del mio assegai,
schiaccia!

Schiaccia la loro faccia,
che prenda la forma
della nuda roccia!

Stella della guerra,
ti affido mio fratello, che è stato lento di braccio,
e ora non ha più la tua luce negli occhi.

Stella della guerra,
mi hai dato il tuo braccio, se il mio sbagliava,
e per questo io sono tuo figlio, figlio guerriero dell'Eland[2]

Al termine della danza, come se niente fosse, i Grigi iniziarono a gironzolare, apparentemente non troppo provati dallo scontro, e si dedicarono a predare i cadaveri, ai quali sottrassero ogni oggetto utile o di valore, anche effimero. I nemici ancora vivi non potevano essere attaccati di nuovo, quindi non destavano più interesse per loro.

Madhat, tornato a respirare regolarmente, si ritrovò esausto, a pezzi. Aveva un forte bisogno di bere qualcosa, anche solo per produrre la saliva necessaria a leccarsi le ferite che si era procurato in quella notte di fuoco. Si chiuse in se stesso senza pensare più a nulla, nascosto in un angolo del bosco, ignorando gli uccelli che cinguettavano allegri a pochi passi da lui, indifferenti alla strage appena consumata. Non riuscì a controllarsi, e schiacciato da tutte quelle emozioni si lasciò andare a un pianto disperato, senza un motivo preciso.

2. Dalle fiabe boscimane, *La ragazza che sposò un babbuino*, *Il giovane che incontrò i guerrieri Korana.*

Dopo qualche minuto, Fernando comparve e gli si piazzò di fronte. Il giovane, spossato com'era, non si accorse subito di quella presenza. Quando alzò lo sguardo, ricordando la missione che il portoghese aveva rivendicato per sé, dimenticò ogni struggimento. Si alzò di scatto e tuonò: «Dimmi dov'è!». L'altro si limitò a sorridere. Madhat replicò, calmo: «Voglio vedere il suo cadavere».

«Stai tranquillo, ragazzo. Il tuo amico non può più nuocere a nessuno.»

«L'hai ammazzato?»

«Ho fatto di meglio. L'ho gonfiato un po', incatenato, e messo a disposizione della tua città. Ricongiungiti a loro, goditi il tuo trionfo, e poi ditemi cosa devo fare dei prigionieri.»

A quelle parole Madhat trattenne il respiro. Gli apparvero davanti agli occhi la figura di Lana, di sua madre, di tutti i compagni di una vita. La consapevolezza di poterli riabbracciare di lì a poco lo travolse al punto da procurargli un dolore al petto. Volse lo sguardo in direzione delle scogliere e, anche se nascosti dalla vegetazione, gli parve di scorgerli. Il suo popolo era là, a poche centinaia di metri, forse ancora ignaro della fine dell'incubo. Sapeva, senza falsa modestia, che lo avrebbero accolto come un re.

Nel frattempo Fernando chiamò a rapporto i suoi e pretese un resoconto dettagliato. Pur concedendo ai Grigi un breve elogio per la vittoria, si lamentò e non poco della grave perdita: sette dei suoi non avrebbero mai fatto ritorno al campo. Abe e Chawe abbassarono la testa e non fiatarono. Gli schiavi indigeni di Jacob, ormai senza padrone e assolutamente inconsapevoli delle loro origini, si sarebbero volentieri uniti al gruppo, piuttosto che rimanere abbandonati a se stessi in un luogo sconosciuto. Qualcuno di loro avrebbe rimpiazzato qualche caduto, i meno abili sarebbero stati venduti come merce o utilizzati come carne da macello al *Circus* dei gladiatori, a Città del Capo. In entrambi i casi avrebbero rimpianto la vita sedentaria dell'assedio alla città meravigliosa.

In fin dei conti, con il bottino di preziosi ancora da ritirare, la spedizione dei mercenari poteva essere considerata un successo, senza dubbio.

34

Madhat decise di non radersi. La barba gli dava un aspetto più vissuto e contribuiva a mascherare i segni del brutto colpo in faccia che lo aveva quasi mandato al Creatore.

Rubò a uno dei prigionieri un paio di pantaloni di tela non in perfette condizioni, ma sicuramente meno usurati dei suoi, ma non si coprì il busto dopo aver gettato la sua maglia, ridotta ormai a brandelli e intrisa di sangue. Raccolti i capelli con un laccio, si avviò verso il limite del bosco che lo separava dalla vista della sua città. In prossimità degli ultimi alberi trovò Fernando e alcuni dei Grigi in compagnia di un ospite d'onore: Jacob, con le mani legate dietro la schiena, stava in ginocchio ai piedi del portoghese, con altri dei suoi. Madhat riconobbe tra quei ceffi il pelato energumeno a capo del contingente che si era lanciato al suo inseguimento e il biondo, più giovane, che per primo lo aveva notato al fiume. Uno digrignava i denti come un cane idrofobo, l'altro, come allora, ostentava un sorriso snob e un'apparente noncuranza, del tutto fuori luogo, al punto da arrivare a fargli l'occhiolino.

Madhat si fermò di fronte a Jacob e lo fulminò con lo sguardo. Il viso del nemico rimase impassibile; non fece altro che fissarlo a sua volta alzando appena gli occhi gonfi per le botte prese, nel silenzio più assoluto.

Memore degli insegnamenti dei suoi maestri, il giovane si impose il controllo, senza lasciarsi andare agli insulti o alle promesse di vendetta che teneva rinchiusi nel profondo della sua anima, e che gli occhi del nemico sembravano quasi desiderare. La sensazione di benessere che quell'imposizione gli trasmetteva lo fece sentire onnipotente. Si limitò a sorridere, e rivolse lo sguardo a Fernando. Questi tentò di rovinare tutto con la sua consueta arroganza: «Ragazzino, vediamo di limitare i festeggiamenti, mi raccomando. Io ho da lavorare».

Madhat lo ignorò. Quello era il suo momento. Inspirò a fondo, espirò lentamente, e si avviò da solo oltre il riparo degli ultimi alberi. Giunto a metà strada, dal nulla, gli abitanti della sua città, i suoi fratelli, si alzarono tutti insieme al di sopra delle barriere rocciose. Allora dovette fermarsi, colto dalla sorpresa. Allargò le braccia, e in quel momento l'ovazione della sua gente saturò con un boato i suoi sensi. Riprese a camminare, lentamente, e individuò la montagna nera chiamata Anafi, l'esile figura di sua madre; subito si mise a cercare Lana, ma si accorse che concentrarsi su qualcuno di loro era un'ingiustizia nei confronti di tutti gli altri. La scorse, infine, e le dedicò qualche secondo di adorazione; Lana sembrava brillare di luce propria, un po' in disparte, nel silenzio di un sorriso radioso che testimoniava un amore covato a lungo, e finalmente pronto a schiudersi.

Fu un tripudio che si protrasse fino a quando Madhat non rovinò tutto, come suo solito, cominciando a eseguire buffi balletti di trionfo. A quel punto gli applausi diventarono fischi, anche se colmi di amore. Shasmahal aveva ritrovato il suo eroe giullare.

Poi arrivò Fernando a capo dei suoi: i Grigi furono accolti con applausi e ovazioni. Una marea di insulti si abbatté subito dopo sui nemici sopravvissuti, legati e imbavagliati come condannati a morte, costretti a sfilare in una umiliante passerella.

Finita la parata, quasi tutti gli abitanti della città, comprese le recalcitranti Lana e Julia, furono invitati a tornare al riparo. Rimasero, da una parte, Anafi, Phil e Rashid, dall'altra Madhat, Fernando e Chawe.

Fernando stava per parlare, ma Madhat lo fulminò. La parola spettava al più anziano e, trattandosi di un africano, occorreva seguire particolari procedure di riverenza. Il capo dei Sebeti provò a opporsi a quelle cerimonie, pur avendolo riconosciuto come il famoso braccio destro del Capitano Suburban, ma Madhat non glielo permise.

Quando il silenzio glielo concesse, Anafi tuonò, convinto: «Shasmahal saluta te, Madhat, e gli amici che ci hanno ridato la libertà!».

«Ci inchiniamo a te, grande padre. Ti rendiamo onore e mettiamo nelle tue mani la vita di colui che ha causato tutto questo.»

«Di quella vita ci occuperemo dopo aver celebrato chi ci ha permesso di conservarla. Io, a nome della comunità della città meravigliosa, mi inchino a Madhat Suburban, Tigre d'Africa!»

Madhat controllò a fatica l'emozione per quell'epiteto. Era epiteto, di sconvolgente importanza e dal significato profondo. La tigre non abita l'Africa, ma è un predatore impareggiabile, forse più potente del leone. Madhat, bianco come il latte, ma figlio di quel continente millenario, era appena stato paragonato al paradigma del combattente supremo, e ritenne che Anafi non si fosse mai sbilanciato tanto in vita sua.

«Ti ringrazio, padre mio, ma è solo per merito dei tuoi insegnamenti che ho potuto portare a termine l'incarico.»

Fernando irruppe con la consueta volgarità ma, per fortuna,

sottovoce: «Mi avete già rotto i coglioni voi due! Io non ho tempo da perdere».

Madhat si girò verso di lui e lo mise a tacere: «Va bene, maledizione. Ma se vuoi un consiglio, non mancare mai di rispetto a quel colosso che vedi dall'altra parte...».

Il portoghese fece spallucce.

«Mio maestro, l'uomo che ha reso possibile la vittoria di stanotte è un fine mercante che richiede gentilmente il suo compenso, a causa dei nobili impegni che lo attendono altrove...»

Fernando ringhiò come un cane rabbioso, ma tacque.

«Il tuo amico avrà ciò che gli spetta e anche di più. Siamo eremiti, ma pur sempre uomini d'onore. Avremmo però un altro compito da affidarvi, prima...»

Il capo dei Grigi si allarmò. Guardò Madhat con rabbia, quasi in procinto di saltargli addosso. Quella reazione, agli occhi del giovane, apparve sicuramente spropositata, ma la ignorò: «Chiedi, vecchio saggio, e otterrai».

«Stiamo morendo di fame, ragazzo mio...»

Fernando si rilassò. *Chissà cosa aveva pensato di dover fare*, pensò Madhat, che anticipando il pensiero del portoghese tornò a parlare: «Hai ragione, maestro. Mi dedico subito alla caccia. Voi, nel frattempo, preparate il ponte».

«I lavori sono già a buon punto. Ci servono una ventina di braccia da quella parte, a nostra disposizione, ed entro domani pomeriggio saremo pronti ad accogliervi.»

Fernando si ritenne soddisfatto. Tutto sommato un po' di riposo prima del viaggio di ritorno avrebbe giovato a tutti i suoi uomini. Predispose assieme a Madhat le squadre da utilizzare per i lavori e quelle per la caccia, quindi sparì nell'ombra del bosco.

35

La battuta di caccia fu fruttuosa ma meno agevole del previsto. Del resto, la fauna selvatica di quella striscia di costa da settimane era stata presa d'assalto dagli uomini di Jacob, e trovare carne a sufficienza per saziare una comunità intera occupò Madhat, Abe e i tre Sebeti che gli erano stati assegnati, per tutta la giornata. La selvaggina catturata, issata su Uhuru e un altro cavallo, venne scaricata a terra sullo spuntone a nord della città quando il sole era calato da un po'. Madhat condusse in prima persona l'operazione di carico per trasportare la selvaggina dentro la città. Durante quell'ultima fatica, però, anche se esausto, trovò vigore grazie a un aiuto speciale: la sua Lana lo seguì con lo sguardo per tutto il tempo, solitaria e sorridente dall'altra parte del dirupo. Madhat, sentendo quegli occhi su di sé, dovette combattere anche un po' d'imbarazzo... Tutto sommato non aveva mai avuto il tempo di abituarsi ad avere al suo fianco quella creatura, che gli pareva splendere più della luna. Memore dei racconti di Zainabu, gli sembrava di vedere senza sforzo tutta l'energia vitale che Lana era in grado di sprigionare. Ma forse, pensò, poteva essere solo una suggestione indotta dal desiderio di abbracciarla.

Il prezioso carico venne tirato su dalle braccia affamate della città e, pochi minuti dopo essere scomparso alla vista, iniziò a diffondere tutt'intorno il classico odore di carne al fuoco. Nel frattempo, Madhat rifornì la sua gente con le scorte di legna da ardere, depredando senza sforzo il legname accatastato nell'accampamento nemico.

Non dormiva da più di un giorno, e quindi, stremato, si lasciò cadere a terra, al limite dello strapiombo. Chi lo aveva aiutato sino a quel punto si allontanò, e mentre la città si dedicava rumorosamente ai preparativi di un banchetto luculliano, Lana e Madhat ebbero finalmente modo di restare qualche minuto da soli.

Cominciò lei, parlando in inglese, senza imbarazzi. Madhat percepiva la sua voce acuta con facilità, nonostante la distanza e la menomazione all'orecchio sinistro.

«Sono davvero felice di vederti, ragazzino.»

«Mai quanto lo sono io, negretta.»

«Devi essere proprio stremato.»

«Si vede così tanto?»

«Si vedono tante cose. Sei diverso.»

Madhat saltò come una molla, ritrovandosi seduto: «Diverso in meglio o in peggio?».

Lana rise di gusto. «In meglio. Sei più uomo.»

«E tu sei più donna. Sei dimagrita molto, ma sei bella.»

«Grazie. Penso sia la prima volta che me lo dici.»

«Dovrai abituarti.»

«Madhat, posso chiederti cosa… cosa è successo al tuo naso?»

«Non ci crederai, ma non lo so.»

«Mi racconterai tutto quello che hai passato?»

«Tutte le volte che vorrai.»

Dopo un breve silenzio Lana riprese a parlare: «Te li avranno già fatti in tanti, ma spero che non ti annoierai a sentire anche i miei di complimenti...».

«Annoiarmi? Sono qui che li aspetto, e da un po' anche.»

«Bene. Allora complimenti, Madhat, con tutto il cuore. Non ho mai avuto dubbi, in realtà, ma sono fiera di te. Enormemente fiera.»

Madhat arrossì. Non seppe far altro che abbassare lo sguardo. Lana continuò, anche lei emozionata, ma più calma del suo uomo, decisamente più a suo agio in altre situazioni. «Non vedo l'ora di sentire i tuoi racconti, signor Suburban. Ma ora devi riposare, sei stravolto, e io ti voglio in forma, domani, perché mi devi abbracciare forte e coccolare.»

«Preparati, perché ti farò un po' male, credo.»

«Sono pronta, da mesi.»

«Buon appetito, moretta. E poi buonanotte. Mi sei mancata tanto.»

«Anche tu. Buonanotte. E grazie mille, a nome di tutti, mille volte ancora grazie.»

36

Nel primo pomeriggio del giorno successivo alla battaglia finale, il ponte fu terminato. Madhat aveva vissuto quell'attesa con la stessa calma di chi passeggia a piedi nudi sulle braci. Avrebbe voluto accelerare i tempi scalando la scogliera di Shasmahal, ma rischiare di morire dopo essere sopravvissuto a un'impresa epica sarebbe stato davvero poco glorioso. Per fortuna quella mattina, per ingannare il tempo, aveva avuto la possibilità di sfamare uno degli appetiti che da più tempo lo tormentavano: assieme a Fernando, Abe, Chawe e pochi altri, si era calato in mare tramite le gru del nemico per prendere possesso dei velieri. Sapevano che a presidiare c'erano al massimo tre uomini per nave, e che non avrebbero opposto alcun tipo di resistenza, deponendo le armi e consegnandosi al vincitore.

Madhat era emozionato come un adolescente che finalmente conosce una ragazza dopo anni di attesa. Quelle imponenti strutture di legno e vele, viste solo da lontano qualche mese prima, lo stregarono, letteralmente. Gli altri dovettero aspettarlo durante un'estenuante ispezione, condotta con minuziosità maniacale, su e giù per i ponti, per esaminare ogni piccolo anfratto, la stiva, le attrezzature e tutto il resto. Madhat si spinse oltre i limiti di sopportazione dei suoi compagni, desistendo solo dietro minaccia armata.

La più grande delle tre imbarcazioni, così come stabilito dagli occhi esperti dei vecchi navigatori di Shasmahal, aveva tutte le caratteristiche della nave negriera. Gran parte delle stive, infatti, erano state suddivise con vari strati di pavimentazione aggiunta, distanti tra loro sessanta centimetri appena, per alloggiare separatori in legno amovibili che aumentavano la capienza di carico di uomini, all'andata verso le Americhe, e di merce, al ritorno. Gli sventurati destinati ai mercati americani, principalmente, in quella come in centinaia di altre navi, venivano stipati in maniera disumana. Rannicchiati in posizione fetale e legati al collo e alle braccia con borchie, collari e catene arrugginite, riempivano le stive fino all'inverosimile. Ognuno aveva attaccato al proprio viso, al proprio petto e al bacino, la nuca, la schiena o il sedere del compagno di sventura imbarcato immediatamente dopo. Feci, rigurgiti, sangue e quant'altro uscisse dai loro corpi straziati, anche dopo la morte, andava quindi a finire sui compagni vicini. Anche se ogni giorno veniva concessa agli schiavi qualche ora d'aria sul ponte, le epidemie scoppiavano durante la navigazione e facevano sì che una buona percentuale degli imbarcati giungesse senza vita a destinazione. Il pestilenziale fetore tipico di quelle imbarcazioni penetrava nelle strutture di legno, e non era possibile eliminarlo nemmeno con i detergenti più efficaci. Quell'odore nauseabondo, percepibile a miglia di distanza, fece rivoltare lo stomaco a Madhat che, ciononondimeno, non si volle sottrarre. Suo nonno Nicholas e la sua ciurma avevano dedicato l'esistenza alla lotta contro la schiavitù, e lì il giovane comprese di essere nato per seguire quelle orme. Pur non avendo mai navigato, si sentiva un marinaio, destinato a combattere con le onde di ogni mare conosciuto. Lasciò i velieri con un "arrivederci a presto".

Quando giunse il momento tanto atteso, Madhat scalpitava come un puledro di razza trattenuto dalla corda, alla partenza del Palio di Siena. Avrebbe voluto essere il primo ad attraversare il ponte sospeso, per correre a riabbracciare i suoi, ma s'impose di pazientare. Quando Fernando si dichiarò pronto partì al suo fianco, faticando più del lecito a trovare l'equilibrio, messo a rischio dalle continue oscillazioni della struttura. I due vennero seguiti da una decina di Sebeti ai quali il portoghese, nonostante il parere contrario di Madhat, non aveva voluto rinunciare, a nessun costo.

Una volta giunta dall'altra parte, la piccola delegazione si avviò verso la grande sala centrale che avrebbe ospitato i negoziati e il pagamento del tributo ai Sebeti. Con un po' di delusione Madhat si accorse che, al di là di un drappello di arcieri pronti a intervenire, la città era deserta. In effetti era la cosa più ovvia da fare: per la prima volta dalla fondazione degli sconosciuti entravano a Shasmahal, e quindi era necessario adottare ogni cautela. Patì la visione della distruzione causata dall'assedio: la città era viva ma non si sarebbe più rialzata del tutto.

I componenti del consiglio, già seduti al tavolo nella sala sotterranea, accolsero Madhat con cenni di approvazione. Il giovane prese posto nelle sedie per gli ospiti.

Conoscendolo ormai abbastanza bene, Madhat notò che Fernando aveva perso un po' del suo contegno. Sembrava leggermente in ansia e non volle sentir ragioni riguardo alla sua scorta, come se si sentisse in pericolo. Ottenne di tenere con sé la spada, anche se tutti quanti attorno al tavolo erano disarmati, e pretese che cinque dei suoi lo seguissero all'interno, lasciando gli altri a presidiare l'entrata. Un paio degli indigeni ammessi all'interno rimasero strabiliati al cospetto di Anafì, riconoscendo in lui qualcosa di divino. Si prostrarono in un saluto colmo di reverenza, e il gigante nero diede loro una sorta di benedizione in una lingua incomprensibile, adagiando la sua mano sul loro capo chino.

Abraham, che era stato scelto per condurre le trattative, era già seduto al tavolo. Madhat, informato delle sue condizioni di salute, corse ad abbracciarlo con affetto, godendo delle lodi che il vecchio gli sussurrò all'orecchio.

Dietro forti pressioni di Fernando la discussione ebbe inizio, con toni piuttosto pacati.

D'un tratto giunsero da fuori rumori inattesi. Urla disperate, clangori di spade e colpi di fucile squarciarono l'aria, in un crescendo inaspettato e drammatico. Spaesati e attoniti, gli uomini di Shasmahal si mossero per alzarsi ma Fernando fu il più lesto. Balzò sulla tavola, prese per i capelli Abraham e lo decapitò di netto con un colpo di spada.

37

I Sebeti facevano parte della stessa organizzazione criminale che aveva pianificato l'assalto alla città meravigliosa. Madhat non poteva saperlo, nessuno dei suoi concittadini l'avrebbe mai immaginato, ma quella verità fu evidente ai loro occhi ancor prima che la testa di Abraham toccasse terra.

Jacob era nel direttivo della società che gestiva gli affari dei Grigi ancor prima di trasferirsi in Africa. Era il loro punto di riferimento in Inghilterra, dove curava i traffici derivanti dai guadagni illeciti, fornendo poi i gladiatori scelti per i duelli al *Circus*, a Città del Capo. Nel pianificare l'assedio, aveva previsto che Shasmahal potesse tentare di ricorrere a rinforzi esterni, e l'unico contingente di guerrieri al soldo del migliore offerente, operante all'epoca del Capitano Suburban, erano proprio i Sebeti.

La partenza di Madhat, in realtà, lo aveva disorientato: innanzitutto per le modalità, fuori da ogni concezione, poi perché il suo ordigno volante puntava verso nord e non a sud, come avrebbe dovuto fare per raggiungere la zona sopra Città del Capo. Jacob, fuorviato da quella manovra inaspettata, aveva inviato il primo contingente all'inseguimento senza un piano, ma subito aveva intuito di dover intervenire in modo più mirato e giocare d'anticipo. Aveva quindi inviato un secondo gruppo, col compito di impedire al primo di uccidere il ragazzo, affinché potesse portare a compimento la sua impresa. Non c'erano altri modi, in fin dei conti, per avere la meglio su Shasmahal in tempi ragionevoli, senza dover aspettare di vederla morire di fame. Riuscendo ad avvertire Fernando in anticipo, sarebbe bastato escogitare un doppio gioco e la città, una volta visto il contingente nemico sconfitto, avrebbe sicuramente aperto le sue porte all'eroe ritornato, consentendo, ignara, l'ingresso agli avvoltoi.

Jacob, spietato, non aveva comunicato tale strategia a gran parte dei suoi uomini, cioè a tutti quelli che riteneva sacrificabili, e che erano stati eliminati nello scontro con i Sebeti, a loro volta in larga misura ignari del doppio gioco. Aveva addirittura drogato i mercenari con fiumi di birra per incrementare al massimo il numero dei caduti; i defunti di solito non pretendono lo stipendio arretrato.

Il gruppo dei suoi fedelissimi era stato allontanato qualche giorno prima dello scontro, per poi rientrare subito dopo la battaglia. Bonehead ed Eribert, invece, erano rimasti al campo, perché Madhat, che li aveva incontrati durante la fuga, non s'insospettisse, non vedendoli.

Il secondo manipolo d'inseguitori inviati da Jacob aveva raggiunto il primo poco dopo la strage compiuta da Madhat al fiume, quando si trovava in stato d'incoscienza già da qualche ora. Poco prima che si svegliasse, il gruppo, che aveva suo malgrado vegliato sul ragazzo per tenere distanti i predatori, era ripartito verso il golfo di Shasmahal, mentre un altro drappello era già in viaggio verso il lago dei Sebeti, per avvertire Fernando.

Madhat, anche grazie all'insperato aiuto di Uhuru, era giunto al laghetto appena qualche giorno dopo la partenza degli uomini di Jacob. Il gruppo di indigeni che lo aveva trovato e scortato alla città era stato mandato in perlustrazione proprio per intercettarlo ed evitare che vagasse per settimane in quel territorio sterminato, senza raggiungere la meta. I ritardi e le titubanze di Fernando per la partenza erano dovuti alla necessità di consentire agli assedianti di organizzare la trappola. Il sopralluogo che il portoghese aveva voluto compiere da solo, il giorno prima dello scontro, gli era servito invece per raggiungere l'accampamento di Jacob, tracannare litri di birra e accordarsi sui dettagli del doppio gioco. Aveva poi mandato Madhat a fare la sua personale ricognizione per poter rimanere da solo con i suoi fedeli e informarli del vero motivo della loro presenza lì. Per lo stesso motivo Abe, ormai troppo legato al giovane esule, aveva avuto il permesso di accompagnarlo verso il golfo ed era stato tenuto all'oscuro di tutto.

Durante lo scontro gli ideatori di quel piano demoniaco si erano goduti della buona birra, mentre Jacob, per rendere più credibile la situazione, si era lasciato colpire in faccia prima di farsi incatenare.

38

Pur avendo passato ore a ragionare sulle incongruenze di quella trama, e avendo vissuto giorni a fianco di coloro che lo avevano raggirato, di fatto, dal primo istante, Madhat non si era accorto di nulla, recitando addirittura un ruolo da protagonista nel doppio gioco che aveva causato la morte di Abraham e, forse, la definitiva caduta di un'intera comunità.

Quella consapevolezza, ne era convinto, lo avrebbe consumato per il resto della sua esistenza. Ebbe tutto chiaro, davanti agli occhi, in pochi istanti, e la cosa lo devastò al punto da non permettergli di reagire con immediatezza al richiamo della battaglia. Rimase immobile, inerme, per qualche secondo, privo di emozioni. Sentì solo una vampata di calore salirgli dal profondo, percepì che le gambe cedevano e si ritrovò in ginocchio, a guardare a bocca aperta la testa di Abraham, amato amico e padre, che rotolava via. Non percepiva rumori, l'aria sembrava pesante attorno a lui, ovattata, e non sentì l'immediata necessità di ripararsi dai movimenti frenetici delle figure che transitavano nel suo campo visivo.

Poi si scosse.

Fernando era stato avvertito, il giorno prima, di non sottovalutare Anafi; avrebbe fatto meglio a seguire quel consiglio. Il gigante nero, disarmato, rispose per primo all'attacco, con tempi di reazione paragonabili a quelli di un felino. Senza curarsi di essere disarmato, attingendo agli echi di una forza disumana, trascendente, eliminò il portoghese dalla faccia della terra afferrandolo mentre ancora brandiva la spada insanguinata, in piedi sul tavolo, e scaraventandolo a una velocità micidiale contro la parete di roccia alla sua destra. L'uomo si frantumò letteralmente contro la pietra, incapace di alzare persino un braccio per opporsi al lancio. Morì all'istante, rotolando a terra poco dopo, inanimato, scomposto, come un fantoccio di pezza.

Il vecchio guerriero, nella confusione generale, impugnò la spada del nemico e si scagliò verso il gruppo di Sebeti poco distanti, che stavano passando a loro volta all'attacco. Madhat lo vide roteare su se stesso come un tornado nella steppa, macellando, letteralmente, ogni cosa che gli capitava a tiro. Nel tempo che lui impiegò a rialzarsi, Anafi rispedì al cospetto del loro dio i cinque della scorta, infallibili assassini nello scontro della notte precedente, e in chissà quante altre battaglie africane, ma impotenti di fronte a quel colosso indemoniato, alto tre spanne più di loro, veloce come una mangusta, spietato come un mamba nero.

A quel punto Madhat si destò definitivamente dal torpore. Anafi, nel correre verso l'uscita, gli passò a fianco: era ricoperto di sangue e aveva gli occhi spiritati. Trascinato dal vortice della battaglia gli dedicò un solo istante, richiamandolo con un unico sguardo ai suoi doveri. Capì che la sua priorità era correre fuori a vedere cosa stesse accadendo, senza indugiare ulteriormente sul sangue versato. Recuperò la spada del nonno, che aveva appoggiato fuori dall'ingresso, e raggiunse il parco dei giochi spalla a spalla con Rashid.

Trovò la città sotto assedio, con un numero inverosimile di uomini, soprattutto bianchi, che minacciavano i suoi concittadini con i fucili, dopo averli stanati dai nascondigli. Capì che, approfittando della rilassatezza che segue il risveglio da un incubo, almeno trenta assalitori avevano scalato le pareti, come formiche, in silenzio, uscendo allo scoperto a tradimento e stuprando il villaggio, senza pietà. Guardò verso nord e vide il ponte abbattuto, con le cime che penzolavano dai sostegni. Quell'azione doveva aver distratto ulteriormente gli addetti alla difesa, e alcuni di loro, dalle urla e dai rumori che provenivano oltre le barriere degli scogli, probabilmente erano ancora impegnati nel respingere l'assalto da quel versante. Madhat ebbe l'impressione di trovarsi nel mezzo di uno dei tanti arrembaggi che Abraham aveva condotto al fianco di suo nonno, e che non gli avrebbe mai più potuto raccontare.

Gli attaccanti ruppero presto gli indugi e cominciarono a sparare. Caddero sotto i colpi dei nemici anche padre Brian, Rufus il cuoco, Rubens e alcuni ragazzini, tra cui il bravo Sid. Il piccolo si era scagliato senza paura, impugnando un coltellino, contro un energumeno tre volte più grande di lui. Era perfino riuscito a ferirlo prima che questi si voltasse e lo colpisse con una violenza spropositata. Il corpo del ragazzino, schiacciato dalla forza dell'avversario, giaceva esanime a terra, in una pozza di sangue. La sua mano reggeva ancora, ostinata, il coltello con cui aveva reciso il tendine del nemico, azzoppandolo e rendendolo facile preda dei concittadini. Aveva sacrificato la sua vita senza timore, colpendo con precisione per dare il suo piccolo, grande contributo alla causa, come ogni abitante della città meravigliosa aveva imparato a fare, sin dalla nascita di quell'utopia.

Shasmahal si riorganizzò in fretta e reagì compatta all'offesa. Madhat si ritrovò dentro il meccanismo di difesa che aveva provato innumerevoli volte nelle esercitazioni, impugnando spade di legno. Combattere al fianco dei suoi fratelli gli diede la sensazione che prova il pellegrino tornando a casa, nel suo letto, dopo mesi di giacigli scomodi. Rashid, Ramon e Omar si strinsero attorno a lui e avanzarono compatti, mietendo vittime come spighe di grano. Come loro, altri due gruppetti furono presto pronti a entrare nella battaglia, cercando di riportare la lotta in parità. Anche le donne, così com'era stato loro insegnato, parteciparono in maniera decisiva. Armate di fionde e cerbottane colpivano dalla media distanza, incuranti del pericolo e maledettamente precise, grazie alle ripetute esercitazioni. Anafi invece, implacabile, colpiva da solo, sospinto da un impeto provocato da una forza interiore sconosciuta agli umani. Seminava morte come un plotone d'esecuzione.

Phil, nel frattempo, non potendo combattere con efficacia a causa dell'arto mutilato, guidò altre donne e i ragazzini più piccoli nelle operazioni di impiego delle catapulte. Una scagliò dei preziosi in mare, per disincentivare gli assalitori rimasti fuori dalla città, pronti a usare i cannoni. La seconda li colpì con una pioggia di liquido urticante, capace di portare un uomo a scorticarsi la pelle di dosso per fuggire al dolore.

Nessun altro villaggio abitato da un così grande numero di donne e bambini avrebbe mai potuto resistere a un attacco a sorpresa come quello organizzato da Jacob e Fernando, ma Shasmahal ce la fece. Ci volle del tempo, e il tributo in vite umane fu devastante, eppure la città tenne alta la testa, abbattendo fino all'ultimo nemico, senza concedere quartiere.

I superstiti si trovarono senza più energie, senza la forza per piangere, senza sapere cosa dire, senza trovare il coraggio di contarsi, bloccati dal terrore di scoprire quali dei loro fratelli non avrebbero più risposto all'appello. La popolazione della città meravigliosa, da una prima stima dei corpi a terra, doveva essere stata ridotta di un terzo, almeno.

La consapevolezza di essere ancora sotto assedio, per mano di un redivivo Jacob, avrebbe inoltre cancellato qualsiasi accenno di gioia per aver respinto in maniera tanto eroica un attacco così meschino.

Solo due persone stavano già elaborando dei piani. Gli unici due che, per quanto ancora ansimanti, sembravano aver trovato nuovi stimoli in quel macello.

Madhat e Anafi si trovarono al centro del campo giochi e si guardarono negli occhi. Non vi fu bisogno di particolari preamboli: c'era solo una strada all'orizzonte e soltanto un uomo in grado di percorrerla.

«Io vado, grande padre.»

«Vai, Madhat.»

«Chi porto con me?»

«Chi vuoi. Qui ci penso io.»

Madhat annuì. Anafi aveva dimostrato di saper andare oltre la sua leggenda: avrebbe difeso la città meglio di qualunque condottiero. Tutti i superstiti, nel frattempo, si erano adunati attorno a loro. Madhat indicò Omar, Ramon e Carlo. Poi si avvicinò a sua madre, abbracciandola forte, senza mollare la spada. La donna, che aveva già capito tutto, gli porse lo zaino di cuoio, che aveva provveduto a ripristinare con tutto l'occorrente per il viaggio. Lana era lì, di fianco, e Madhat la baciò teneramente sulle labbra, accettando la sua benedizione silenziosa.

Senza aggiungere altro, inguainò la spada, corse verso il lato est e si lanciò nel vuoto.

* * *

L'impatto con l'acqua fu sorprendente, tanto da fargli venire il dubbio che tutte le ossa si fossero mischiate tra loro.

Riuscì a trattenere il respiro, rimanendo immobile, mentre la velocità di discesa verso il fondo diminuiva. Fu sorpreso dalla temperatura dell'acqua, fresca e rigenerante, e dal silenzio che avvolse le sue orecchie, aggredite fino a pochi minuti prima dal rumore degli spari, dalle urla e dal clangore delle lame.

Mosse gli arti, timidamente; non aveva nulla di rotto. Mentre il suo corpo veniva spinto verso l'alto dalle leggi della fisica, lentamente, accolse con gioia i tonfi sordi, di uno, due, tre individui, attorno a sé. Tornato in superficie per primo, attese di veder riemergere le tre teste scure dei compagni che aveva selezionato. Quando tutti furono in superficie, Madhat iniziò a nuotare verso sud, radente la costa, sperando che il sole, che stava tramontando velocemente, come sempre in Africa, lasciasse in fretta spazio alle tenebre.

Il gruppetto non incontrò alcun ostacolo e, anche se piuttosto a rilento, percorse circa due chilometri verso sud. Omar, quarantenne, dotato di quella prestanza fisica che suo figlio Ra aveva ereditato in pieno, non ebbe particolari problemi. Ramon e Carlo, invece, nemmeno diciottenni, scaraventati fuori dal loro nido in maniera così brutale, faticarono a tenere il passo, anche a causa delle armi che portavano a tracolla; si fermarono spesso a rifiatare in prossimità di qualche scoglio, con il rischio di essere schiacciati dalle onde. Ramon, inoltre, lamentava un dolore al collo, dovuto all'impatto con l'acqua.

Madhat capì che i suoi giovani concittadini non avrebbero potuto sopportare altri sforzi e decise di fermarsi, prima dell'alba, in un'insenatura con barriere rocciose non troppo alte. Lasciò dormire i compagni, quasi svenuti sugli scogli, per un paio d'ore, con le gambe ancora a mollo, memore di quanto traumatica fosse stata anche per lui la prima uscita da Shasmahal, qualche tempo prima. Non si sedette nemmeno e stette allerta per tutto il tempo, come un gufo reale, per avvistare eventuali inseguitori. Non avrebbe dormito comunque, lo sapeva bene, perché i ricordi dell'ennesima tragedia appena vissuta non gli avrebbero dato pace. Nel frattempo catturò qualche granchio per colazione, sgusciando anche una trentina di ricci.

Omar si svegliò per primo a causa della marea. In quel luogo sconosciuto e inospitale, cercò e trovò conforto nel sorriso di Madhat, che gli porse subito dell'acqua dolce e un po' di cibo. L'uomo, che aveva perso il figlio da poco, e aveva visto il padre decapitato solo qualche ora prima, riuscì a sorridergli. Madhat lo adorò, letteralmente. Era uno dei primi nativi di Shasmahal, della prima generazione di discendenti della ciurma di suo nonno, degno erede di quella stirpe di combattenti. Anche se gli aveva pulito il culetto, da piccolo, avendo l'età di suo padre, Omar era lì, aveva lasciato tutto per lanciarsi nel vuoto ubbidendo a nient'altro che un cenno. Madhat sapeva che lo avrebbe seguito in capo al mondo, e ne fu orgoglioso. Gli altri due vennero svegliati a spintoni, invece, e apparvero a loro agio come una cernia sul Kilimangiaro. Concesse loro un po' più del tempo che aveva preventivato, mosso dal rinnovato affetto nei loro confronti.

Partirono in direzione dell'entroterra quando il sole aveva lasciato la linea dell'orizzonte da un po', camminando per tutta la mattina e accampandosi in una radura leggermente sopraelevata, dalla quale si potevano tenere d'occhio le zone limitrofe. Madhat ordinò ai compagni di alternarsi di guardia e uccidere qualunque essere vivente più grande di uno scarafaggio si avvicinasse. Tornò all'imbrunire, con una quantità di selvaggina sufficiente per una settimana, trovando i tre abbastanza svegli ma piegati in due dalla fame. Accese il fuoco, scuoiò le prede, sistemò le scorte e mise la carne al fuoco, affettando alcuni tuberi che aveva raccolto e che avrebbero fatto da contorno. Non contento, si assegnò il primo turno di guardia notturna, al termine del quale, finalmente, si concesse un po' di riposo. Non dormiva da tre giorni, quasi, e nonostante ciò fece fatica ad addormentarsi, incapace di acquietare i pensieri che gli rimbalzavano in testa. Dormì quattro ore, poi fece il turno di guardia al posto di Carlo, che senza dubbio era quello cui l'escursione aveva giovato meno.

La mattina seguente, ormai stufo di concedere privilegi agli altri, li svegliò a suon di calci nelle natiche. Dopo aver mangiato si riunirono tutti in cerchio, pronti a ricevere istruzioni.

«Non ci hanno visto allontanarci, altrimenti avremmo fatto la fine di Ra. Quindi abbiamo il vantaggio della sorpresa.»

Ramon, timidamente, chiese quali fossero i programmi. Di corporatura massiccia e in gran forma, tra i migliori di sempre negli allenamenti, era dimagrito molto durante l'assedio, ma appariva in salute. Si era ritrovato in mare in seguito a uno scontro di una brutalità devastante, aveva nuotato e camminato per ore, ma non aveva mai trovato il fiato per dire più di due parole.

«Dobbiamo sabotare il nemico. Farlo impazzire, distruggerlo lentamente, fino ad annientarlo. Il programma è più o meno questo.»

Omar alzò la mano per intervenire: «Ma come? E soprattutto, quando?».

«Il come non lo so, sinceramente. Navigheremo a vista. Sul quando invece un'idea ce l'ho. Aspettiamo almeno una settimana, per dare tempo a quei maledetti di rilassarsi.»

Prese la parola Carlo, nipote di Raffaello, il nostromo della vecchia ciurma. Simile a un torello, rotondetto e non tanto alto, era molto forte per la sua età e anche particolarmente sveglio, così come tutti gli appartenenti alla dinastia italiana degli abitanti di Shasmahal. Ancora provato dalla faticaccia del giorno prima, dava comunque a intendere dagli occhi verdi e vispi di essere pronto a giocarsi il tutto per tutto: «Li attaccheremo di notte, vero?».

Madhat gli rispose in italiano, molto pacatamente: «Noi siamo quattro, Carlo, loro chissà quanti. Non attaccheremo nessuno, perché ci annienterebbero. Dobbiamo agire con astuzia, dedicarci a una guerra asimmetrica. Siamo l'unica speranza residua delle nostre famiglie, e non possiamo più sbagliare».

I tre si scambiarono degli sguardi complici. Si fidavano di Madhat molto più di quanto si fidassero delle loro madri. Erano in forma, affiatati, ben addestrati alla guerriglia e sapevano che, come gli eroi da cui discendevano, al comando di un Suburban sarebbero stati devastanti. Non vedevano l'ora di cominciare.

39

Jacob, nel giro di un paio di settimane, vide la sua casa andare in fiamme, subì razzie ad armamenti e provviste, trovò più volte il cancello del recinto dei cavalli sabotato e dovette star fuori ore per riuscire a recuperarne almeno qualcuno. Quando poi le scorte di farina risultarono manomesse al punto che un pezzo di pane procurava una devastante dissenteria per un paio di giorni e quando il numero degli uomini ritrovati morti in circostanze poco chiare raggiunse la doppia cifra, comprese che da assediante si ritrovava a essere assediato, e che il responsabile di quel ribaltamento di prospettive non poteva che essere, ancora una volta, il biondo diavolo volante. Lo stesso Fernando, sorseggiando birra la sera prima della battaglia, aveva riconosciuto a quel Madhat Suburban delle doti fuori dal comune, e aveva riferito che, pur essendo ancora inesperto, sarebbe stato meglio eliminarlo al più presto per il bene della missione. La gamba ferita, poi, colpita proprio dalle frecce di Madhat, non accennava a guarire del tutto e si copriva di pus a intervalli sempre più frequenti, senza che nessuno della sua truppa sapesse intervenire con efficacia.

La tattica del doppio gioco, sulla carta un trionfo di strategia, era parzialmente fallita. Tutto aveva funzionato alla perfezione fino all'intrusione nella città del gruppo armato di scalatori... ma chi poteva immaginare che quel villaggio, già stremato, sarebbe stato in grado di reagire con efficacia a una manovra tanto subdola? Anche se certamente allo stremo delle forze, Shasmahal era ancora viva e i suoi abitanti manifestavano una tenacia d'altri tempi. Lui, al contrario, si trovava a capeggiare un terzo degli uomini con cui era arrivato e, alla luce dello stillicidio di sabotaggi che subiva ogni giorno, si pentì di aver dato ordine ai pochi Sebeti che gli erano rimasti di tornare al quartier generale per dare notizia della morte di Fernando. In preda alla rabbia, cominciò a sguinzagliare gruppi di uomini a caccia dei sabotatori con il risultato di una serie di impietosi buchi nell'acqua. Il nuovo nemico sembrava irraggiungibile, impalpabile, come il fumo nero del fuoco più aggressivo.

Il nono giorno dall'inizio della guerriglia Madhat, dal canto suo, ricevette una serie di piacevoli sorprese. Seguendo le loro tracce o il loro odore, ma con tutta probabilità solo il suo istinto, Uhuru si presentò al loro campo una sera, fiero e baldanzoso. Il giovane lo accolse con gli onori tributati a un re e abbondanti strigliate. Da quel momento avrebbero avuto un prezioso alleato in più. Ma le sorprese non erano finite. Al termine del suo turno di guardia, Madhat cedette il posto a Carlo e si appisolò. Dopo pochi minuti si svegliò in preda al panico, col cuore che gli scoppiava nel petto, una mano callosa a tenergli chiusa la bocca e la punta di un coltello appoggiata sotto l'orecchio, il punto più comodo per accedere al cervello. Cercò di reagire, ma si accorse che l'assalitore non si sarebbe fatto respingere: era prigioniero in una morsa di ferro. L'individuo che lo aveva assalito e che poggiava le labbra a pochi millimetri dal suo viso d'un tratto rise sottovoce e parlò: «Vedo che non sono serviti a nulla i miei insegnamenti...».

A quel punto mollò la presa e Madhat si girò di scatto provocando il risveglio degli altri. Aveva già riconosciuto l'odore dell'uomo, ma la voce fu la conferma: «Abe! Vecchio bastardo!».

«Saluti a te, stupido uomo bianco.»

«Cosa diavolo ci fai qui, brutta iena spelacchiata?»

«Controllo come ti comporti e come vegli sui tuoi compagni... e non sono molto soddisfatto di ciò che vedo.»

Abe spiegò di aver intuito che Madhat aveva lasciato la città in segreto molto tempo prima di Jacob. Quando il capo degli assalitori aveva congedato i Sebeti, lui aveva scelto di non seguire Chawe nel viaggio di ritorno. Assieme ad altri due guerrieri di origine boscimana aveva congedato gli altri mercenari, intenzionato a dare una mano all'amico, per quanto possibile. Si era portato anche Dhana, una delle schiave di Jacob, stanca dei suoi soprusi. Valida infermiera e capace di ricavare pasti sostanziosi anche dalle poche risorse che l'Africa offre, fornì il suo aiuto al gruppo comandato da Madhat. Il giovane accolse le novità con gioia e, se Abe non glielo avesse impedito, l'avrebbe abbracciato vigorosamente. Con tre combattenti di quel calibro ogni tipo d'incursione sarebbe stata più efficace, e il contributo di una donna africana avrebbe migliorato di sicuro la vita di tutti loro.

Abe, anticipando i dubbi dell'altro, continuò: «Amico mio. Visto come si sono comportati Fernando e i Sebeti con la tua gente, tu avresti il diritto di non rivolgermi nemmeno la parola. Ti capirei, davvero. Ma io sono diverso da loro. Non sapevo nulla del doppio gioco. Per quello che vi hanno fatto ho scelto di non avere più nulla a che fare con loro, e mi offro a te come servo».

Madhat sospirò e trovò nello sguardo del guerriero le conferme che cercava. Abe era davvero diverso, lui l'aveva sempre saputo. «Di un servo non ho alcun bisogno. Di un amico e di un alleato, sì.»

«È un privilegio per me, Shasa.»

«A proposito, e Zainabu?»

«Le riferiranno che ho tradito, e verrà allontanata dal lago. Ma lei è una roccia, saprà cavarsela. Abbiamo un punto di ritrovo, a nord di Città del Capo. Ci incontreremo là, prima o dopo.»

«Molto bene, allora.»

«Una cosa, Madhat. Io sono arrivato qui seguendo le vostre tracce, semplicemente, e non escludo che anche Jacob possa assalirvi come ho fatto io.»

Intervenne Carlo, orgoglioso come un gatto, che si sentiva in colpa per non essersi accorto dell'intrusione del nuovo alleato: «Ma siamo stati attentissimi a cancellare le tracce, ogni giorno!».

Madhat rise e lo tranquillizzò. Abe avrebbe riconosciuto le loro impronte anche dopo il passaggio di un uragano. Il fatto che fosse giunto fin lì con facilità costituiva un'eccezione. Madhat, che aveva seguito l'opera di cancellazione, era certo di non aver lasciato segni visibili per alcun uomo bianco. Riguardo all'incursione, poi, spiegò agli amici di come i Sebeti fossero capaci di vagare nei boschi silenziosi come scorpioni. A quel punto, però, fu allarmato da un rumore quasi impercettibile, e fissò per qualche secondo il buio del bosco dietro di loro. Sospettoso, tornò a rivolgersi all'indigeno: «Abe, sei sicuro che nessuno ti abbia seguito?».

«Ce ne hai messo di tempo ad accorgertene.»

«Quindi è vero.»

«Un rinoceronte zoppo in una bottega di ceramica avrebbe fatto meno baccano.»

«Esagerato! Ma chi sarà? È pericoloso?»

«Non credo. È un ragazzo, bianco, solo. Uno di loro, di quelli catturati al termine dello scontro. Mi segue da ore, ma ho deciso di far finta di niente per capire le sue intenzioni.»

«Che dite, lo invitiamo a cena? Carlo stasera ha preparato una zuppa che farebbe resuscitare i morti.»

Gli altri si agitarono un po'. Naturalmente non avevano sentito un accidente. Con un cenno d'intesa Madhat, Abe e gli altri due boscimani scattarono all'unisono. A quel punto, da dietro un albero una figura si mosse e, senza tanti complimenti, se la batté a gambe levate. Nel giro di pochi minuti i quattro guerrieri tornarono con un ragazzo biondo legato e reso inerme.

Con molta spavalderia, il giovane si presentò come se niente fosse. Era Eribert, il figlio di Jacob. Chiese e ottenne di essere liberato dai vincoli, sapendo di non avere alcuno scampo contro i guerrieri che lo avevano catturato.

Madhat aveva intuito, sin dai primi incontri, di avere a che fare con un personaggio "particolare" e, forte della posizione di vantaggio, si divertì a discutere con lui, in inglese, con gli altri a guardarli, muti, increduli.

«Quindi esattamente cosa ci fai qui?»

«Inseguo la filosofia di Luigi XIV.»

«Come, scusa?»

«Investo sul bello.»

Madhat grugnì, aggrottando le sopracciglia. Aveva già sentito nominare Luigi di Borbone, sessantaquattresimo re di

Francia, al potere dagli anni quaranta del secolo precedente, e aveva studiato le sue innovazioni in ambito amministrativo e di politica estera. Assetato di sapere com'era, avendo un arretrato di circa quarant'anni sulle cronache politiche, trovò da subito interessante quel confronto. Fece cenno al suo interlocutore di continuare, e questi, apparentemente annoiato, assunse un atteggiamento di ostentata sufficienza: «Con tutte le guerre che ha dovuto sostenere, nonostante le sue buone manovre di governo, il Re Sole naviga da sempre sull'orlo della bancarotta. A un certo punto, accentrando tutto il potere su di sé, e contro il parere di molti, se non di tutti, ha deciso di investire le poche risorse rimanenti nella cosa a cui tutti gli altri, al suo posto, avrebbero rinunciato per prima: l'arte. Ha portato la sede del regno, la sua corte e gran parte dell'entourage amministrativo alla residenza dei Borbone a Versailles, commissionando a geni come Le Vau, De Cotte, Mansart e decine di altri artisti di renderla il palazzo reale più sfarzoso del pianeta. Ha obbligato tutti i nobili a prendervi dimora, occupandosi principalmente di tenerla viva, di guardarsi negli enormi specchi che ha installato, rendendola attraente, invidiabile, fulcro assoluto del concetto stesso di nobiltà e bellezza, simbolo internazionale di eccellenza».

«Ci è riuscito?»

«Eccome. Oggi se non hai partecipato a un ballo alla corte del Re Sole, in Europa, non sei nessuno.»

«Ne deduco che il re è ancora vivo.»

Eribert sorrise. Non aveva di fronte un ignorante, ma un eremita. Quindi proseguì, con un briciolo di accondiscendenza: «Altroché. È vivo e ci ha dato una grande lezione. L'essere umano ama distrarsi con la bellezza, con l'arte, che è una delle poche cose che ci distingue dalle bestie. Io ho colto tale insegnamento illuminato, ed eccomi qui».

«Tutto molto interessante. Ma, mi perdonerai, io ancora non ne ho colto l'essenza.»

«Mio padre mi ha stufato. All'inizio la sua avventura, un assalto a una città fantasma, mi sembrava epica al punto giusto, e l'ho seguito volentieri; mi annoiavo a Liverpool. Lui, però, pensa solo ad arricchirsi, e sta conducendo questa guerra accecato dalla rabbia, senza alcun criterio. Tu, invece – ti prego non volermene – anche se sembri nato l'altro ieri, hai lasciato la tua città volando... non so se rendo l'idea.»

«Più o meno.»

«Io dipingo, anche se con risultati mediocri. Scrivo, talvolta. Ho velleità artistiche, insomma, e inseguo il bello per pulsione naturale da sempre; grazie agli insegnamenti di monarchi illuminati, tale ricerca sta diventando una filosofia consapevole di vita. La poesia è da questa parte della barricata, mentre dall'altra ho lasciato gente governata da istinti primitivi, che rischiano di contaminare il mio animo. Io sono qui per trarre ispirazione, vivere, anche solo da spettatore, qualcosa di raro, da narrare. Vi sto offrendo la mia vita, di fatto, perché potreste ammazzarmi adesso, senza sforzo. In cambio, una volta guadagnata un po' della vostra fiducia, potrei dare una mano, perché conosco bene il nemico.»

Nonostante il palese scetticismo della maggioranza dei presenti, Madhat e Abe si scambiarono alcune parole in disparte, dichiarandosi incuriositi dalla situazione. Decisero di dare corda a quel bizzarro individuo, ma con le dovute precauzioni. Non avrebbe mai agito da solo né partecipato alle azioni principali.

Nei giorni successivi, date le insistenze di Abe, Madhat si lasciò convincere a spostare la base. Si muovevano intorno allo stesso luogo da parecchio tempo ormai, e c'era il pericolo concreto di aver lasciato qualche segno troppo evidente. Si mossero di notte. Partirono tutti assieme e per non correre il rischio di essere avvistati decisero di compiere un giro molto più lungo del necessario, sconfinando in piena savana. Ci vollero giorni di cammino per giungere al luogo scelto per la nuova postazione; si stabilirono a nord di Shasmahal, più o meno a tre ore di cammino dal golfo sotto la città, in una posizione diametralmente opposta a quella precedente.

Madhat, nei giorni successivi, affidò ad Abe responsabilità sostanziali, fidandosi ciecamente dell'amico. Da quel momento in poi prese decisioni solo col suo consenso e tenne sempre ben presente ogni sua osservazione. In quel modo le loro incursioni aumentarono di numero e migliorarono in efficacia, anche perché, divisi sempre in due gruppi, potevano agire contemporaneamente in posti diversi. Le squadre andarono consolidandosi con questa suddivisione: Madhat agiva con Omar, Ramon e uno dei Sebeti; Abe invece con l'altro Grigio, Carlo ed Eribert.

40

Dopo tre settimane dall'inizio della nuova avventura, Madhat e i suoi dovettero assistere inermi alla prima contromossa del nemico. Fino a quel momento Jacob non aveva fatto altro che intensificare fino allo spasmo i turni di guardia, o lanciarsi in sconclusionate cacce al ladro. Una mattina, invece, durante una ricognizione, Omar riferì dell'allontanamento di uno dei velieri, il più grande. Madhat ne rimase disorientato e interrogò subito Eribert, ormai perfettamente integrato, sui possibili significati di quella mossa. Il giovane, mostrando come di consueto la sua indifferenza, mentre sgranocchiava delle radici, avanzò delle ipotesi svogliate. Suo padre poteva aver inviato qualcuno per approvvigionarsi di scorte di viveri e armi, o reperire rinforzi, o tutte e due le cose insieme. Eribert, inoltre, non escluse che qualcuno potesse invece aver deciso di ammutinarsi, sottraendo alla spedizione il veliero più prezioso.

Madhat si rammaricò di non aver agito prima per rendere inutilizzabili le navi. Ci aveva pensato, in realtà, con Abe, ma la poca dimestichezza di entrambi con il mare li aveva portati a tergiversare, preferendo dedicarsi alle attività di terra. La prospettiva che la nave scomparsa potesse tornare da lì a un mese con un'infornata di nuove forze imponeva una decisione. Nei giorni successivi si sarebbe decretato il destino della città.

La partecipazione di Eribert fu cruciale per pianificare la contromanovra. Conosceva le navi del padre come le sue tasche, sapeva esattamente cosa era stato portato a terra e cosa si trovava ancora nelle stive. Sapeva inoltre il nome e il numero degli uomini a bordo di ogni veliero, per turni di guardia di dieci giorni. Dichiarò addirittura che in qualche modo avrebbe potuto governare una delle imbarcazioni, con un pugno di uomini, anche inesperti.

Il gruppo tornò a sud del golfo, di notte, e raggiunse all'incirca il punto della costa dove avevano lasciato l'oceano per proseguire sulla terraferma durante la fuga. Madhat e Ramon, che avevano dimostrato maggior dimestichezza con l'acqua, si calarono in mare e puntarono, a nuoto, verso l'insenatura di Shasmahal. Avevano il compito di recuperare la barca nascosta nella caverna invisibile, quella che avrebbe dovuto raggiungere il povero Ra. Il percorso a nuoto fu lungo e faticoso, ma molto meno rispetto all'andata, anche perché Ramon ormai si era svegliato dal torpore causato da vent'anni di reclusione a Shasmahal. Giunsero a poche decine di metri dalla caverna al calar del sole e, come temevano, notarono che Jacob aveva ripristinato la guardia in mare. Cinque uomini armati e apparentemente vigili occupavano una barchetta nascosta alla vista della città, ancorata a una ventina di metri dalla scogliera. Il piano non sarebbe cambiato; avendo previsto questa eventualità, l'idea era quella di tirare fuori la barca durante il cambio turno, dato che era molto verosimile che gli uomini si sarebbero spostati per raggiungere i luoghi dove i compari li aspettavano con gli elevatori a corda.

Madhat temporeggiò, appoggiato agli scogli per riposare, tenendo fuori dall'acqua solo il naso; Ramon lo imitò. Quando il bagliore del sole scomparve quasi del tutto, non riuscendo più a scorgere le teste delle guardie sulla scialuppa, ritenne di non poter essere avvistato a sua volta e, senza ulteriori indugi, nuotò per gli ultimi duecento metri. Aveva assistito alla descrizione preparata per Ra, quindi riconobbe senza problemi la piccola insenatura alla base della quale, sotto la superfice, si trovava la caverna subacquea. Mentre iper-ventilava per prolungare la durata dell'apnea, un'onda di marea più consistente gli permise di scorgere l'ingresso della grotta; quindi non ebbe più remore, si immerse e raggiunse l'entrata, seguito subito dal suo compare.

Un buio fitto li accolse ma, fidandosi della precisione di quanto descritto dai vecchi, dopo essere avanzati con un paio di bracciate sott'acqua, puntarono verso la superficie, spinti dalla legge descritta da Archimede, e uscirono a respirare. Quel muro di tenebre dava loro la sensazione di essere sprofondati in un abisso senza fine. Madhat percepì l'ansimare di Ramon, poco distante da lui, e bisbigliò in quella direzione, parlando in spagnolo, la lingua preferita dal più giovane: «Ehi, ragazzo. Sei vivo?».

«Sento la tua voce, quindi direi di sì. Siamo all'inferno, secondo te?»

«No, l'inferno è là fuori, in realtà. Qui dovremmo essere al sicuro.»

Avanzando a tastoni, per un tempo che parve loro infinito, toccarono degli scogli, più avanti. Si issarono, circospetti, ritrovandosi su una sorta di piattaforma rocciosa, levigata nei secoli dalle onde. Erano stanchi e affamati. Madhat estrasse dal solito zaino due razioni di carne, un po' di frutta e dell'acqua dolce. Consumò tutto con voracità assieme all'amico e, ancora tremante per il freddo, si addormentò cullato dal rumore del mare, che si muoveva timido all'interno della caverna. I loro occhi si erano abituati al buio, ma continuavano a non vedersi nemmeno le mani, quindi non aveva senso cercare la barca.

L'indomani mattina, sfruttando il riverbero della luce blu che filtrava dall'entrata della caverna, non più di un bagliore di lanterna in una notte uggiosa, i due esplorarono l'intero antro in poco tempo e dovettero prendere atto di un imprevisto davvero seccante. Lì dentro non c'era alcuna barca.

Cercarono ancora, per escludere che vi fossero ulteriori accessi nascosti, poi si sedettero l'uno di fronte all'altro, sconsolati. Il figlio diciannovenne del fabbro della città guardò speranzoso l'amico. Lo ammirava, se possibile, più degli altri concittadini, avendolo visto all'opera da vicino. Lui, da sempre discreto nelle prove simulate durante le esercitazioni, si era fatto valere anche sul campo di battaglia reale e sapeva di aver conquistato la sua fiducia. Aveva i capelli corti e molto ricci, un naso pronunciato e due grossi occhi neri un po' incavati e troppo vicini: in quel momento pendeva dalle labbra del nipote del fondatore di Shasmahal, l'unico in grado di tirarlo fuori da quella rogna. Forse.

«Ramon, se mi guardi così mi fai perdere la concentrazione e non riesco a bestemmiare come vorrei...»

Il giovane sorrise, sorpreso. L'amico lo anticipò: «Ti prego di non fare domande inutili. Non ho idea di dove possa essere finita quella maledetta barca, Cristo!».

«Va bene, allora non te lo chiedo.»

«L'avranno trovata quei porci maledetti, e distrutta per il gusto di complicarci la vita.»

Ramon rimase in silenzio per un po'. Stava per parlare, ma Madhat lo anticipò di nuovo: «Lo sai perfettamente cosa possiamo fare».

«Sinceramente? No.»

«Ci serve una barca, giusto?»

«Confermo.»

«Io ne ho vista una, di recente, tu no?»

Ramon sgranò gli occhi. Poi, timidamente: «Anch'io. Ma con a bordo cinque tizi brutti e cattivi».

«Poco male. Un'altra nuotata e possiamo diventare cinque anche noi, certamente più brutti e cattivi di loro.»

41

Gli uomini di Madhat giunsero nei pressi della grotta sommersa all'imbrunire del giorno successivo. I due Sebeti non erano stati inclusi in quella spedizione d'emergenza a causa della totale avversione al contatto con il mare. Eribert non avrebbe partecipato all'assalto alla scialuppa, per non scoprirsi: se qualcuno l'avesse visto e fosse riuscito a fuggire, la sua copertura sarebbe stata compromessa. Fu quindi lasciato a mollo, dietro a uno scoglio, in attesa di partecipare alla seconda parte dell'azione, dove il suo contributo sarebbe stato essenziale.

Pur essendo quasi in parità numerica col nemico, prendere la barca non sarebbe stato semplice. Avrebbero dovuto avvicinarsi senza farsi vedere ed eliminare almeno un uomo a testa senza fare rumore, per non insospettire altre scialuppe nei paraggi. Attaccare dal basso, muovendosi nell'acqua, li poneva in condizione di chiaro svantaggio.

La barca, esattamente come la sera precedente, con il sopraggiungere del buio si era avvicinata alla costa; gli uomini a bordo, letteralmente arsi da una giornata intera sotto il sole e in balìa delle onde, apparivano esausti.

A un cenno di Madhat partirono tutti assieme, nuotando sott'acqua. Giunsero quasi in contemporanea sotto lo scafo, ormai a corto d'aria. Come prestabilito, non si fermarono e, svuotando sonoramente i polmoni desiderosi d'aria, si scagliarono all'attacco emergendo all'unisono tra bolle e schizzi.

Non fu semplice avere la meglio, come previsto, ma l'effetto sorpresa fece la sua parte. I due uomini seduti al centro della barca ebbero qualche istante in più per reagire, e Carlo ne subì le conseguenze, ricevendo un calcio in faccia che lo mise fuori combattimento. Anche Madhat dovette unirsi alla mischia, e ci volle qualche minuto per prevalere. Nemmeno il tempo di salire a bordo e, in lontananza, la luce di una lanterna lampeggiò nella loro direzione. Pur non avendola vista fino a quel momento, era evidente la presenza di un'altra barca a presidiare la zona a nord del golfo. I suoi occupanti, uditi i rumori dello scontro, avevano deciso di uscire allo scoperto e correre in aiuto. Madhat e Carlo si occuparono di allontanare due corpi in acqua, troppo pesanti da issare a bordo. Gli altri, invece, presero il posto dei vecchi occupanti, tramortiti sotto i loro piedi, nella speranza di confondere le idee a chi stava sopraggiungendo. La tensione era al massimo, perché in caso di uno scontro non avrebbero goduto dell'effetto sorpresa, e gli altri potevano certamente contare su armi da fuoco.

La barca sopravvenuta si fermò a una decina di metri dalla prima. I volti dei suoi occupanti erano scuri, e la lampada che avevano era potente al punto da fare male agli occhi. Dopo qualche secondo, uno di loro chiese, in inglese, con cadenza di Liverpool: «Winston? Ci sei amico? Tutto a posto?».

Ramon, cercando di adattare il suo inglese all'accento dell'altro, farfugliò una risposta positiva. L'interlocutore attese qualche istante, non convinto, poi proseguì: «Perché avete urlato? Cosa succede?».

Nessuno se la sentì di rispondere: quella commedia stava per trasformarsi in tragedia, ed erano tutti pronti ad affrontare un duello impari. D'un tratto giunse una frase inaspettata: «Brian, sei tu?».

«Sì, sono io. Chi è che parla?»

«Sono il figlio di chi ti paga lo stipendio, coglione.»

Eribert, intuito cosa stava accadendo, aveva lasciato il suo nascondiglio e, sacrificando la copertura, aveva nuotato fino alle barche, intervenendo in quella situazione pericolosa.

«Eribert? Ma da dove spunti tu? Dove eri finito? E perché sei in acqua?»

«Da quando io rendo conto a te di ciò che faccio?»

«Ehm... stavo solo chiedendo.»

«Levati dalle palle, idiota. Venendo fin qui, con quella luce sparata, ti avranno sicuramente visto dalla città. Se lo dico a mio padre ti fa scuoiare.»

L'altro tergiversò qualche istante. Poi, meno convinto: «Ho sentito delle urla, dovevo venire a vedere. Cos'è successo?».

«Nulla. È tutto a posto, ho detto. Sparisci.»

Gli uomini sulla barca rimisero mano ai remi e si allontanarono rapidamente. Madhat, tornando a bordo della scialuppa, rivolse uno sguardo di ringraziamento a quello strano ragazzo snob che li aveva appena salvati. Si sincerò, quindi, delle condizioni di Carlo, che perdeva sangue dal naso, ma se la sarebbe cavata.

Non c'era altro tempo da perdere. Nel buio quasi totale iniziarono a remare verso il mare aperto. La parte più difficile della missione doveva ancora arrivare.

42

«Caro imberbe, prendi appunti. Le navi di queste dimensioni normalmente hanno tre alberi. Il primo, il prodiero, alloggia fino a tre vele che, in ordine di grandezza, si chiamano trinchetto, parrocchetto e velaccio di trinchetto. L'albero principale, il più alto e robusto, detto di maestra, monta fino a tre vele quadre, ossia la vela di maestra, la vela di gabbia e il velaccio di maestra, al quale si può aggiungere il controvelaccio, con determinate condizioni di vento. L'albero di mezzana ospita solitamente una vela triangolare, o meglio latina, chiamata, naturalmente, la vela di mezzana.»

«E la vela di mezzana serve per partire?»

«Salpare, casomai. E comunque no, non necessariamente. La faccio issare con il buttafuori, l'alberello alle nostre spalle, in modo che lo scafo reagisca e offra la poppa al vento.»

«Navigheremo al lasco, vero?»

Eribert sorrise. Considerava ormai Madhat un uomo di un certo spessore, ma da quando avevano preso possesso di uno dei velieri gemelli, gli sembrava di avere a che fare con un bambino di tre anni, petulante e mai sazio.

«In un certo senso sì. Di certo navigheremo di poppa, anche perché non abbiamo valide alternative. Con queste condizioni meteo potremmo navigare a velatura quasi piena, ma mi occorrerebbero almeno una trentina di marinai esperti per issare e assettare le vele. Dovremo dimenticare qualsiasi andatura di traverso e accontentarci di un gioco da mare agitato.»

Quando lo scafo reagì agli impulsi e, scricchiolando, iniziò a muoversi, Eribert lasciò la barra a Madhat, intimandogli di limitarsi a tenerla in posizione, per non vanificare i suoi sforzi, e corse sul ponte di coperta per mostrare agli altri come issare il parrocchetto e la vela di gabbia. Il vento relativo dato dal movimento annullò per qualche istante la percezione delle raffiche provenienti da terra, piuttosto forti fino a quel momento, e Madhat fu costretto a sporgersi fuori bordo per acquisire la certezza di aver appena realizzato uno dei suoi sogni ricorrenti: stava navigando.

I due velieri di Jacob, i più piccoli, erano stati ancorati piuttosto al largo. Non erano molto vicini l'uno all'altro perché, come aveva riferito Eribert, suo padre non gradiva che gli uomini lasciati a bordo di guardia facessero feste tra loro e consumassero alcol in sua assenza. Da quando erano iniziati i sabotaggi, poi, il grosso delle scorte di alcolici, così come numerose botti di polvere da sparo, erano stati riportati nelle stive dei velieri, irraggiungibili dai disturbatori.

Prendere possesso della nave ancorata più a sud era stato molto semplice. A bordo c'era una mezza dozzina di uomini in stato di totale ozio, dato che quel turno di guardia veniva considerato un premio, in confronto alle rogne che si verificavano di giorno sulla terraferma. Quando la scialuppa aveva cozzato contro la murata, nessuno si era affacciato, e gli arrembanti avevano addirittura trovato delle biscaggine srotolate, pronte per salire a bordo. Eribert era stato il primo a issarsi e alla sua vista nessuno aveva opposto la minima resistenza; solo all'arrivo degli altri, armati e con espressioni poco concilianti, avevano alzato le mani. Madhat aveva promesso ai marinai che non li avrebbe giustiziati se si fossero prestati a dare un aiuto per le manovre di partenza. L'unico che era parso poco propenso a quella collaborazione era finito in mare senza troppe discussioni.

La strategia non prevedeva allontanamenti repentini dalla costa, quindi non ci fu bisogno di porre particolare attenzione alla regolazione delle vele. Per le prime ore di navigazione Madhat si limitò a godere della sensazione di pace diffusa dalla sinfonia dei rumori di un veliero che taglia le onde, cercando di resistere alla tentazione di ricoprire Eribert di domande. Un po' svogliatamente, il figlio di Jacob gli trasmise i principi base del governo di un veliero, oltre ad aggiornarlo sull'evoluzione dell'arte della costruzione delle navi. Spiegò che quello che aveva lasciato le coste qualche tempo prima, il più grande della flotta di suo padre, era un vascello merci, più pesante ma comunque più veloce degli altri due perché in grado di navigare efficacemente col vento di traverso o addirittura con andature di bolina, cioè controvento; era costruito con tecniche d'ascia capaci di sfruttare al meglio la distribuzione dei pesi. Madhat, ingordo di informazioni, trovò conferma a ciò che negli anni aveva solo potuto immaginare dai racconti dei vecchi navigatori di Shasmahal. Quando Eribert ne ebbe abbastanza, lo nominò timoniere e sparì sottocoperta, cedendogli lo *whipstaff*, il timone a barra verticale, e indicandogli una rotta approssimativa. Madhat avrebbe preferito impugnare il timone a pioli, sempre più diffuso sui velieri di ultima generazione, a detta di Eribert, ma si accontentò. Sapeva, in cuor suo, che prima o dopo le sue mani sarebbero state ricoperte di calli da marinaio.

Felice come non si sentiva da tempo, fiducioso nel futuro grazie alle energie positive regalate dal mare, si quietò e lasciò che il vento, carico di salsedine, gli increspasse i capelli, senza sottrarsi ai brividi dovuti alla frizzante brezza notturna dell'oceano.

Scrutando in direzione della costa, ormai piuttosto lontana, Carlo, abbarbicato sulla coffa e nominato vedetta grazie alla sua vista infallibile, annunciò un bagliore dapprima piuttosto timido, poi sempre più intenso. Tutti se l'aspettavano e non si preoccuparono dei segni del vistoso incendio che si ingigantiva nei pressi del golfo di Shasmahal. I due boscimani lasciati a terra avevano dato inizio all'operazione che era stata loro affidata.

43

Come pronosticato da Eribert, che in mare aveva dimostrato di possedere doti non comuni, il veliero gemello non era partito subito all'inseguimento del primo. I delinquenti che lo presidiavano, infatti, non erano assolutamente in grado di manovrarlo da soli. Avevano dovuto raggiungere la terraferma, informare il gruppo dell'accaduto, fronteggiare il roboante incendio scoppiato nel frattempo, e organizzare una ciurma. Gli uomini di Jacob apparvero all'orizzonte nel tardo pomeriggio del giorno successivo. Per attirarli Madhat e i suoi avevano girato in tondo, rimanendo a vista, con il duplice obiettivo di non allontanarsi troppo e risparmiare tempo.

L'imponente veliero gemello navigava a piena capacità di vele, divorando miglia marine al loro inseguimento, come previsto. Gli uomini sulla nave in fuga attesero ancora un paio d'ore e, quando furono certi di essere bene in vista, diedero inizio alla messa in scena che avevano preparato. Simularono, con maestria, manovre senza senso, con un gran svolazzare di vele e cime, la prua in preda a sconclusionate manovre a zig-zag, per dare l'impressione agli inseguitori di avere a che fare con dei dilettanti in difficoltà.

La seconda nave giunse a distanza di tiro a sera inoltrata.

Eribert, come pianificato, intraversò la prua in modo da sottrarre il lato lungo alla portata dei cannoni nemici, poi abbandonò il ponte di comando. Chi governava il galeone sopraggiunto si trovò di fronte la situazione ideale per un arrembaggio: la preda era silenziosa, praticamente senza vele, in balìa delle onde, alla deriva. Rassicurati da quella visione, senza indugi gli inseguitori accostarono a babordo mantenendo alcune vele in tensione e mettendo la poppa sottovento per avere spinta in caso di necessità di fuga. Quando le due murate si toccarono con uno schianto cupo e profondo, entrambi i ponti furono scossi da un fremito. A quel punto, mentre venivano abbattute le vele, piovvero sagole con arpioni e le due gemelle vennero strette in una morsa invincibile.

Seguì un momento di calma generata dall'inverosimile silenzio che regnava sulla nave in fuga. Poi, d'un tratto, pochi istanti prima dell'arrembaggio, alcune figure scure saettarono come fantasmi sulla nave arpionata e lanciarono bombe incendiarie che, andando a sbattere su legni già intrisi di liquidi infiammabili, alzarono in men che non si dica un vero e proprio muro di fuoco. La prima nave si incendiò velocemente a babordo, rendendo di fatto impossibile il passaggio e, allo stesso tempo, minando pericolosamente anche la struttura della nave assalitrice. Chi la governava diede convulsamente ordine di tagliare le cime con gli arpioni, e alcuni marinai, spaventati da quella manovra difensiva del tutto inedita, lo fecero immediatamente.

Madhat, dopo aver lanciato i suoi inneschi, attese che Abe ed Eribert lo precedessero tra i passaggi angusti dei ponti sottocoperta. Fu l'ultimo a salire a bordo della scialuppa calata a dritta, all'altezza del baglio massimo, invisibile dall'altra nave. Prima di farlo diede fuoco alle micce predisposte in precedenza.

Levati gli ormeggi, la piccola imbarcazione si allontanò silenziosa, con gli occupanti che ammiravano con soggezione la mole delle mura di dritta del veliero che avevano appena condannato a morte.

Eribert, con gli occhi fiammeggianti dall'eccitazione, contava ad alta voce. Quando giunse a diciotto, esaltato, urlò di gettarsi a mare. Tutti obbedirono e, come pianificato, una volta in acqua ribaltarono lo scafo e si sistemarono sotto, per poter respirare.

La stiva della prima nave, che trasportava la quasi totalità degli esplosivi di Jacob, saltò in aria dopo pochi istanti, con una deflagrazione spaventosa, forte al punto da scuotere le interiora dei fuggitivi sotto la scialuppa più di quanto avrebbe fatto l'impatto con un toro in corsa. Quel lembo di oceano fu scosso da un tuono, simile a un maremoto, e le orecchie di ogni uomo nel raggio di miglia per un po' andarono fuori uso. Dopo un tempo che parve quasi irreale, mentre le prime carcasse dei pesci uccisi dall'esplosione iniziavano a emergere, una pioggia di detriti infuocati iniziò a tartassare la chiglia della scialuppa ribaltata; alcuni frammenti della nave erano stati proiettati a quasi duecento metri di altezza.

Quando uscirono allo scoperto, gli artefici di quel piano di distruzione restarono sbalorditi. Non vi era più traccia della nave che li aveva condotti in mare aperto, mentre la seconda, che li aveva raggiunti, stava soccombendo per via di uno squarcio sul lato di dritta che non lasciava speranze. Era fortemente inclinata, in fiamme, sventrata, ferita a morte. Sul ponte di coperta gli uomini sopravvissuti a quell'apocalisse si muovevano convulsi, cercando di salvare il salvabile, già sconfitti da una manovra suicida che nessuno avrebbe mai pensato di dover affrontare. Non avrebbero fatto in tempo a mettere in mare le scialuppe; probabilmente nessuno di loro sarebbe mai riuscito a raccontare a Jacob quella ulteriore, devastante sconfitta.

Prima che le fiamme stuprassero del tutto il nobile profilo di quel vecchio veliero, il mare fu clemente e lo chiamò a sé.

44

Shasmahal era libera.

Le tracce del contingente nemico erano chiare, interpretabili in un solo modo: Jacob e i suoi avevano abbandonato il presidio, ripiegando verso sud dopo l'incendio boschivo che aveva devastato le costruzioni, gli armamenti e le scorte del loro accampamento, e a seguito della paurosa deflagrazione, lontana ma inequivocabile, che aveva dato loro la certezza di aver perso anche le due navi gemelle. Arrivarono conferme anche dalle allegre smorfie dei due Sebeti che avevano appiccato l'incendio e dalle festose urla d'acclamazione degli abitanti della città, che salutarono i loro eroi al rientro da un'altra impresa, disperata nelle previsioni, trionfale nella realtà.

I segni, fisici ed emozionali, del brutale doppio gioco che aveva quasi messo in ginocchio la città meravigliosa erano ancora troppo freschi, per cui i superstiti non si concessero festeggiamenti di alcun tipo. Rimesso in tensione il ponte, con mezza giornata di lavoro, Madhat, Omar, Carlo e Ramon si precipitarono ad abbracciare le loro famiglie, mentre Abe attese fuori, docile.

Terminati i convenevoli, Anafi chiamò Madhat e i membri superstiti del consiglio attorno alla tavola ancora sporca del sangue di Abraham. La parola spettava a lui: «Ti vedo, Tigre».

«Ti vedo, grande padre.»

«Il consiglio e tutta la nostra comunità rende onore a te e agli uomini che hai guidato. Avete scalato e raggiunto la vetta del grande monte ghiacciato, a mani nude, come nessun altro uomo avrebbe saputo fare.»

«Noi rendiamo gli onori a tutti voi. Senza i vostri insegnamenti non saremmo riusciti nemmeno a scollinare.»

«Desideriamo che tu ci faccia un resoconto, anche se breve, delle operazioni condotte là fuori, dall'inizio della tua avventura. Abbiamo la necessità di comprendere cosa è accaduto, chi e cosa c'è dietro l'attacco alla nostra città, e soprattutto dietro la morte di tutti i nostri fratelli. Devi anche darci informazioni sui tuoi compagni di viaggio, Madhat, quelli che attendono là fuori. Dobbiamo prendere decisioni importanti, che vanno ponderate attentamente.»

Madhat annuì, fece un sospiro profondo, poi cominciò, usando l'inglese, anche se Anafi aveva parlato in swahili. Fece un resoconto dettagliato, sobrio, senza porre l'accento sui suoi meriti, e rimettendo al giudizio dei suoi maestri gli errori in cui era incappato. Discusse con tutti loro per tracciare meglio il profilo del nemico, o dell'organizzazione che lo aveva ingaggiato, senza trovare una risposta al dubbio iniziale, il più profondo: chi era la fonte delle informazioni sulla città. Madhat, infine, lodò anche chi lo aveva affiancato nell'ultima parte dell'impresa. Si sbilanciò su Abe, nonostante le sue origini incerte e la provenienza dal contingente nemico. Si fidava di lui come di un fratello, e convinse tutti che le sue abilità sarebbero state un valore a cui sarebbe stato poco saggio rinunciare. Espresse, poi, tutte le sue remore su Eribert, anche se il suo apporto era stato determinante per respingere l'assalto del suo stesso padre. I membri del consiglio scossero la testa, increduli, costernati da quanto Madhat cercava di considerare come qualcosa di normale. Il problema, comunque, si era risolto da solo perché il figlio di Jacob, a missione compiuta, era scomparso, quasi senza salutare, portandosi via i due Sebeti e dicendo che avrebbe trovato il modo per ricongiungersi a suo padre, e di farsi perdonare, avendo fatto di peggio in passato.

Al termine del resoconto, Shasmahal perdonò senza riserve gli errori del suo eroe, acclamandolo, per i meriti, come nuovo membro dell'assemblea, indispensabile per le decisioni da prendere a maggioranza. Madhat si sentì appagato, a casa, felice, finalmente.

La tranquillità, comunque, durò poco. Anafi gli comunicò subito il nuovo incarico, deciso in sua assenza: capeggiare l'esodo.

Shasmahal, stuprata, non aveva più senso di esistere. La comunità della città meravigliosa avrebbe lasciato l'eremo l'indomani stesso, con una carovana, per ricongiungersi alla civiltà da qualche parte, a nord, lungo la costa.

* * *

Madhat, indomito, dopo aver passato non più di un'ora in tranquillità, mangiando con sua madre e Lana, e scambiando chiacchiere con tutti coloro che volevano salutarlo, guidò un pugno di uomini all'esterno, durante la notte. Avevano il compito di seppellire, in più punti, le rimanenti ricchezze della città, in modo da rendere complicata l'opera di eventuali sciacalli. Solo una minima parte dei preziosi, utile a far fronte alle prime spese, venne stipata in bauli trasportabili. Al termine dell'opera di sepoltura venne tracciata una mappa, per permettere un possibile, futuro recupero. A poche ore dall'alba Madhat si unì all'altro gruppo di uomini che stavano cacciando nei dintorni, per assicurare una scorta di carne prima di partire.

Alle prime luci del giorno successivo, la carovana si mosse per attraversare il ponte. Oltre centocinquanta anime, da bambini non ancora in grado di camminare ad anziani che avanzavano con difficoltà, lasciarono in fila indiana il rifugio in cui avevano prosperato per decenni, senza che nessuno trovasse il coraggio di voltarsi, per osservare le scogliere della città meravigliosa un'ultima volta.

Si radunarono, spaesati e impauriti, poco oltre la scogliera della "frana", dove si ristorarono, attingendo alle scorte che ognuno di loro portava sulle spalle. Il fabbro superstite, assieme ai falegnami, aveva nel frattempo costruito due carri, uno dei quali si sarebbe avvalso della possente trazione di Uhuru mentre l'altro, in assenza di bestie da soma, sarebbe stato trascinato a braccia, a turno, dagli uomini e dalle donne più in forma. I due carri trasportavano viveri, acqua, armi e coperte, tutti elementi essenziali per la sopravvivenza del gruppo, ma dovendo essere trascinati lungo terreni sconnessi, avrebbero rallentato gli spostamenti.

Madhat e gli altri del consiglio, infatti, dubitavano che Jacob si fosse ritirato definitivamente; temevano che la sua fuga mirasse a reperire rinforzi e nuovi mezzi. Dovevano scappare più in fretta possibile, quindi, e trovare riparo in un posto sicuro, perché fuori dalle scogliere di Shasmahal quella gente rappresentava una preda vulnerabile, facilmente raggiungibile, ormai indifendibile.

Abe, al rientro da una ricognizione assieme a Carlo, condivise con tutti i dati ricavati dall'osservazione: Jacob e i suoi non si erano preoccupati di cancellare le tracce andando verso sud. Il manipolo di uomini procedeva spedito, dando l'impressione di voler arrivare molto lontano, senza ripensamenti. L'indigeno si spinse al punto di affermare con certezza che, dalle orme sul terreno, Jacob claudicava in maniera accentuata, a causa dei danni alla gamba. Queste notizie tranquillizzarono tutti, infondendo un po' di coraggio negli esuli, che sulla terraferma sembravano a loro agio come formiche in acqua.

Nei primi due giorni di marcia non riuscirono a percorrere più di dieci chilometri. La lentezza del gruppo era esasperante e Madhat, che avrebbe voluto allontanarsi a tutta velocità dall'incubo appena trascorso, spronava tutti a dare il meglio, a non attardarsi, a non fermarsi per riposare a ogni passo e, soprattutto, ad accontentarsi di giacigli di fortuna per la notte, nell'impossibilità di soddisfare le esigenze di un gruppo costituito in larga parte da vecchi e bambini. Era come se lo spirito di comunione di quella gente, così affiatata ed efficiente all'interno delle sue mura, si fosse disgregato affrontando gli spazi aperti. Il giovane, assieme ai compagni meno impacciati, si dava da fare come un dannato, senza sosta; percorreva chilometri in lungo e in largo in perlustrazione per trovare la via più agevole, cacciava quotidianamente, cercava l'acqua e, quelle rare volte in cui gli capitava di viaggiare al passo del gruppo, aiutava le persone più in difficoltà, alleggerendole, spronandole, curandole. Dormiva poche ore a notte, perché troppo impegnato a supervisionare i turni di guardia, mangiava e beveva solo quando riusciva a procacciarsi il necessario da solo, per non intaccare le scorte.

Le cose migliorarono col passare del tempo. Dopo una decina di giorni dalla partenza, se il terreno lo consentiva, la carovana poteva percorrere distanze prossime alla doppia cifra, ogni dì. I campi notturni iniziarono a essere preparati sempre più velocemente risultando di volta in volta più confortevoli. Molti degli esuli, del resto, erano figli dell'Africa e, dopo un'assenza eccessivamente lunga, cominciarono a riadattarsi al loro ambiente naturale.

Madhat, confortato da come stavano iniziando ad andare le cose, tirò il fiato, almeno un po'. Durante i primi giorni aveva cercato lo sguardo della sua Lana a ogni occasione, avvicinandola quando possibile per scambiare qualche parola, per darle coraggio o per coprirla di lodi per gli sforzi che anche lei affrontava per sveltire la marcia. L'espressione innocente e fanciullesca, da sempre nei suoi occhi, aveva lasciato il posto a una determinazione e una serietà quasi sproporzionate rispetto all'esilità del suo corpo. Era dimagrita parecchio, per la fatica e le privazioni, ma la sua pelle mulatta non aveva perso il serico splendore dei giorni d'oro e i suoi capelli, anche se meno curati di un tempo, apparivano sempre lucenti e ambrati. Era un punto di riferimento per tutti, all'interno della carovana, così come Madhat lo era al di fuori.

Una notte, di nascosto, Lana strisciò tra i compagni appisolati e raggiunse il suo uomo, raggomitolato vicino a un fuoco, in uno dei rari momenti di riposo. Lo abbracciò da dietro e gli sussurrò in un orecchio, in italiano, perché sapeva che quella per lui era la lingua del paradiso: «Ehi, salute a te, guerriero».

Madhat si godette per qualche secondo, in silenzio, la sensazione indescrivibile del contatto e della voce della sua donna, poi rispose: «Benvenuta nel tuo posto, mia dama».

«Sbaglio o mi trascuri un po'?»

«Mah, in realtà io ti cerco sempre, però anche tu hai da fare e...»

Lana rise, con un tono squillante che destò in parte chi dormiva poco distante. Dovette tapparsi la bocca con una mano; nel frattempo Madhat si era girato e si ritrovarono naso contro naso.

«Non capisci mai quando scherzo. Sei un po' tonto...»

Madhat stava per controbattere ma Lana gli chiuse le labbra con le sue, provocando in lui un fremito di stupore e di gioia. Si esplorarono per un po', perché lo avevano fatto troppo poco, poi rimasero avvinghiati in una stretta, donandosi energia e ristoro, in silenzio, perfettamente incastrati.

Lana fu molto attenta a evitare che il suo ventre venisse a contatto con il corpo di colui che l'aveva nobilitato. Il gonfiore era ancora minimo, ma non voleva che lui s'accorgesse di nulla. Lo conosceva troppo bene e di questo aveva parlato anche con Julia, sua madre. Madhat avrebbe perso determinazione sapendo di aspettare un figlio. Il suo lavoro quotidiano era troppo importante per gli esuli, e nessuno di loro poteva permettersi distrazioni. La notizia sarebbe stata il premio per la sua ennesima vittoria, e anche se desiderava rivelare quel dolce segreto con tutta se stessa, seppe trattenersi, d'accordo con tutta la comunità che aveva eletto Madhat suo condottiero per acclamazione.

I due giovani, esausti e ancora abbracciati, si assopirono velocemente, regalandosi l'un l'altra un sonno profondo e rigenerante.

45

Dopo circa un mese di cammino verso nord, la comunità della città meravigliosa si trovò a dover affrontare un territorio parzialmente collinare, ai piedi dei monti che già da un po' svettavano all'orizzonte. La marcia si fece più lenta e il lavoro delle avanscoperte diventò cruciale. Le pattuglie destinate a sondare il terreno divennero tre, inviate in direzioni diverse. Ogni sera, al loro rientro, riportavano notizie per dirigere il cammino sulla via che appariva, di volta in volta, più favorevole. Grazie a ciò l'intera carovana fu in grado di continuare ad avanzare senza intoppi, nonostante il cambio di scenario. Dopo qualche giorno, fu deciso di abbandonare definitivamente la costa, impervia perché tutta su scogliere a strapiombo sul mare, e di puntare verso l'entroterra, che offriva più itinerari. Molti degli esuli patirono quel distacco, perché le acque dell'Oceano Indiano, con i suoi rumori e i suoi profumi, erano per loro un punto di riferimento da quando avevano memoria, e trovarsi in un territorio inesplorato, inospitale e a tratti ostile li privò delle poche certezze rimaste. Disorientata e preoccupata, la gente di Shasmahal proseguì comunque, con ostinazione e tenacia, verso l'ignoto, la sua unica speranza.

Le cattive notizie che tutti paventavano giunsero quasi in contemporanea. Al calar della notte del quarantanovesimo giorno dalla partenza, Madhat e le altre autorità si trovarono, per la prima volta, a non avere la possibilità di scegliere il loro cammino.

La vallata che avevano percorso negli ultimi giorni era andata man mano assottigliandosi, finché il gruppo dei fuggitivi si ritrovò all'imbocco di un passaggio piuttosto stretto, che a una decina di chilometri a nord diventava un sentiero largo un metro e mezzo, scavato, probabilmente, da qualche millenario corso d'acqua. Il sentiero, tra due tronconi di roccia invalicabili, andava affrontato in fila indiana. Non vi erano alternative esclusa la possibilità di scalare le colline, dalla vegetazione molto folta e troppo ripide. L'alternativa di tornare sui propri passi per aggirare quell'imbuto avrebbe significato perdere almeno due settimane di cammino.

Quella sera stessa, poi, Abe, responsabile della pattuglia incaricata di guardare le spalle al gruppo, consegnò la seconda pessima notizia: Jacob, a capo di un esercito di centocinquanta uomini almeno, tra bianchi e neri, si era lanciato al loro inseguimento e avanzava a una velocità doppia della carovana. Quel demonio, come molti temevano, non aveva abbandonato la missione.

Abe confessò di essersi accorto così tardi del pericolo perché Jacob aveva trasportato il suo piccolo esercito via mare, a bordo del veliero scomparso tempo prima, guadagnando tempo e risparmiando energie. Probabilmente aveva seguito le tracce dei fuggitivi con periodiche incursioni sulla terraferma, con il proposito di passare all'attacco solo quando la carovana si fosse diretta verso l'entroterra. Per questo era stato avvistato solo all'imbocco della valle, non preoccupandosi di nascondere l'avanzata.

«Che vantaggio abbiamo?» chiese Anafi. Gli uomini e le donne con poteri decisionali si erano ritrovati attorno al fuoco centrale, dopo che la maggior parte dei concittadini si erano addormentati.

«Sono freschi, eccitati e avanzano veloci, seguendo le tracce senza difficoltà. Ci saranno addosso in due giorni, forse meno.»

Scese il silenzio. Per alcuni secondi non si udì altro che il vivace scoppiettio del fuoco. Madhat guardava davanti a sé, meditabondo. Da quando aveva intuito che la carovana non aveva alternative a percorrere il sentiero nella valle, l'aveva esplorato metro per metro, per essere preparato ad affrontare ogni evenienza. Quando si accorse di avere tutti gli occhi addosso, cercò e trovò lo sguardo di Anafi, che annuì, e non tergiversò oltre. In guerra non c'è spazio per la democrazia, e la sua comunità lo aveva già eletto condottiero. Disse, quindi: «I capi delle varie squadre restino qui con me, vi spiego cosa faremo. Gli altri vadano a svegliare tutti quanti. Ogni adulto porti con sé solo un cambio di vestiti e razioni di cibo e acqua per tre giorni, per sé e per quelli che dipendono da lui. Tutto il resto lo lasceremo qui, senza eccezioni. Pronti a partire tra un'ora al massimo».

46

Jacob annusava la preda. Sentiva l'odore dei fuggitivi più intenso a ogni passo e ciò lo spronava a moltiplicare gli sforzi. L'infezione alla gamba, la delusione per le numerose sconfitte, la frustrazione per essere stato battuto in astuzia più volte e per aver intrapreso una battaglia che, fino a quel punto, aveva portato solo svantaggi, erano legna da ardere per i fuochi della sua ira. Frustava i suoi uomini come bestie, imponendo un ritmo serrato e difficile da sostenere anche per i più in forma del contingente.

Aveva deciso di cambiare strategia quando la situazione nel golfo di Shasmahal aveva rasentato la farsa. Sapeva che alcuni Sebeti erano impegnati in scorribande al soldo di mercanti arabi, qualche centinaio di chilometri a sud, e aveva deciso di distrarre il grosso di quella forza per guidarla nell'ultimo, decisivo attacco alla città maledetta. Si era assunto la responsabilità di quel gesto spropositato, promettendo di ripagare di tasca propria ogni eventuale ammanco lamentato dall'organizzazione centrale. Non gli importava più nulla dei soldi, ormai. Si trattava di una questione di orgoglio, di bramosia, di una incontrollabile, animalesca necessità di primeggiare.

Tornato alle latitudini delle scogliere di Shasmahal non era rimasto sorpreso di non trovare nessuno, e si era posto subito all'inseguimento via mare, guadagnando terreno ogni giorno. Ora che la preda era vicina, anzi vicinissima, Jacob si sentì ringiovanito, pronto ad affrontare qualsiasi impresa. L'odio è una droga potente, e non gli permetteva di pensare ad altro. Nessuno osava rivolgergli la parola per spiegargli che sarebbe stato meglio pianificare l'attacco con la dovuta calma: sarebbe stato troppo pericoloso.

Dopo un giorno e mezzo di cammino forzato nella vallata, limitando a poche ore anche le pause notturne, Jacob fu costretto, suo malgrado, a fermarsi. La valle era ormai larga poco più di un centinaio di metri, costeggiata da mura di rocce impervie. Alle soglie del boschetto al centro, sorto quando le acque che avevano scavato quei solchi si erano ritirate, gli inseguitori trovarono ad attenderli un comitato di benvenuto d'eccezione: una ventina di splendidi esemplari delle bestie più feroci della savana africana giacevano qua e là, satolli e soddisfatti, a godersi i postumi di quello che, a giudicare dalle carcasse sparse ovunque, doveva essere stato un pasto faraonico.

Jacob dovette prendere atto, ancora una volta, di essere stato vittima dell'astuzia del maledetto Madhat Suburban. Accortosi del suo sopraggiungere, aveva apparecchiato un banchetto luculliano che aveva attirato un nutrito gruppo di predatori, al punto da rendere impercorribile quella via. La fame, in Africa, è una costante, e quel ben di Dio costituiva un'eccezione troppo ghiotta alla regola.

Leoni e leonesse si godevano a occhi socchiusi la sensazione di avere la pancia piena, sopportando a malapena gli schiamazzi festanti dei cuccioli. Leopardi, ghepardi e altri splendidi felini, più in disparte, si leccavano le zampe e i baffi mentre il secondo turno di avventori, principalmente iene e sciacalli, si contendeva gli avanzi tra guaiti e lotte, meno violente del solito grazie all'abbondanza piovuta dal cielo. Frotte di avvoltoi pazientavano ad alta quota, o assiepati in gruppi a terra e sui rami, in attesa del loro turno.

Molti degli uomini di Jacob, incantati di fronte a quello spettacolo della natura, nutrivano un timore reverenziale nei confronti di quelle creature, per cui le incitazioni del capo a interrompere la festa caddero nel vuoto. Qualcuno provò a sparare in aria, a fare rumore come i battitori, ma la popolazione di predatori che aveva invaso la zona non sembrò farci caso. Si mossero con calma, dopo qualche ora, al calar del sole, alla spicciolata, quando Jacob aveva ormai quasi esaurito il repertorio di bestemmie, e i suoi uomini avevano approfittato della situazione per bivaccare e riposare un po'. Bonehead, al quale era stato affidato l'incarico di sovrintendere alle operazioni per la ripartenza, dichiarò che potevano cercare di infilarsi nel bosco muovendosi alla svelta e schivando gli ultimi predatori. Ma non fu possibile: gli animali che ancora non avevano preso il largo furono messi sul chi vive da qualcosa di non comprensibile sul momento. Drizzarono le orecchie quasi all'unisono e batterono in ritirata velocemente, liberando in pochi istanti il campo. Anche gli avvoltoi si allontanarono. Solo qualche minuto dopo si capì il perché: alto all'orizzonte, alle spalle del bosco, un muro di fiamme stava avvolgendo tutta la vegetazione del fondo vallata, illuminando a giorno le pareti rocciose circostanti.

Non c'era possibilità di proseguire, e gli inseguitori deposero nuovamente le armi, sconsolati. Occorreva aspettare, di nuovo e chissà quanto. Jacob, sconfortato, si rese conto di aver finito gli improperi e si sfogò con il whisky.

* * *

La soddisfazione di Madhat e di chi si era trattenuto per dargli supporto fu intensa. I due stratagemmi adottati avevano permesso al gruppo di guadagnare tempo e di evitare uno scontro che, in campo aperto, li avrebbe visti soccombere senza scampo.

La carovana, nel frattempo, era stata suddivisa in nove sezioni composte da una dozzina di persone ciascuna, di età e prestanza fisica disomogenea. Saldamente legati in cordate, si erano incamminati lungo il sentiero roccioso, stretto e frastagliato, aiutandosi a vicenda. Le donne, i bambini e soprattutto gli anziani soffrirono non poco il cambio di scenario: il percorso coperto di ciottoli instabili e la pendenza in aumento rendevano l'equilibrio decisamente precario.

Dopo qualche ora, l'incendio diminuì d'intensità e, alle soglie del nuovo giorno, la luce del sole illuminò uno scenario del tutto diverso da quello della sera precedente. Il rigoglioso boschetto era ridotto a un cumulo di cenere e gli scheletri anneriti degli alberi più alti apparivano come pennoni di tante bandiere, a mezz'asta per onorare il sacrificio chiesto alla natura circostante.

Ben nascosti dalle rocce all'imbocco dello stretto canale che portava al sentiero, Madhat e gli altri scorsero in lontananza gli inseguitori che, smaniosi di continuare la caccia, cercavano di trovare la via più sicura per aggirare le braci ancora ardenti.

Madhat, che come al solito aveva dormito pochissimo per sovrintendere personalmente a tutte le operazioni, comprese che era giunto il momento di predisporre un'altra trappola per Jacob: «Io, Mark e Omar ci piazziamo sulle alture a destra, dietro quelle rocce, a ridosso della prima curva. Abe, tu vai con Ramon e Carlo sulla sinistra, più a valle, al riparo degli arbusti che troverai a una decina di metri di altezza. So che siete tutti ottimi tiratori ma, mi raccomando, ogni freccia deve andare a segno, perché loro sono un'infinità e noi abbiamo poche munizioni. Dobbiamo rallentarli di nuovo e infliggere loro più danni possibili. Non possiamo sperare in nulla di più».

«D'accordo, capo. Durante l'imboscata, però, non saremo a portata d'occhio. Come facciamo a capire quando battere in ritirata?»

«Dalla mia parte non vedrò voi ma avrò a tiro i vostri bersagli. Navighiamo a vista, pronti a scappare come ghepardi se prendono il sopravvento. Se faccio il verso del galagone, tutti via, di corsa.»

I due gruppetti scelsero tra l'equipaggiamento abbandonato dalla carovana, armandosi di tutto punto. Si arrampicarono sulle rocce all'imbocco del sentiero e in breve tempo si trovarono a sovrastare la zona circostante dall'alto.

Il manipolo capeggiato da Abe si piazzò un po' più a valle, dove il sentiero si stringeva ulteriormente prima di curvare a destra e aumentare notevolmente la pendenza, in discesa. Avevano il compito di eliminare eventuali nemici sfuggiti alle frecce di benvenuto scoccate dal gruppo di Madhat. Il comandante invece si sistemò poco oltre l'imbocco del sentiero, dalla parte dei resti del boschetto.

Il nemico iniziò ad arrivare alla spicciolata, per via delle braci ancora roventi. Nel giro di un paio d'ore un numero di uomini che a Madhat parve davvero spropositato si riunì nello spiazzo antistante al sentiero, ai suoi piedi, in attesa di ricevere disposizioni. Jacob sopraggiunse tra gli ultimi, a causa della gamba malconcia. Il gruppo aveva perso la sua foga e sembrava tergiversare. Del resto, non occorreva certo essere campioni di strategia militare per comprendere che il nuovo scenario era il teatro perfetto per imboscate dall'alto. Madhat sorrise tra sé: aver infuso timore in quell'esercito di assassini mercenari poteva già essere considerato un successo. Shasmahal avrebbe venduto cara la pelle, fino all'ultimo.

Jacob decise di avvicinarsi all'imbocco del sentiero con le dovute cautele. Scelse un gruppo di quattro uomini, ordinando loro di avanzare con circospezione, proteggendosi con pezzi di legno a mo' di scudo. Non accadde nulla per diversi minuti; Madhat attese che le prime vittime sacrificali superassero la sua postazione, affidandoli alle attenzioni di Abe e dei suoi. Quando i quattro giunsero alla prima ansa, felici di essere ancora vivi, fecero cenno a un secondo gruppo che contava una mezza dozzina di mercenari; questi, meno impauriti, si avviarono a loro volta verso la mannaia che li attendeva.

Dieci frecce saettarono quasi all'unisono, senza necessità di un cenno d'accordo, come rondini che partono per inseguire la primavera; si abbatterono sulle avanscoperte senza lasciare loro nemmeno il tempo di raccomandare l'anima al demonio.

Il silenzio che seguì fu conseguenza del terrore che l'agguato aveva impresso nell'animo degli inseguitori. Dopo qualche istante, si scatenò la rabbia del loro comandante, che fece partire un bombardamento di colpi a tappeto, con fucili e pistole che sparavano verso l'ignoto, frantumando metri quadrati di roccia, senza riuscire a scalfire nemmeno di striscio i sei condor appollaiati più in alto.

Da quel momento in avanti andò in scena un estenuante gioco fatto di lunghissime attese e cauti avvicinamenti: l'unica costante era l'infallibilità degli arcieri. Nelle ore seguenti, fino al tardo pomeriggio, i nemici caddero numerosi e i loro corpi iniziarono ad accumularsi all'imbocco del sentiero, attirando stormi interi di avvoltoi, mai sazi.

Quando l'attesa dopo l'ultimo tentativo d'incursione divenne troppo lunga, Madhat comprese che gli equilibri stavano per cambiare. Non vedeva nulla, ma dai rumori provenienti dal fondo della valle apparve chiaro che gli inseguitori non si erano arresi e che si stavano organizzando per ribaltare le sorti dello scontro.

Jacob, per quanto stupidamente ostinato e spesso troppo impulsivo, doveva necessariamente essersi fatto un'idea del numero degli uomini nascosti in alto. Fino a quel momento aveva mandato al massacro al massimo dieci uomini alla volta, ma Madhat ben sapeva che i suoi non avrebbero potuto sostenere un attacco più numeroso, soprattutto se protetto dagli scudi che, con tutta evidenza, il nemico stava approntando. D'altro canto, le munizioni iniziavano a scarseggiare e l'oscurità in arrivo non avrebbe favorito la mira. Fece il verso del galagone, congedando gli uomini più a monte e mandando i suoi a seguirli, pronto ad affrontare l'ultima fase della tattica di rallentamento che, per sua stessa volontà, lo avrebbe visto protagonista unico.

Rimasto solo nella sua postazione iniziale, Madhat, per far credere al nemico che gli arcieri fossero ancora tutti regolarmente in posizione, dopo il rituale soffio sulle dita, trafisse con una delle sue ultime frecce un uomo che strisciava all'imbocco del sentiero, nel goffo tentativo di tornare indietro, ponendo fine alle sue sofferenze. Nell'attesa della mossa successiva, consumò quanto gli rimaneva delle scorte. Aveva molto sonno, e quei lunghi periodi di inattività non favorivano la veglia.

Dopo un'ora circa Jacob passò all'azione. Avanzarono in cellule di una decina di uomini ciascuna e protetti da solide palizzate di tronchi ben legati tra di loro, che avevano costruito nel frattempo, sostenuti con le mani protese in alto. Gli inseguitori superarono senza difficoltà la zona presidiata da Madhat e proseguirono di buon passo verso la curva, dove non c'era più nessuno ad aspettarli.

Il giovane preferì non scagliare nemmeno una freccia, per far intendere che gli arcieri se la fossero data a gambe. Funzionò, e nel giro di una mezz'ora anche tutto il resto del contingente nemico passò ai suoi piedi, senza particolari protezioni, sfilando verso valle. Aspettò qualche minuto per essere certo che non vi fossero retroguardie, quindi lasciò il suo nascondiglio e si fece scivolare agilmente giù dalla parete, giungendo in piedi all'imbocco del sentiero. Non dormiva da due notti: si diede due schiaffi in faccia per destarsi e si lanciò all'inseguimento degli uomini di Jacob.

* * *

Madhat corse veloce come il vento per qualche minuto senza incontrare ostacoli. Quando il sentiero cominciò a scendere in maniera considerevole, notò che Jacob e i suoi avevano abbandonato le protezioni di legno, certi di non incontrare più brutte sorprese dall'alto; le pareti rocciose erano ormai a strapiombo al punto da non permettere alcun tentativo di scalata. Si accorse che i guerrieri andavano veloci, nonostante la difficoltà del percorso. Se l'ultima strategia non fosse andata a buon fine,

Jacob avrebbe probabilmente raggiunto gli esuli prima ancora che potessero arrivare nella vallata a nord. Col terrore nelle viscere, raggiunse il punto dove aveva nascosto quanto gli serviva per il colpo di scena finale, e pianse quasi dalla gioia quando si accorse che nessuno aveva scoperto quel nascondiglio. Spostò con grande sforzo una pietra, messa qualche ora prima da quattro dei suoi uomini, e si impossessò, fremente, della miccia a rapida combustione di alcune pietre focaie e del piccolo barile di polvere da sparo occultati all'interno di una buca scavata dall'acqua nella roccia.

Quel posto era stato scelto molto attentamente. Il sentiero, per un tratto abbastanza lungo, era ripidissimo e con un paio di curve a gomito obbligava i viandanti a rallentare. Alcuni rami secondari, in realtà ciechi, confondevano le idee e, in quella che doveva essere stata una vasca scavata dall'acqua corrente, si trovava un avvallamento piuttosto ampio, che obbligava a compiere una breve scalata per poter riprendere il cammino in discesa, poco oltre, sempre tra mura di roccia alte a perdita d'occhio. Un'esplosione in alto, dal luogo in cui si trovava Madhat, avrebbe causato il crollo dell'intera struttura, seppellendo qualsiasi cosa.

Si mosse agilmente sulle rocce, allenato dall'esperienza sulle scogliere natie. Raggiunse una piccola sporgenza sopra, incastrò la botte di polvere da sparo e, sporgendosi al massimo delle possibilità, scrutò di sotto. Distinse chiaramente gli uomini di Jacob passare rapidi e sicuri sotto di lui, al termine della seconda curva del sentiero, poco prima dell'avvallamento. Non ebbe il tempo di capire se quello che vedeva fosse l'inizio o la fine della fila indiana degli inseguitori, e si affidò alla sorte. Si mise a distanza di sicurezza e, senza ulteriori indugi, diede fuoco alla miccia. La scoppiettante fiammella sparì velocemente dietro la curva della roccia e Madhat, soffocando la voglia sadica di osservare gli esiti dell'apocalisse che stava per scatenare, si mise a correre a ritroso, tornando sui suoi passi. Se l'attentato dinamitardo avesse spazzato via tutti i superstiti, rendendo impraticabile il sentiero tra le rocce, avrebbe dovuto trovare un altro valico più a ovest, viaggiando da solo, per poi raggiungere la sua gente a nord, in qualche modo.

Impegnato nella corsa di allontanamento, e già concentrato per trovare una strada rapida e sicura per aggirare il monte, Madhat venne sorpreso dal boato dell'esplosione. La terra tremò ai suoi piedi, letteralmente, non tanto per l'esplosione in sé, quanto per lo smottamento di migliaia di metri cubi di roccia, che franarono pochi secondi dopo, a precipizio verso il basso, devastando ogni cosa. L'eco della frana squarciò l'aria all'interno delle pareti rocciose, facendogli fischiare le orecchie. A causa dello spostamento d'aria, il giovane guerriero mantenne a stento l'equilibrio, ma continuò a correre, esaltato. Dal rumore apocalittico del caos che aveva generato, c'erano ottime possibilità che gli eventuali superstiti si potessero contare sulle dita di una mano.

Dopo dieci minuti di corsa, giunse all'imbocco del sentiero con la velocità di un cavallo al galoppo, e dovette rallentare solo per evitare i corpi delle vittime degli arcieri di Abe. Poco prima di sbucare di nuovo nella valle incenerita, però, un imprevisto lo obbligò a un brusco stop. Un leone grande come un bufalo giaceva spavaldo all'inizio del sentiero, con l'enorme muso stancamente appoggiato sulle zampe anteriori.

Madhat si fermò a distanza di sicurezza e il leone, che non poteva non averlo sentito, non si preoccupò di degnarlo nemmeno di uno sguardo. Tra il banchetto della sera precedente e il delizioso dessert offerto da quell'abbondanza di carne umana fresca, il grosso animale aveva mangiato ben oltre il necessario. Ultimamente, per lui, non era stato un periodo felice. Per anni aveva spadroneggiato come capo branco incontrastato di un gruppo di quasi cinquanta tra leoni e leonesse, imponendosi sui maschi meno prestanti, ma le nuove leve incalzavano con prepotenza e tenere loro testa stava diventando difficile. Portava sul corpo i segni di recenti scontri e nello sguardo quelli della stanchezza dovuta al peso dell'età e delle mille peripezie. I suoi denti, poi, in parte spuntati, non funzionavano più come un tempo, e già sapeva che l'ingordigia di quei giorni gli avrebbe creato problemi di digestione. Abbandonato a quei pensieri, e considerando la scimmia spelacchiata sopraggiunta, per di più spaventata, un problema di poco conto, non lasciava intendere di voler abbandonare il giaciglio che aveva scelto per il meritato riposo.

Madhat, dal canto suo, pur avendo già visto altri felini, non si era mai trovato in prossimità di un esemplare così maestoso. La zampa di quella belva era grande come il torace di un uomo di media statura e, compresa la coda, il leone doveva raggiungere quasi cinque metri. Occupava, di traverso, tutta la larghezza del sentiero; era sporco, infangato, aveva il pelo della criniera arruffato e macchiato del sangue delle ultime prede ingurgitate. Emanava un odore pungente e quasi insopportabile ma, nonostante tutto, la sua regalità ammaliava.

Il giovane, dopo qualche minuto, mise da parte la contemplazione estetica e provò a fare qualche passo. Di risposta il leone drizzò le orecchie smangiucchiate, inviando un messaggio del tipo: "Non credere che io non sappia che sei lì, insetto".

Madhat temporeggiò, guardandosi intorno. Fece un altro passo e il leone diede un colpo di coda spazientito, dal significato piuttosto chiaro: "Stai iniziando a darmi fastidio, e nessuno di quelli che mi hanno dato fastidio l'ha raccontato in giro".

Passarono diversi minuti, durante i quali Madhat nutrì l'ingenua speranza che il predatore, che nel frattempo si era poco educatamente appisolato, potesse abituarsi al suo odore e tollerare la sua presenza. Provò ancora ad avvicinarsi, a scalare la roccia, perfino ad allontanarsi, ma la grossa coda del re gli lanciò svogliatamente altri avvertimenti, gli ultimi prima della sentenza di morte. Dopo un po' il felino suggellò il tutto con un sonoro avviso a livello intestinale.

Indeciso sul da farsi e in ansia per quell'inconveniente, Madhat iniziò a pensare di raccogliere l'arma di qualcuna delle vittime a terra, per affrontare la morte con dignità.

D'un un tratto il bestione alzò repentinamente la testa, facendo fluttuare la criniera. Annusò l'aria, quindi si mise agilmente sulle quattro zampe e, facendo finta di non offendersi, levò velocemente il disturbo, scattando verso la valle incendiata.

Madhat, che nel frattempo aveva quasi ceduto al sonno, appoggiato alla parete rocciosa, non ebbe il tempo di rendersi conto del motivo di quella benevolenza. Percepì un movimento alle sue spalle ma non trovò la forza di girarsi. Un dolore accecante e il buio lo aggredirono prima che riuscisse a muovere un solo muscolo.

47

Si svegliò con l'impressione di aver dormito per un mese. Era completamente intorpidito e fece fatica anche solo a muovere le dita. Pensò dapprima di trovarsi in uno dei campi notturni approntati dalla sua gente in fuga, ma il buio che lo circondava era diverso. Poi, tra uno spasmo causato da un dolore acuto al collo e un crampo proveniente dallo stomaco, cominciò a ricordarsi, nell'ordine, l'agguato, l'esplosione, il leone. Provò a ricollocarsi nel tempo e nello spazio e, dagli ondeggiamenti e dai rumori cadenzati che percepiva, comprese di essere in navigazione.

Bloccato dal regale felino, distrutto dal sonno e dalla fatica, non si era accorto del sopraggiungere di un manipolo di mercenari, evidentemente scampati all'esplosione, che lo dovevano aver stordito e intrappolato. Immaginò che i fortunati avessero trovato salvezza in uno dei rami secondari del sentiero roccioso, in un luogo riparato che la frana non aveva potuto raggiungere. In quel momento doveva trovarsi, incatenato come un animale, nella stiva del veliero superstite di Jacob.

L'aria era quasi irrespirabile. Stava condividendo la sorte di chissà quanti sventurati prima di lui, costretti a tentare di sopravvivere sdraiati e legati a terra in pochissimo spazio, sapendo già che a destinazione li avrebbe aspettati qualcosa di peggiore della morte: la schiavitù.

Era solo, o almeno gli sembrava, eppure l'odore nella stiva era simile a quello di una mandria di bufali in putrefazione. Ebbe diversi conati di vomito, ma non riuscì a buttare fuori niente; chissà da quanto non assumeva cibo o liquidi.

Passò qualche tempo e, anche se in uno stato di semi incoscienza, Madhat arrivò a trarre alcune conclusioni. Considerando che non aveva ricordi dopo l'incontro con il leone, capì che dovevano essere passati meno di due giorni dall'agguato. In caso contrario, sarebbe morto disidratato. Dai raggi di luce che filtravano tra le assi del veliero dedusse che era mattina, e che stavano navigando verso sud. I sopravvissuti alla frana, quindi, dovevano aver deciso di non proseguire l'inseguimento e stavano tornando verso la civiltà a sud di Shasmahal. Non c'erano altri prigionieri nella stiva della nave negriera, e ne fu sollevato; il suo sacrificio, a quanto pareva, non era stato vano. Non aveva le forze per andare oltre e si rifugiò di nuovo nel sonno.

Lo svegliò di soprassalto una luce improvvisa proveniente da una botola sul ponte superiore. Intravide una figura umana in movimento qualche metro sopra di lui, che gli scaraventò addosso una secchiata di qualche sostanza. Era il suo pranzo. Madhat era stremato e affamato come mai gli era accaduto in passato, ma fece comunque fatica a ingurgitare quel po' di liquame che non era già scivolato via. Doveva trattarsi di avanzi di pane vecchio di giorni, con muffa e vermi annessi, bagnato con acqua di mare. Nonostante un sapore e un odore che non avrebbe più dimenticato, il suo corpo reagì positivamente all'immissione di sostanze nutritive, e Madhat riuscì a mettersi seduto, per qualche tratto, anche se limitato dalle catene.

Le successive, sporadiche, libagioni non furono migliori. Il prigioniero si trovò costretto, per giorni, a ingurgitare avanzi di sostanze avariate, a sgranocchiare ossa come un cane, a bere quel poco che riusciva a fare suo delle secchiate di liquido maleodorante provenienti dall'alto, combattendo una lotta persa in partenza con i ratti che condividevano con lui quella stiva, famelici e decisamente poco educati. Ricevette anche dei morsi che, temeva, gli avrebbero trasmesso ogni malattia conosciuta, e magari qualcosa di nuovo. In più occasioni, i suoi schiavisti si divertirono a svuotarsi su di lui, dall'alto, condendo il tutto con insulti e gesti di scherno.

Col passare dei giorni, la pazzia e la perdita della consapevolezza di essere ancora un uomo iniziarono ad apparirgli come l'unica via d'uscita a quel supplizio, se la morte per denutrizione o per qualche infezione non fosse intervenuta prima.

La nave venne ancorata per alcuni giorni in un luogo che Madhat, dal suo inferno maleodorante, non ebbe difficoltà a riconoscere come il golfo di Shasmahal. Aveva passato tutta la vita ad ascoltare i rumori di quel paradiso dimenticato, poi stuprato con violenza. La vicinanza ai suoi luoghi natii gli diede un po' di coraggio, o quanto meno la forza di sopravvivere ancora per un po'.

Capì che gli schiavisti stavano cercando il famigerato tesoro di suo nonno Nicholas. Ma l'impresa si rivelò ardua, almeno a sentire i commenti che percepiva quando qualche membro dell'equipaggio si fermava vicino alla sua stiva. Il "capo", come lo chiamavano, versava in precarie condizioni di salute, al punto da dover dirigere le operazioni dalla nave, senza poter sbarcare. A un certo punto le sue condizioni si aggravarono e la nave salpò nuovamente verso sud, in gran fretta. Madhat accolse quelle novità con gioia, per quanto possibile. Se Jacob non era morto a causa della frana, lui aveva ancora la possibilità di cavargli il cuore dal petto. Al contrario non si sarebbe tolto quella soddisfazione con Chawe, che giaceva sepolto sotto quintali di roccia, assieme a moltissimi altri degli artefici dell'assedio a Shasmahal.

La prigionia continuò, e i giorni di navigazione si susseguirono, estenuanti, tutti uguali. "Il corpo umano è una macchina straordinaria". Anafi e Abraham avevano ripetuto quella frase talmente tante volte da farla diventare un mantra per tutti i ragazzi della città. Madhat si rese conto di quanto fosse vera: stava iniziando a adattarsi, in qualche modo, a quella condizione, attingendo a energie sepolte chissà dove, che trasformarono le sue interminabili giornate di veglia in qualcosa di tollerabile. Imparò a riconoscere i rumori della navigazione, capiva da quale degli ufficiali provenivano gli ordini impartiti a gran voce, e iniziò a distinguere i movimenti sul ponte dei marinai che obbedivano. Comprese il susseguirsi dei turni, le cadenze giornaliere della vita di bordo, insomma divenne parte della ciurma, anche se inattivo. Dopo qualche tempo, pensando come gli ufficiali, riuscì anche ad anticipare le disposizioni necessarie per adattare vele e rotta alla condizione del mare, in costante mutamento. Riuscì, in buona sostanza, a tramutare la reclusione in una scuola di sopravvivenza e navigazione. Imparando pian piano a distinguere le voci di tutti i membri della ciurma, stimò che a bordo della nave vi fossero non più di cinquanta uomini, pochi per un veliero di quella stazza, ma soprattutto meno di un terzo della forza con cui Jacob aveva lanciato l'ultimo attacco alla comunità della città meravigliosa. Shasmahal, anche se violentata nella sua essenza, aveva perso molte battaglie ma vinto la guerra, e i nemici erano stati sterminati e respinti.

All'ennesimo strattone, in un giorno uguale a troppi altri, la catena che gli bloccava la mano sinistra cedette, quindi Madhat fu in grado di cambiare posizione, ogni tanto, e di spostarsi quanto bastava per evitare le precipitazioni sgradite. Riuscì a sua volta a liberarsi di corpo in un angolo, limitando, almeno in parte, l'accumulo di schifezze sotto di sé. Usando la catena come frusta, uccise pian piano i ratti, ottenendo di non avere più nessuno con cui condividere l'orribile poltiglia che ormai era diventata il suo appuntamento quotidiano più importante e che col passare del tempo era diventata più sopportabile.

Al calar del sole di uno dei tanti giorni di cui aveva perso il conto, quando ormai già da un po' navigavano verso ovest, Madhat capì che la nave aveva iniziato le operazioni di attracco in un porto. Se Jacob e i suoi avessero voluto ucciderlo, era chiaro, sarebbe già stato polvere da tempo. Di fatto lo avevano tenuto in vita, in qualche modo, quindi avevano qualcosa in mente per lui; un qualcosa che, a essere ottimisti, considerato il trattamento subìto fino a quel punto, rischiava di essere paragonabile a un girone infernale.

Colse dei passi avvicinarsi decisi stavolta dal ponte in cui si trovava e non dall'alto. Nell'oscurità non distinse i volti ma contò cinque uomini, che lo liberarono dai vincoli e lo sollevarono di peso, portandolo verso il ponte superiore. Provò ad appoggiare i piedi, ma era troppo debole, le gambe non lo reggevano. Si trovò davanti la faccia da ebete di quel porco pelato di Bonehead, braccio destro di Jacob. Un altro duro a morire, evidentemente. Gli era parso di distinguere la sua voce, nei giorni precedenti; nel dubbio, aveva pregato perché potesse essere sopravvissuto all'attentato esplosivo, per togliersi la soddisfazione di vendicarsi di persona. La bestia gli urlò in faccia parlando in inglese, intenzionato a fargli apprezzare il contatto ravvicinato col suo alito nauseabondo: «Hai fatto un buon viaggio, principino del cazzo?».

«Non mi lamento, grazie. Consiglio solo di arieggiare un po' i locali. L'aria laggiù s'è fatta un po' pesante...»

«Hai la forza di fare lo spiritoso? Puzzi come una vecchia scrofa, lo sai?»

«Riconosci l'odore di tua madre?»

Seguì un inevitabile cazzotto nello stomaco. Madhat incassò senza fiatare ma, forse anche per quanto era debole, quel pugno quasi gli fermò il cuore. Cadde a terra a peso morto. Sentì poi che gli legavano i piedi e poco dopo lo scaraventarono fuoribordo. L'acqua era gelida e contribuì a ridestarlo. Tentò a fatica di usare le braccia per tornare a galla e respirare, ma dovette prendere atto in quel frangente che i suoi arti si erano indeboliti a causa della lunga inattività. Poco dopo lo tirarono su come un pesce morto, per poi lasciarlo nuovamente cadere in acqua. La pantomima continuò per un bel po', e Madhat capì che lo stavano semplicemente lavando. Non oppose più resistenza; ancora una volta, sembrava non avessero intenzione di ucciderlo.

Venne vestito con abiti poveri ma puliti, simili a una tunica da frate. Gli calarono in testa un cappuccio pesante e, una volta incatenato, quattro omoni lo scortarono giù dalla passerella della nave.

Mentre cercava di mantenere l'equilibrio sulla banchina, si accorse che faceva fatica anche solo a camminare, da quanto era spossato. Augurandosi che non si trattasse di nulla di definitivo o di legato alla prolungata mancanza d'igiene, alzò per la prima volta lo sguardo.

Città del Capo gli apparve all'improvviso, di notte, tra la foschia e la cappa di fumo generata da centinaia di comignoli attivi. Le lanterne delle locande, delle case, delle poche strade illuminate donavano alla scena una patina di un arancione molto simile a quello del sole poco prima del tramonto. Era lo sfondo ideale per quella magica mistura di odore di spezie, di gente in movimento, di urla provenienti dai locali o da mercanti pronti a vendere qualsiasi cosa a chiunque, da una delle decine di bancarelle che riempivano le strade del porto.

Madhat era un eremita. Non aveva mai conosciuto altro che la sua Shasmahal, oltre all'accampamento dei Sebeti. Nulla di paragonabile alle dimensioni e al caos di quella metropoli. Cape Town, colonia olandese, era una città di commercianti, di naviganti, di diplomatici; uno dei più importanti snodi di tutta la navigazione del globo. Città in perenne movimento, in continua mutazione, ricca di risorse ma anche di delinquenza e depravazione. Accogliente isola per i ricchi e, allo stesso tempo, ghetto crudele per un esercito di disperati, di affamati e di emigranti in cerca di fortuna. Il giovane ne aveva sentito parlare a lungo, perché i padri fondatori di Shasmahal, ai loro tempi, l'avevano frequentata spesso, ma trovarsela davanti, così, fu per lui qualcosa di sconvolgente; ne rimase stregato.

Stordito da quelle sensazioni si lasciò trascinare per vicoli piccoli e infangati e strade enormi e congestionate all'inverosimile. Era troppo occupato a sorprendersi per le facce dei folcloristici personaggi che spuntavano ovunque, comprese le (spesso orribili) puttane che si riversavano nelle vie dei loro bordelli, in cerca di clienti da infettare. C'erano storpi e sciancati ovunque: marinai o predoni del mare vittime di scontri o burrasche, sopravvissuti in qualche modo, ormai incapaci di fare altro che mendicare per i vicoli.

Il gruppetto salì per un bel po' a passo sostenuto, fino a giungere a un quartiere sopraelevato, abbastanza centrale ma piuttosto buio. La camminata, pur sotto sorveglianza, fece bene a Madhat, che sentì i suoi muscoli reagire, vincere il dolore e tornare a ubbidire agli ordini.

Uno dei due bestioni bussò a un portone. Si fece riconoscere da un individuo a guardia dell'edificio, che li condusse attraverso corridoi poco illuminati. Giunsero a una stanza con inferriate robuste e, senza troppi complimenti, le guardie si accomiatarono con uno spintone facendo rotolare l'ospite all'interno di quella che doveva essere una cella.

Madhat si sorprese di trovare condizioni igieniche accettabili, un giaciglio in paglia, alcune coperte e un tenue tepore proveniente da un camino non molto lontano. Poco dopo il tizio che aveva aperto il portone tornò e gli passò attraverso le sbarre un tozzo di pane e una ciotola con acqua da bere. Per non farlo arrabbiare, con il risultato di dover rinunciare a quel ben di Dio, Madhat non fece nessuna delle tante domande che gli ronzavano in testa e lasciò che l'individuo si perdesse di nuovo nel buio dei corridoi.

Assaporando per la prima volta da settimane qualcosa di non avariato, quasi si commosse e chiuse gli occhi per ringraziare ogni dio esistente per tale inaspettata benevolenza.

Ancora frastornato dalle novità, decise di godersi i regali piovuti dal cielo senza perdere troppo tempo a trovare spiegazioni e si assopì senza difficoltà.

48

I boati di folle festanti che giungevano dalla finestra, soprattutto di pomeriggio e di sera, diedero a Madhat le conferme che cercava. Si trovava nelle celle del *Circus*, l'arena dei gladiatori di cui aveva sentito parlare nei racconti di Abe.

Quasi ogni pomeriggio degli energumeni prelevavano da celle limitrofe alla sua alcuni prigionieri, che a tarda notte venivano poi riaccompagnati a braccia, spesso pestati a sangue. Altri invece non facevano ritorno, sostituiti da individui di ogni colore e stazza. Quella giostra subiva un'accelerazione durante il fine settimana quando, a giudicare dai boati che squarciavano il silenzio della notte, il *Circus* ospitava eventi che attiravano folle più consistenti. Madhat, in quei giorni di attesa, con tutto lo spazio a disposizione, garantito dall'assenza di coinquilini, intuendo cosa gli riservava il futuro approfittò per rimettersi in forma; dedicò qualche ora, ogni giorno, a esercizi a corpo libero e ritrovò in fretta la tonicità muscolare che la prigionia durante la navigazione aveva logorato.

Un sabato notte, cercando di assopirsi nonostante le urla insistenti del pubblico del *Circus*, il suo isolamento venne interrotto senza preavviso. Una dozzina di guardie, il doppio di quelle che normalmente accompagnavano i gladiatori al ritorno dall'arena, scortò un colosso nero dalla mole paragonabile a quella di un bufalo adulto, che dava l'impressione di potersi mangiare a morsi ciascuno dei suoi aguzzini, senza saziarsi del tutto. Madhat si mise a sedere, affascinato da quella visione. L'indigeno, del tutto inaspettatamente, fece un cenno di ringraziamento ai suoi accompagnatori, mentre chiudevano la serratura della cella. Come molti africani, aveva un'età difficilmente intuibile. Madhat stimò che potesse avere tra i venti e i quaranta anni, certo che quel dubbio non avrebbe mai avuto risposta, dato che l'abitudine di contare gli anni continuava a essere considerata superflua a quelle latitudini. Lo scrutò mentre gli passava accanto, in silenzio. Era alto fino al soffitto, quindi più di due metri, per un peso che probabilmente superava i duecento chili. Senza dubbio poteva essere considerato in sovrappeso, ma con il grasso distribuito in maniera omogenea, tanto da non alterare agilità e prestanza. Era una macchina da guerra, senza dubbio, un toro da combattimento inarrestabile, e Madhat ricordò che Abe gli aveva parlato di un guerriero con quelle caratteristiche, idolo delle folle del *Circus*, paragonabile per forza e destrezza al grande Anafi, quando era nel fiore degli anni.

Il gigante si mise a sedere in un angolo, sbuffando. Lo guardò in faccia, per un istante. Era ricoperto di sangue e di sabbia, sapeva di carne appena macellata e di sudore stantio, e aveva due occhi enormi e neri come la pece, portatori di uno sguardo magnetico e inquietante. Il giovane rimase senza parole, incantato e intimorito allo stesso tempo, stregato da quel contatto visivo fugace ma intenso. Senza dire una parola il nuovo coinquilino chiuse gli occhi e si addormentò all'istante, iniziando a russare sonoramente.

Madhat avvertiva il suo ingombro fisico ed emozionale e, memore degli insegnamenti di Zainabu, qualcosa gli disse che quel gigante avrebbe lasciato un segno nella sua esistenza. Cullato dal brontolio baritonale, cadenzato e profondo, del nuovo inquilino, prese a sua volta sonno.

L'indomani mattina si svegliò e si accorse che il compagno di cella dormiva ancora, nella stessa posizione della sera prima. Notò, inoltre, due razioni di cibo gettate nel solito angolo, una perfettamente integra, l'altra consumata per intero. L'omone, quindi, si era svegliato, limitandosi a mangiare quanto gli spettava, senza prevaricare il nuovo compagno di sventura. La cosa lo rasserenò; se non altro aveva a che fare con una persona corretta.

Mentre mangiava la sua colazione, avvertì che l'indigeno si muoveva e, girandosi verso di lui, lo colse in posizione da Buddha, con gli occhi puntati nella sua direzione, privo di espressioni. Rimase nuovamente scioccato dall'intensità di quello sguardo, tanto da faticare a mandare giù il boccone, che gli finì di traverso, obbligandolo a tossire. L'altro lo guardò con disgusto, senza fiatare. Madhat a quel punto ruppe gli indugi, salutandolo in diverse lingue. Esaurite le principali europee, passò a quelle africane, conoscendo i rudimenti di molti idiomi locali.

Forse solo per interrompere quella cantilena, il gigante parlò, finalmente, nella lingua degli zulù, con un timbro profondo al punto da far impallidire un baritono: «Quante lingue conosci, di preciso, bimbetta?». *Intombazane*, il termine utilizzato, aveva un'accezione fortemente negativa, se riferita a un adulto. Madhat incassò, felice di aver stabilito un contatto, dimenticandosi in fretta della derisione. Proseguì in swahili, certo che l'avrebbe compreso: «Tutte quelle che servono, e forse qualcuna di più. Io mi chiamo Madhat Suburban, piacere di conoscerti».

In risposta l'individuo tornò a guardare verso il nulla. Dopo qualche istante estrasse da sotto l'ascella un pezzo di galletta, avanzo della sua colazione, e si dedicò a sgranocchiarlo con passione. Ignorò altri numerosi tentativi dell'invadente compagno, per poi tirare un lungo sospiro e cedere alle sue insistenze: «Che cosa vuoi da me, bimbetto?».

Madhat lo considerò un passo avanti: gli aveva risposto e lo aveva riconosciuto come appartenente al sesso maschile. C'erano speranze di guadagnare ancora un po' di terreno. Si sforzò di ribattere nella sua lingua, anche se la conosceva poco: «Se un po' di conversazione è chiedere troppo, mi accontenterei di avere qualche informazione, se non hai di meglio da fare».

Il tizio si stiracchiò nuovamente e, marcando l'accento in maniera ironica e irriverente, rispose in inglese: «Va bene. Però poi mi lasci in pace, bimbo».

Madhat allargò le braccia in segno di gioia, gestualità mutuata dalla parte italiana della sua ascendenza. «Ti ringrazio. Mi sai dire dove ci troviamo esattamente?»

«Città del Capo, Africa del Sud.»

La risposta poteva sembrare banale, ma Madhat ne trasse diverse informazioni. La maggior parte degli indigeni africani non avevano idea di cosa fosse l'Africa, non avendo mai avuto l'esigenza di dare un nome a un territorio enormemente esteso, che nessuno di loro avrebbe mai esplorato, allontanandosi dai luoghi natii, se non sotto costrizione. Africa era un nome imposto dai conquistatori, spesso non graditi. Il fatto che il gladiatore conoscesse il nome della città e della sua ubicazione nel globo era segno che possedeva dei rudimenti di civilizzazione.

«Questo lo sapevo. Volevo conferme sul luogo dove siamo reclusi. È il *Circus*, la famosa arena dei gladiatori?»

«Da cosa deriva tanta ignoranza, ragazzino?»

Nuovo miglioramento. Il guerriero gli aveva appena riconosciuto dieci anni in più. Non male. Madhat si limitò a fare spallucce, gesto che il suo interlocutore comprese senza sforzo, altra cosa non scontata quando si parla con appartenenti a culture diverse dalla propria. Visto che taceva, Il giovane aggiunse, parlando in inglese, e capendo che l'altro lo comprendeva senza sforzo: «Sono stato catturato sulla costa est, qualche settimana fa, da un esercito di mercenari che ha aggredito la mia città. Prima di allora non mi ero mai allontanato dal luogo dove sono nato, e del mondo conosco poco, anzi, pochissimo. Ogni informazione che vorrai darmi sarà per me un regalo prezioso».

L'uomo si alzò in piedi con agilità e senza far rumore, manifestandosi nuovamente in tutta la sua mole, che con la luce del giorno apparve ancora maggiore, se possibile. Aveva una circonferenza toracica pari a quella dell'albero maestro di una nave oceanica. Il ventre, pronunciato, era ampio al punto che Madhat, prestante ben oltre la media dei suoi simili, non sarebbe stato in grado di cingerlo con le braccia. Svettava di oltre una testa più di lui, che al confronto sembrava davvero un ragazzino in via di sviluppo. Era scuro come la pece, tanto che i palmi delle mani e le piante dei piedi sembravano fosforescenti. L'omone guardò fuori dalla finestrella con le grate, sospirò e parlò in swahili, senza voltarsi, senza accenti particolari: «Noi siamo carne da macello. Tu sei carne da macello. Mi spiace che non lo sapessi. Evidentemente non ti hanno ancora buttato nella mischia, ma vedrai che manca poco. Siamo gladiatori, ragazzino. Destinati a uccidere o morire nell'arena del *Cape Town Circus* per il sollazzo di gente del tuo colore, che si diverte a scommettere sulla nostra voglia di sopravvivere almeno un altro giorno».

Madhat annuì gravemente. Lo sapeva, ma avere quelle conferme non lo lasciò indifferente. Il gigante, vinta in parte la diffidenza, si lasciò andare e spiegò a Madhat come il *Circus* fosse una delle principali attrazioni di Città del Capo e come, negli anni, fosse cresciuto in fama e importanza attirando le attenzioni di individui facoltosi, pronti a investire grosse cifre e desiderosi di contribuire a moltiplicare gli incassi, e di conseguenza gli ingenti ricavi, che l'arena non aveva mai fatto mancare. Quella macchina della morte, grazie agli investimenti, alle tangenti delle autorità, e soprattutto grazie al continuo afflusso di carne da macello come loro, si era rivelata una gallina dalle uova d'oro. Il nero sottolineò che un gladiatore discretamente dotato poteva ben figurare negli scontri organizzati dai gestori e ritagliarsi un minimo di rispetto e notorietà tra gli scommettitori, disposti a puntare cifre esorbitanti sui lottatori reputati vincenti. Difficilmente, però, qualche gladiatore era sopravvissuto per più di qualche mese, perché chi pianificava i duelli era abile ad alzare di continuo il limite, per aumentare in proporzione il livello di intrattenimento. Anche i gladiatori più forti, combattivi e spietati, dopo qualche tempo cedevano comunque il passo, e quindi la vita, a qualcuno dei nuovi arrivati. Madhat, ascoltando il racconto, pensò che si accingeva a entrare a far parte di uno spettacolo che riproduceva la legge della savana, sadica e spietata, in cattività. Non c'era possibilità di ritirarsi, né la speranza di essere affrancati e tornare in libertà. Ogni giorno così, fino alla morte. Accusò il colpo, rifugiandosi in un'espressione meditabonda. L'omone se ne accorse: «Vedo che non l'hai presa bene, ragazzino. Pensavi di essere in villeggiatura?».

«A essere sinceri, questa per me è più di una villeggiatura, visti i mesi che ho passato.»

«Ci trattano discretamente perché se siamo in forze facciamo guadagnare loro soldi a palate. Ma aspetta di entrare nell'avvicendamento degli scontri, e rimpiangerai la prigionia.»

Madhat non ribatté. Il gigante si spostò dalla finestrella e gli si pose davanti, facendogli cenno di sedersi. Si accucciò a sua volta, di fronte a lui. In quella posizione era grande esattamente il doppio del ragazzo. Attese di incrociare il suo sguardo, e proseguì, con tono paterno: «Ora dimmi tu una cosa. Si capisce che non sei un delinquente. Sei istruito e intelligente. Qualcosa di molto simile a un vero e proprio damerino dell'alta borghesia. Sotto quella barba da adolescente, quei due muscoletti e quelle quattro cicatrici da finto uomo vissuto, sento ancora la puzza del latte delle tette di tua madre. Questo non è il tuo posto. Mi dici cosa diavolo ci fai qui?».

«È una lunga storia, amico.»

Il nero sorrise amaramente: «Domani io combatto di nuovo. Potrebbe essere l'ultima che ascolto. Se ne hai voglia, raccontamela».

Madhat accolse di buon grado quell'invito; del resto, non sosteneva una conversazione degna di tale nome da tempo, e di fatto non aveva mai raccontato ad alcuno, per filo e per segno, la sua storia, perché tutte le persone che conosceva l'avevano condivisa con lui. Partì dall'epopea di Shasmahal, dalla fondazione al tracollo, passando per le sue scorribande alla ricerca del lago dei Sebeti. Sentiva di potersi fidare del nuovo amico, e infatti l'uomo lo ascoltò con attenzione, quasi impassibile. Intervenne solo per sottolineare di aver già sentito parlare della ciurma del Capitano Suburban, come tutti, del resto, ma di non aver mai capito del tutto il confine tra mito e realtà di quelle storie. Si dichiarò, comunque, felice di conoscere un discendente diretto del grande navigante del secolo precedente. Terminato il racconto, l'omone tacque per qualche secondo, assorto nei suoi pensieri. Poi disse: «Da quanto mi hai detto, tu un motivo ce l'hai».

«Per fare cosa?»

«Per sopravvivere, quando sarai gettato nella bolgia del *Circus*. La tua gente con buona probabilità sarà ancora in esodo e chi la perseguita ancora vivo. C'è ancora bisogno di te.»

Madhat annuì. «E tu, ce l'hai un motivo?»

«Lo sto cercando.»

Capì dal tono di quell'ultima frase che il suo interlocutore non era disposto, per il momento, ad aprirsi e ricambiare le confidenze ricevute. Decise di non insistere, grato per lo scambio che era già andato in scena. «D'accordo. E ti auguro di trovarlo presto. Mi dici come ti chiami?»

«Il mio nome è Iboue, non ho un cognome, perché non mi è mai servito. Sono uno zulù, figlio di questa terra bastarda e meravigliosa, che mi ha reso schiavo da quando ho memoria.»

49

La volta di Madhat giunse senza preavviso. Nei giorni passati a recuperare le forze, i movimenti di coloro che venivano prelevati dalle celle e buttati nella mischia erano ormai diventati facilmente comprensibili, anche grazie alle spiegazioni di Iboue, che macellava carne al *Circus* da circa due anni. Madhat, inspiegabilmente, pur non essendo conosciuto come combattente, e non avendo mai calcato altre arene, era stato inserito da subito nell'olimpo dei gladiatori di valore medio-alto, quelli con vitto e alloggio, senza passare dalla gavetta dei *quisque de populo*: gli sconosciuti che venivano gettati direttamente in pasto ai leoni. Al *Circus* si scontravano dai sei ai dieci gladiatori a sera, almeno due dei quali "noti", che avevano vinto cioè qualche scontro precedente e che si presumeva potessero invogliare gli scommettitori a puntare su di loro. Di solito, solo la metà di coloro che partecipavano ai combattimenti faceva rientro alle celle. Anche quella sera quattro sventurati erano già stati trascinati a forza per i corridoi bui dell'edificio, per cui Madhat e il suo nuovo amico, che aveva combattuto la sera precedente, erano quasi certi di poter passare un'altra serata in tranquillità.

Dopo qualche ora, in un orario in cui di solito i giochi si

avviavano alla conclusione e i boati andavano scemando, due carcerieri si presentarono armati di fucili e, senza grossi convenevoli, intimarono a Madhat di alzarsi e seguirli. Sorpreso e disorientato, il giovane ebbe appena il tempo di guardare Iboue negli occhi, e leggere una frase silenziosa sulle sue labbra: «Tu hai un motivo».

Fu scortato attraverso cunicoli sotterranei umidi e poco illuminati. Lungo la strada il rumore della folla nell'arena cresceva di volume, come la sua tensione. Giunsero in uno stanzone con armi di ogni forma e dimensione attaccate alle pareti. Madhat fu spogliato e, nudo come un verme, adagiato sopra una rozza barella di legno. Un paio di inservienti iniziarono a cospargerlo di un unguento vegetale inodore, probabilmente utile per sfuggire a eventuali prese e certamente efficace a mettere in evidenza i muscoli sotto l'illuminazione delle torce. Nel frattempo, un uomo di chiare origini europee fece il suo ingresso nello stanzone e cominciò a cantilenare molto velocemente le regole per il combattimento; era chiaro che aveva compiuto quell'operazione innumerevoli volte, e ormai non provava alcuna emozione nei confronti dei morituri davanti a lui.

«Entrerai nel campo dal lato ovest, quello degli esordienti. Non appena ti trovi qualcuno davanti, cerca di ucciderlo o lui ucciderà te. Se sopravvivi combatterai ancora, probabilmente dopo un giorno di riposo. Se vieni ferito in modo da compromettere la tua efficienza fisica, verrai venduto come schiavo. Se nessuno ti compra, sarai ucciso. Hai diritto a una spada e a una protezione di cuoio per il braccio debole. Potrai appropriarti delle armi e delle protezioni di chi ucciderai, anche durante lo scontro, e avrai diritto a utilizzarle anche nel duello successivo. Là dentro non ci sono regole, non ci sono arbitri, nessun ricorso o appello. Se uccidi hai ragione, se muori hai torto. Non tentare di scappare, salire sugli spalti o cose del genere, tra la folla ci sono uomini armati e pronti a farti fuori. Il pubblico ti tirerà addosso di tutto; fregatene. Pensa solo a sopravvivere, se ti è cara la pelle. Benvenuto al *Circus*, chiunque tu sia.»

Terminata la nenia, il tizio sparì. I due energumeni si avvicinarono. Era giunto il momento. Prima di entrare Madhat s'infilò il gonnellino, poi l'essenziale ma robusta protezione al braccio destro, e impugnò con la sinistra la spada che gli venne consegnata, saggiandone il bilanciamento. Non era nulla di speciale; troppo corta e pesante, poco affilata ma se non altro abbastanza appuntita. Se la rigirò in mano per prendere confidenza, notando che era ricoperta di graffi, solchi e molte macchie rossastre. Frastornato e non ancora del tutto consapevole del destino cui andava incontro, venne spinto verso un lungo cunicolo laterale che dopo una curva terminava con una pesante porta di ferro battuto. Era sorvegliata da un altro individuo, accigliato, che al suo arrivo la aprì senza degnarlo di uno sguardo.

Madhat oltrepassò la soglia ed esitò qualche secondo, parzialmente accecato dal bagliore di decine di torce. Ricevette un calcio nel sedere e si ritrovò quasi al centro di un piazzale rotondo, coperto di sabbia di mare. Il boato che lo accolse lo disorientò ancora di più. L'arena era stracolma di gente, assiepata su tre file di posti. Faticò a distinguere i volti, riparandosi gli occhi col braccio disarmato e scorgendo qualche profilo solo in prossimità delle torce appese alle colonne di legno massiccio. Comprese però che si trattava di un fiume torrenziale d'insulti che la folla gli stava riversando addosso così, gratuitamente.

Il *Cape Town Circus* era un'arena coperta, con una base circolare di ottanta metri di diametro; una serie di file di spalti a strapiombo gli facevano raggiungere un'altezza poco inferiore ai quindici metri. Poteva contenere fino a mille spettatori, disposti a pagare un biglietto decisamente caro per assistere ad atrocità di ogni sorta. Ai primi livelli c'erano posti a sedere, mentre negli spalti superiori la gente si accalcava alla meno peggio, sporgendosi per assistere agli scontri dall'alto. Illuminato da un efficace sistema di lanterne a olio e torce, il *Circus* ricreava l'atmosfera surreale delle arene dei gladiatori dell'antichità: un inferno in terra dove la violenza proliferava incontrastata. Decine di scagnozzi circolavano tra gli spalti prima di ogni incontro per raccogliere le scommesse di chi, non accontentandosi del macabro spettacolo, tentava la fortuna.

Madhat, come troppo spesso gli accadeva, restò impietrito. Assunse un'espressione da ebete che di certo non favorì le scommesse a suo vantaggio e nemmeno si accorse dell'ingresso nell'arena del suo contendente. Udì il pubblico incitare il suo antagonista e capì che aveva avuto la sfortuna di trovarsi davanti qualcuno che doveva aver vinto diversi incontri.

Cercando di ignorare il frastuono intorno, si scosse e si concentrò sul combattente che aveva di fronte, armato dalla testa ai piedi. A prima vista non appariva così pericoloso. Più basso di lui di una spanna, spiccava soprattutto per un grosso pancione, braccia dalla lunghezza sproporzionata e una quantità invereconda di peli su tutto il corpo. Da come impugnava le armi, però, dava a intendere di non essere uno sprovveduto. Si muoveva in modo goffo, ma mostrava un ghigno satanico, sintomo di spavalderia.

Madhat, suo malgrado, negli ultimi mesi aveva raggiunto

un discreto livello di confidenza con la morte, come auspicato, tra gli altri, dal suo più importante maestro, Anafì. Eppure, si sentiva a disagio: era una sensazione negativa, che faticava a respingere. Non era mai stato chiamato, se non nelle esercitazioni, a fronteggiare una situazione di quel genere, ossia con uno scontro coatto, solo per fare spettacolo. Pur sapendo che i suoi maestri lo avrebbero redarguito, scelse quindi una tattica attendista, che per poco non lo portò direttamente al creatore.

Il suo antagonista, aizzato dalla folla, gli scagliò addosso una lancia che riuscì a schivare per un soffio, solo grazie a una torsione istintiva del busto e da riflessi dovuti ad anni e anni di allenamenti. Il dardo andò a conficcarsi saettando sul basamento in legno del primo spalto alle sue spalle, tra le urla esaltate del pubblico. Madhat capì che quel tizio doveva aver vinto gli scontri mantenendosi a distanza. Tirava bordate violentissime e precise, che lui schivava, ogni volta, con fatica crescente. Decise allora di abbandonare gli indugi e avvicinarsi all'origine dei suoi guai, per saggiare la perizia dell'individuo nel corpo a corpo. Lesse negli occhi dell'avversario che quella era la mossa giusta.

Madhat era ben conscio del suo valore di combattente, lo aveva provato sul campo numerose volte e in situazioni ben più impegnative. Con un paio di scatti schivò gli ultimi lanci e balzò in avanti, trovandosi di fronte un uomo morto che, non avendo ancora capito che la sua fine era giunta, tentava di impugnare una scimitarra per tenergli testa.

Gli bastò una finta per aprire la sua guardia: la naturalezza con cui gli infilò la spada per tre quarti all'altezza dell'attaccatura del collo fece calare il silenzio tra il pubblico. Subito dopo si levarono le urla di gioia della piccola percentuale che aveva scommesso per il novellino. Seguì una deflagrazione di applausi, urla, insulti e un lancio di oggetti che convinse il vincitore a infilare senza indugi la porta di ferro da cui era entrato, nel frattempo riaperta dallo stesso addetto che, al suo passaggio, gli rivolse un cenno di plauso, convinto.

Uscendo di corsa dall'arena, Madhat non riuscì a trattenere un sorriso compiaciuto.

50

Nelle settimane successive Madhat perse di nuovo il conto dei giorni. Non ricordava il numero degli incontri, degli avversari fronteggiati e dei fiumi di sangue versati sulla sabbia del *Circus*. La ripetitività di quell'assurda giostra della morte lo segregò in un tunnel scuro e contorto, in un labirinto di violenza senza freni, apparentemente privo di uscite.

Con enorme sorpresa di tutti, pubblico, carcerieri, scommettitori e compagni di sventura, Madhat si dimostrò due spanne al di sopra di qualunque gladiatore avesse mai calcato la sabbia di quell'arena, come se fosse nato e addestrato per non fare altro, nella vita.

La tecnica imparata a scuola da Rashid e gli altri maestri, e affinata durante la disperata fuga per la salvezza di Shasmahal, unita a una forza fisica in costante aumento grazie alla continuità dell'impegno, lo trasformarono in un assassino veloce e spietato, idolo delle folle e terrore di ogni gladiatore. Madhat sembrava viaggiare a una velocità doppia di chiunque avesse la sventura di capitargli davanti. Colpiva sempre in maniera rapida e brutale, senza concedere spazio o possibilità di contrattacco. Col tempo imparò anche a dare spettacolo, per assecondare le folle estasiate, e arrivò a prendere in giro i suoi avversari, umiliandoli, prima di giustiziarli. Quando le sfide crebbero di livello, iniziò a essere schierato al fianco di Iboue, altra spietata macchina da guerra. Gli organizzatori provarono più volte a metterli in condizione di svantaggio, a farli combattere in inferiorità numerica, ma pareva che in tutta l'Africa non vi fosse nessuno in grado di fronteggiarli.

Senza più comprenderne i motivi, Madhat si ritrovava catapultato, a intervalli regolari, in quella bolgia umida e surreale; e da quella usciva, in maniera quasi automatica, con qualche cadavere in più sulla coscienza e la certezza di poter vivere per almeno un altro giorno. Quando le settimane divennero mesi, perse letteralmente il senso della misura, fuori e dentro l'arena. Durante i combattimenti arrivò a esaltarsi al punto da riversare sull'avversario un concentrato di violenza incontrollabile, spropositata, infliggendo torture atroci, per poi drogarsi dell'esaltazione che le folle gli tributavano, venerandolo come un dio greco. Subito dopo, in cella, si ritrovava a piangere, disperato, urlando e contorcendosi nel letto, come a volersi liberare delle colpe che accumulava ogni giorno, reo di mietere vittime innocenti sacrificate per la sua sopravvivenza. Se all'inizio le aveva sempre respinte, dopo un po' cominciò a scaricarsi sulle donne che l'organizzazione procurava ai vincitori, talvolta facendo loro del male, non riuscendo a frenarsi nemmeno in quelle occasioni.

I suoi occhi, un tempo ricchi di speranza e amore per la vita, si trasformarono in gemme opache, fredde e inespressive.

Il suo fisico mutò in maniera definitiva e i lineamenti da bravo ragazzo vennero sostituiti da muscoli guizzanti come serpenti vivi, coperti da cicatrici spaventose, barba incolta e capelli lunghi. Nessuno dei suoi concittadini avrebbe mai potuto riconoscerlo e ora anche lui stesso, forse inconsciamente, s'era imposto di dimenticare chi fosse, di cancellare i ricordi di come e dove aveva vissuto.

Una mattina, inaspettatamente, venne prelevato da cinque carcerieri armati come per una missione di guerra. Ormai nessuno, avendolo visto all'opera nell'arena, si permetteva di trattarlo male e le cautele adottate per i trasferimenti crescevano di volta in volta. Lo obbligarono a lavarsi a un lavatoio ben attrezzato, dove trovò del sapone, e gli consegnarono una veste nuova e pulita.

Madhat non chiese nulla. Erano giorni che non proferiva verbo con nessuno, se non qualche monosillabo con il fedele compagno di cella, l'unico in grado di capirlo, almeno in parte. Era probabile che si accingesse a incontrare una persona importante.

Venne scortato ai piani alti della palazzina davanti all'arena, collegata da corridoi sotterranei. Lo accolse colui che gli aveva recitato la cantilena per la sua prima volta da gladiatore; si trattava di Karl, segretario del gestore del *Circus*, certamente un boero, ossia un africano d'origine europea, nato e cresciuto nella Colonia del Capo. Faceva parte di quella minoranza, in rapida espansione, di popolazione indigena del colore sbagliato e con una lingua propria, sempre più diffusa, l'Afrikaans. Dopo una breve attesa, Karl riferì, in olandese, che il "capo" era pronto per incontrarlo e che rinunciava alla presenza delle guardie. Madhat, quindi, incatenato alle braccia e alle gambe, entrò svogliatamente nella stanza e sentì la porta chiudersi alle sue spalle.

L'ufficio del gestore del *Circus* era molto grande e stranamente pulito e ordinato, in netta contrapposizione con i locali attigui. Arredato con gusto, mostrava una ricchezza sapientemente diffusa, grazie a numerosi suppellettili provenienti da diverse parti del mondo. Vi erano molti volumi ordinati su scaffali in legno massiccio, capaci di creare un'atmosfera simile a quella che Madhat aveva sempre respirato nella biblioteca di Shasmahal. L'odore di incenso e la luce resa soffusa da vetri opachi davano il giusto contorno di profumi e chiaroscuri a un insieme di rara compostezza e buon gusto. Il golfo di Città del Capo si stagliava in tutta la sua maestosità al di là della grossa scrivania in ebano, dietro un'enorme vetrata. L'oceano si perdeva all'orizzonte e, verso nord, la cima piatta della Table Mountain riempiva la vista.

Madhat non si fece distrarre dall'atmosfera. Era passato il tempo in cui le cose nuove destavano il suo desiderio di sapere e la sua, una volta inguaribile, curiosità. Nemmeno il ciccione che apparve da dietro un divisorio lo fece scomporre. Lo aveva notato più di una volta seduto nei migliori posti del *Circus* e aveva già riconosciuto in quei lineamenti resi innaturali dall'obesità uno dei vertici dell'organizzazione.

Vestito di una preziosa tunica di seta ricamata, profumato come una prostituta a inizio serata, calvo, sudaticcio e piuttosto pallido, l'uomo si sedette faticosamente dietro la scrivania e fece cenno al ragazzo di accomodarsi su una delle due sedie di cuoio. Si studiarono per un attimo, un attimo in cui Madhat si sentì incuriosito e stranamente attratto dagli occhi di quella persona. Erano gli occhi di un uomo molto forte, se non nel fisico, nel pensiero. Occhi di un uomo duro, deciso e, all'occorrenza, spietato. Erano azzurri, profondi e magnetici al punto che Madhat si sentì in imbarazzo, forse in qualche modo addirittura sottomesso.

L'obeso tagliò il silenzio con una voce sin troppo squillante per la sua mole: «Ecco, dunque, la più feroce tigre del *Circus*! Benvenuto nella mia casa, ragazzo. Io sono Sir John van Velt. Big John, insomma. Gestore e socio di maggioranza dell'intera baracca».

Madhat non mosse un muscolo.

«Non ti sforzare di comunicare. So che parli almeno cinque lingue e sarebbe interessante confrontarci in arabo, italiano o francese. Sono circondato da tanta beata ignoranza, sai? Ma di certo non ti ho chiamato qui per fare conversazione.»

Madhat non reagì. «Stammi a sentire, ragazzo. Il solito teatrino del *Circus* ormai ti sta stretto, parliamoci chiaro. Il pubblico fa la fila per venire a vederti, ma ormai gli scommettitori da tempo non puntano più nemmeno un soldo sui tuoi avversari. Sei una risorsa preziosa e io e i miei soci avremmo pensato di sfruttarti diversamente. Che ne dici?»

Nessuna risposta. Nemmeno un cenno. «Sei poco educato... Comunque, se non altro, sai ascoltare... tu e il tuo amico Iboue, altro eccellente guerriero, verrete sottratti ai consueti turni di scontri. Altri uomini d'affari che gestiscono attività simili a questa sono già stati contattati e stanno selezionando gladiatori del vostro livello. Organizzeremo per voi scontri speciali, eventi unici da non perdere. Combatterete al massimo una o due volte a settimana e sono certo che troverai la cosa molto più interessante di quanto non sia ora.»

Madhat sbadigliò. Big John attese un momento, poi continuò: «So a cosa stai pensando. Per te non cambia nulla, vero? Dovrai continuare a uccidere per sopravvivere. E invece qualcosa cambierà. Non posso prometterti la libertà, è ovvio. Non è mai successo, io ti ho pagato caro e sei troppo pericoloso.

Però ho il potere di renderti meno gravosa la prigionia, in tanti modi».

Nessun cenno, Madhat sembrava non respirare nemmeno. Big John lo scrutò a lungo, per accertarsi che sbattesse almeno le palpebre, ogni tanto. Poi proseguì, con il sorriso di chi non è abituato a perdere: «Lo so che sei un duro. Tutti lo sanno. Potrei prometterti cibo migliore, vino di qualità, donne più belle, ma a te non interessa nulla, vero? Però permettimi di suggerirti una massima, la prima di una lunga serie, se avremo il piacere di incontrarci ancora, come spero: "Tutti abbiamo un prezzo, nessuno escluso"». E subito aggiunse: «Comportati bene, stai al gioco e ti darò ciò che brami di più: notizie sulla tua gente».

Madhat alzò leggermente gli occhi e lo guardò con intensità. Fu attento a non lasciar trasparire alcun sentimento, ma l'omone, compiaciuto, rise sonoramente. Sapeva di aver destato la curiosità di quel cavallo recalcitrante. Mentre si lasciava andare a una risata scomposta ma allegra, scosse con forza un campanello che teneva sulla scrivania. Le guardie irruppero in pochi secondi e portarono via l'ospite di peso. La porta si chiuse pesantemente, ma l'eco della risata di Big John continuò a rimbalzare a lungo nei corridoi.

* * *

Madhat venne separato da Iboue e portato in una cella al piano superiore. Anche se più piccola, la nuova sistemazione risultò più accogliente. C'erano un tavolo in legno con una sedia piccola ma robusta, una fornitura di candele e un letto con lenzuola pulite. Non mancavano un lavabo con acqua sempre fresca, libri da leggere, alcuni fogli bianchi e una penna con calamaio. I pasti divennero da subito più frequenti e ricchi.

Madhat uscì in parte dal suo torpore. Non furono le comodità a ridestarlo, quanto piuttosto l'accenno di Big John alle informazioni sulla sua gente. Il ciccione aveva toccato il tasto giusto. Con quel pensiero sempre in testa, tornò a percepire di essere vivo, in parte, e a sognare di poter avere notizie concrete su Lana e tutti gli altri, dei quali aveva iniziato a dimenticare i tratti somatici, sebbene fossero ancora parte del suo essere. La nuova condizione mentale, anche se certamente più complessa dell'apatia in cui si era rifugiato, gli diede sofferenza, ma anche nuovi stimoli, nonché una timida speranza per il futuro.

Il primo scontro della nuova serie gli venne annunciato con due giorni d'anticipo. Gli venne addirittura data la possibilità di allenarsi assieme a Iboue all'interno del *Circus* vuoto, sotto gli occhi attenti di Big John, Karl e dozzine di guardie armate. I due amici colsero l'occasione come un piacevole diversivo e approfittarono della possibilità per pianificare strategie di lotta. Iboue aveva sempre combattuto affidandosi unicamente a istinto e forza bruta, ma si prestò volentieri ad imparare qualcuno dei movimenti insegnati da Madhat, che poteva contare su una tecnica invidiabile, coltivata negli anni con maestri superbi. Per quanto assai disomogenei nella prestanza, i due gladiatori avevano da subito trovato una buona intesa, compensandosi a vicenda. Dove la mole di Iboue costituiva un limite, Madhat agiva con tecnica e velocità. Quando invece queste non erano sufficienti, Iboue scatenava veri e propri uragani di violenza, spazzando via ogni ostacolo.

Madhat, fino a pochi giorni prima, aveva combattuto per puro istinto di sopravvivenza, nulla di più. Il nuovo sentimento che lo animava, al contrario, infuse una luce diversa nei suoi occhi, e si appassionò alle nuove condizioni d'ingaggio, cercando di sfruttarle a suo vantaggio. Iboue, elefante dall'animo sensibile, già affezionato al ragazzo, se ne accorse e fu felice di assecondarlo. Non l'aveva contrastato durante il periodo buio e ora aveva deciso di farsi scaldare dalla nuova speranza che animava l'amico, alla ricerca di quegli stimoli che a sua volta aveva smarrito da tempo.

La sera del duello vennero accompagnati nel solito stanzino, oliati e armati di tutto punto. Madhat scelse la spada che usava dal primo scontro, mediocre, ma che aveva fatto affilare e a cui era ormai affezionato. Prese dal muro un'ascia leggera ma ben equilibrata e uno scudo rotondo di legno, rinforzato con listelli di metallo. Iboue, invece, optò per una sorta di armatura leggera con borchie, a protezione del petto e di parte della schiena, e una scimitarra enorme e pesante per i comuni mortali, perfetta per lui.

Prima dello scontro, l'unico previsto per la serata, l'organizzazione aveva predisposto per la prima volta intrattenimenti di vario genere. Musicisti, sbandieratori, acrobati, giullari si erano alternati per oltre un'ora nell'arena, mentre il pubblico banchettava e beveva senza ritegno sugli spalti.

Dopo un ritardo non eccessivo, i tamburi scandirono l'ingresso degli sfidanti, tre splendidi indigeni del Madagascar, alti come masai e torniti come zulù, armati con attrezzatura luccicante e vestiti con uniformi in cuoio colorato. Il pubblico li accolse con un'ovazione e loro si avviarono verso la zona più lontana dall'ingresso principale, davanti alla tribuna delle autorità.

Poi venne il momento delle celebrità. Giochi di fuochi multicolore e un coro con megafoni di ottone scandì l'ingresso nell'arena del *Cape Town Circus* degli eroi incontrastati dell'emisfero australe: "la Tigre e il Gigante", gladiatori superbi, guerrieri impareggiabili, e una serie infinita di altri epiteti roboanti.

Madhat e Iboue, decisamente frastornati da tanto clamore, camminarono affiancati fino a raggiungere il centro dell'arena, come era stato loro indicato, distribuendo cenni di saluto a trecentosessanta gradi. Madhat cercò e scorse quasi subito, tra le autorità, gli occhi ammalianti del padrone del *Circus*, che gli sorrise annuendo.

Il mattatore impose il silenzio, presentò velocemente gli sfidanti, per poi scandire ad alta voce le mirabolanti imprese del duo d'eccezione. Madhat strinse i denti, quasi vergognandosi, quando furono elencati i successi della sua carriera su quel terreno. Decise di tergiversare e, fronteggiando a tre metri di distanza il nemico, si rivolse sottovoce al suo compare: «Secondo te sono anche cattivi o solo brutti?».

Iboue, che quando combatteva era felice a prescindere, sorrise mostrando una palizzata di denti bianchi da far impallidire uno squalo. «Sono contento che ti sia tornata la voglia di scherzare, bimbetto.»

«Perché, nella mia vita, io devo sempre avere qualcuno che mi dà del poppante?»

«Crescerai, crescerai. Comunque questi qui sono solo brutti, secondo me. Mi sto già annoiando.»

«Dobbiamo ancora iniziare.»

«Io mi annoio sempre, Madhat.»

Il conduttore portò alla bocca un fischietto di legno e scappò via a gambe levate, dando inizio ai giochi. Regole, le solite: nessuna.

Iboue inspirò ed espirò, ricordando a Madhat, ancora agitato dall'esplosione di suoni e voci in cui erano stati calati, l'importanza della respirazione. Un attimo prima che gli altri tre si mettessero in posizione da combattimento, il gigante aggiunse, paterno: «Madhat, ricordati che tu hai un motivo».

«Lo so, amico mio. Dammi una mano.»

«Contaci, bimbetto. Eccoli, arrivano.»

Madhat non ebbe il tempo di domandarsi se i tre uomini che vide avanzare rapidamente fossero schiavi come loro o guerrieri volontari ingaggiati per l'occasione, come capitava a volte. Vide che erano giovani, troppo giovani, e che avevano in faccia uno sguardo assassino. Decise di non pensarci, espirò tutta l'aria e si mise in posizione di guardia.

Come era facilmente prevedibile, mentre il più grosso dei tre affrontava Iboue con fare interlocutorio, saggiando la sua reattività con la spada ma a distanza di sicurezza, gli altri due si diressero verso Madhat, considerandolo, per fisico ed età, il più facile da eliminare. Lui, per vanificare quella tattica, nel tentativo di ristabilire la parità numerica infilò la spada nella sabbia e scagliò l'ascia che aveva nella cintura contro il più vicino degli assalitori. Questi, impassibile, non solo non si scompose minimamente ma, dopo aver parato il colpo con lo scudo, con un gesto più rapido dell'attacco di un serpente a sonagli impugnò a sua volta la scure e la rimandò al mittente. Madhat non fronteggiava avversari così validi da tempo e rimase esterrefatto da tale prova di velocità e freddezza. Alzò a sua volta lo scudo all'ultimo, quando tutti i presenti avevano già visualizzato l'ascia colpirlo sul petto. Era sbilanciato, ancora in posizione di lancio, e il contraccolpo fu forte al punto da farlo cadere in ginocchio e causargli la perdita temporanea della sensibilità al braccio destro.

Iboue fu provvidenziale. Resosi conto di quanto stava accadendo alla sua sinistra, scaraventò via lo sventurato che aveva di fronte facendolo rotolare sul terreno come un sasso rotondo su una strada liscia e, anche se a distanza, distrasse il secondo avversario di Madhat, che stava per approfittare della caduta, alzando da terra una pioggia di sassi e sabbia che per qualche istante disorientò tutti, platea compresa.

Madhat non si fece pregare. Abbandonò lo scudo, ormai inservibile, e tornò in piedi con un balzo, spada in pugno, rifilando un calcio alla bocca dello stomaco di chi stava sopraggiungendo e fronteggiando il primo assalitore. Diede a tutti i presenti una lezione di raffinata tecnica, portando una serie di affondi che avrebbero aperto la guardia di chiunque. Il suo avversario, per quanto lesto e scaltro, non era preparato a fronteggiare un attacco così veemente. Parando con sempre maggiore difficoltà i colpi del demonio biondo, il malcapitato capì che meglio avrebbe fatto a farsi trafiggere dalla scure, poco prima. La sua morte sarebbe stata meno dolorosa e umiliante. Madhat lo tagliò a fette, letteralmente, come se avesse di fronte un manzo da macellare.

Terminata l'opera con un plateale affondo al collo, Madhat si girò per dare manforte a Iboue. Ma non ve ne fu bisogno: il gigante aveva già dato l'estrema unzione a entrambi gli sventurati, le cui teste giacevano nella sabbia a poca distanza l'una dall'altra.

In meno di un giro di clessidra, la coppia d'oro del *Circus* aveva chiuso la pratica del primo incontro-spettacolo con una brutalità e un'efficacia tali da mandare in visibilio tutta l'arena. Il pubblico tributò loro un'ovazione senza sosta per diversi minuti, fino a quando alcuni inservienti incappucciati li strapparono al tripudio, riportandoli al coperto.

Uscendo dal cerchio Madhat cercò Big John nella sedia a lui riservata, ma non era più al suo posto.

51

Il *rendez-vous* con Big John non si fece attendere. La sera del giorno successivo al primo spettacolo, infatti, Madhat venne scortato nuovamente nell'ufficio dove era avvenuto il primo incontro. Il corpulento direttore aveva stampata in faccia un'espressione di compiacimento, mentre il suo ospite a stento teneva a freno l'agitazione per la voglia di avere le informazioni che tanto desiderava.

«I complimenti miei e di tutta l'amministrazione. Grande spettacolo, ieri sera, ragazzo, dovresti essere orgoglioso di te, come io lo sono di voi due.»

Madhat non condivideva quell'entusiasmo, e non si trattenne dal manifestarlo: «Non sarò mai orgoglioso di avere ucciso innocenti per farvi guadagnare soldi. Tieniti pure i tuoi complimenti».

«Sono contento di scoprire che hai una voce, e che parli bene l'inglese, lingua che adoro. È curioso, a tal proposito, sentirti nominare gli innocenti. Chi di noi lo è davvero, Madhat? Sappi che la maggior parte dei guerrieri che incontrate sono schiavi che si sono macchiati di crimini indicibili, e che andrebbero al patibolo. Voi, che altro non siete che spietati assassini, mi aiutate a fare giustizia, rendendo un servizio alla comunità che vi ospita, e che vi adora, in realtà.»

«Questi discorsi dalli a bere a qualcun altro. Con me non attacca. Alcune leggi, in America, consentono al padrone di uccidere uno schiavo che non esegue un ordine, o che tenta la fuga. Non voglio far parte di questo tipo di giustizia.»

I due si guardarono per qualche secondo, senza abbassare lo sguardo. Riprese la parola il più anziano, con tono accondiscendente, parlando in olandese: «Ti lascio volentieri ai tuoi princìpi infantili, non mi interessa convincerti che siamo tutti responsabili di come va il mondo, tu per primo. Lo so cosa vuoi da me, ma te lo devi guadagnare, un passo alla volta. Per ora goditi i privilegi che ti abbiamo concesso, e sappi che fra tre giorni tu e il gigante combatterete ancora, quindi preparatevi».

Il giovane rispose nella stessa lingua; per lui era la cosa più naturale del mondo: «Quei privilegi non m'interessano per nulla. Tieniteli».

«Le comodità e i piccoli vizi non danno la felicità, ma rendono certamente più sopportabili le avversità. Ti permetteranno di nutrire al meglio corpo e mente e di restare vivo più a lungo, che immagino sia l'obiettivo che intendi perseguire...»

Madhat strinse i pugni: «Più io vado avanti, più le tue tasche si riempiono, sporco mercenario. Mi hai promesso notizie e me le devi dare. Non ti puoi permettere di prendermi in giro». Big John perse la solita compostezza: i suoi occhi fiammeggiarono di un odio intenso, folle, che al suo interlocutore non sfuggì. Parlò in arabo, lingua più aggressiva: «Io non faccio beneficenza, stupido. Ho costruito un impero partendo dal nulla, stupido, e non regalo niente a nessuno, mai, senza eccezioni. In questo posto la morte porta soldi, e io di soldi ne ho sempre fatti tanti, a differenza tua, che hai vissuto al sicuro in un bozzolo per due decenni, stupido».

Madhat non era del tutto certo che il suo aguzzino avesse chiare le sue origini, ma quell'invettiva gli tolse ogni dubbio. Affascinato dall'intelligenza, in tutte le sue manifestazioni, tacque per esplorare i confini della follia dell'uomo da cui dipendeva il suo futuro. Big John continuò, senza diminuire di intensità: «Pensi che io parli con te perché hai un bel sorriso? Sei qui perché oltre che bravo con una spada in mano, sei istruito, e io passo l'esistenza a contatto con gente che ha il cervello di una lucertola. Ma ho altre risorse, te lo garantisco. Tu mi servi perché infilzando gladiatori produci soldi, di cui io non sono mai sazio. E non credere che io ti permetta di venire a casa mia a farmi la morale, perché perderesti tempo. Devi ricordarti, semplicemente, che tu eri già cadavere quando sei uscito da quel veliero, e sono stato io a farti portare qui, salvandoti. Puoi ancora cacare e pisciare solo perché ho deciso che valga la pena lasciartelo fare, e sia chiaro che posso cambiare idea in qualunque momento».

Seguì un silenzio carico di tensione, durante il quale Madhat decise di non aggravare la sua posizione, dato che la bilancia non pendeva dalla sua parte.

Big John accettò quel silenzio come resa e riprese il suo tono colloquiale. Si alzò, sbuffando, e si diresse ondeggiando verso la libreria, da cui prese un grosso volume. Si avvicinò di nuovo al giovane, da dietro, appoggiandogli una mano sulla spalla. Madhat percepì il suo calore, intenso, sorprendente, e il profumo speziato del suo corpo. L'uomo riprese a parlare, con calma: «Per questa volta, passi. Torna nella tua cella con questo regalo e, se ti comporti bene, ne seguiranno altri. Sopravvivi, combatti, dai spettacolo, uccidi per me e non te ne pentirai. Ma ti avverto, alza la cresta un'altra volta in mia presenza, solo un'altra volta, e diventerai mangime per i porci. A te la scelta».

Madhat non replicò. Quell'uomo, nonostante tutto, lo affascinava, perché era sicuro e pieno di sé, ma la posizione raggiunta, per quanto moralmente discutibile, e i crediti che tutti gli riconoscevano, gli davano ragione.

Dopo il solito campanello le guardie lo accompagnarono alla cella; lì, prima di addormentarsi, riscoprì emozioni ormai dimenticate nutrendosi delle nozioni contenute nel miglior libro di anatomia animale che avesse mai maneggiato.

Ci furono molti duelli ancora e altrettante vittorie, più o meno sofferte. La sua cella, di conseguenza, si arricchì man mano di libri di ogni genere, di cartine geografiche e stampe. Per Madhat era in effetti la prima stanza tutta per sé, e ci si stava affezionando. Le provviste divennero sempre più abbondanti e ricercate. La fancille mandate a tentarlo crebbero nel numero e nell'avvenenza, ma lui tornò a respingerle, con garbo.

Dovette dare atto a Big John che la prigionia, tutto sommato, era diventata meno straziante e le settimane scivolavano via veloci.

52

Passarono altre settimane e Madhat, pochi minuti dopo l'ennesima vittoria, venne nuovamente scortato nell'ufficio di Big John. Alcuni avversari, venuti da sempre più lontano, si erano dimostrati in grado di dare filo da torcere alla Tigre e al Gigante; quella sera, ad esempio, il gladiatore aveva un occhio nero ed escoriazioni in varie parti del corpo, e... già pregustava il meritato riposo.

L'omone rotondo lo accolse in una nuvola di profumo e tentò con entusiasmo di coinvolgerlo in una delle ormai consuete digressioni politico-culturali, dalle quali Madhat riusciva a carpire informazioni su quel mondo a lui ancora così sconosciuto. Mai avrebbe immaginato, ad esempio, che la sua Inghilterra fosse diventata, nel frattempo, una monarchia parlamentare, grazie alla pubblicazione della Carta dei Diritti, nel 1689. Madhat, dai racconti dei suoi concittadini e dalle riviste di cronaca politica presenti nella libreria di Abraham, era rimasto al regno di Carlo II, re plenipotenziario di Scozia e Irlanda. In quel momento, invece, regnava Anna Stuart, figlia protestante di Giacomo II, in procinto di essere eletta sovrana del nuovo regno di Gran Bretagna, unione di Inghilterra e Scozia. La nobile aveva ottenuto di conservare anche il trono d'Irlanda, cosa che nessuno dei cittadini di Shasmahal avrebbe mai nemmeno lontanamente creduto, e che lasciò il giovane esule interdetto.

Madhat aveva conquistato col tempo un po' della fiducia di Big John proprio dimostrandosi così attratto dalle sue conoscenze; spesso prendeva appunti, e altrettanto spesso poneva quesiti su argomenti, per lui, di grande interesse, che l'interlocutore, al contrario, trattava con la leggerezza di chi domina senza sforzo tante materie diverse. Grazie a tale atteggiamento, in qualche occasione, gli era stato concesso di stare in disparte e ascoltare anche in presenza di ospiti.

Col passare del tempo il ragazzo aveva imparato a conoscere in maniera approfondita Big John, senza dubbi un pazzo che però aveva spesso le intuizioni di una mente illuminata, attiva e sempre pronta al confronto, con chiunque, in ogni ambito. Il ciccione era talmente scaltro e veloce nei ragionamenti, da essere in grado di comprendere con anticipo i discorsi e le argomentazioni dei suoi interlocutori e intuirne le loro conclusioni, in modo da anticiparle e volgere ogni ragionamento a suo favore.

Nei loro discorsi notturni, il direttore del *Circus* risultava talmente persuasivo che talvolta era impossibile non aderire alle sue ardite teorie sugli equilibri economici e politici del globo. Il "Big John centrismo", insomma, costituiva l'unica legge dotata, secondo lui, di fondamento razionale e assurgeva a fonte incontrastata di verità assolute.

Madhat era arrivato ad essere persino orgoglioso di aver conquistato un briciolo della stima intellettuale di quell'uomo vulcanico, convinto che l'universo intero, presente e passato, fosse popolato da una moltitudine di coglioni inetti, ai quali lui avrebbe potuto insegnare qualunque cosa, in ogni ambito. Di conseguenza Sir John van Velt nutriva una certa riverenza intellettuale nei confronti di pochi eletti: Giulio Cesare, Dante Alighieri e, con qualche riserva, Copernico. Si reputava in grado, inoltre, di dissertare a pari livello con Isacco Newton, mostrando a ogni ospite di pregio, trionfante, le lettere con il quale il matematico lo aveva ringraziato per le felicitazioni ricevute in occasione della recente nomina a presidente della Royal Society, l'accademia nazionale inglese delle scienze.

Big John amava la compagnia di personaggi in vista. Pur essendo olandese d'origine, quindi di fatto acerrimo nemico degli inglesi a causa della lotta per la supremazia nei commerci nelle colonie, approfittava della zona franca offerta dal Capo di Buona Speranza per ospitare e tessere intrecci con personaggi del calibro di Tom Courtney, figlio di Hal, entrambi navigatori e diplomatici inglesi estremamente influenti a quelle latitudini. Hal e Sir Francis, suo padre, avevano in passato assaltato e conquistato bastimenti battenti bandiera olandese dietro regolare lettera di corsa firmata da Carlo II d'Inghilterra. Abile affabulatore, e amico di tutti, Big John era riuscito, in più occasioni, a riunire con le gambe sotto la stessa tavola membri di quella nobile stirpe di corsari inglesi e nientemeno che Willem Adriaan van der Stel, governatore pro tempore della Colonia, assiduo frequentatore del *Circus*.

Il ricco olandese, inoltre, trovava soddisfazione nella fila di leccapiedi che chiedevano di incontrarlo per adularlo e coprirlo di complimenti, sebbene lui fosse troppo scaltro per non accorgersi di come tentassero di ottenere dei favori. L'infantile piacere che quegli incontri generavano in lui, ciò non di meno, sembrava un toccasana non rinunciabile.

Con l'aumentare della confidenza tra i due, Madhat aveva sommariamente tracciato i confini dell'impero economico di Big John, che si vantava di averlo generato dal nulla, nonostante le "umili origini" cui faceva spesso riferimento pur senza entrare nei dettagli. Raccontava di aver iniziato come scaricatore, giù al porto, dormendo tra i ratti e cibandosi dei loro avanzi, per poi investire i primi risparmi organizzando combattimenti abusivi tra marinai e incassando i proventi delle scommesse. Nel giro di pochi anni aveva di fatto creato il *Circus*, inizialmente un quadrato sabbioso con quattro panche attorno, e aveva fatto soldi a palate. Con quei capitali, che avevano attirato i primi soci, principalmente arabi, aveva fondato il *Souk al Shabaab* ("La fiera delle gioventù"), ossia l'organizzazione centrale che amministrava tutte le attività satellite del suo gruppo, lecite e non. Era di sicuro invischiato in giri di contrabbando di merce tanto illegale quanto fruttifera, ma la gallina dalle uova d'oro, il suo vanto e il suo orgoglio, continuava a essere il *Circus*, cui dedicava la maggior parte del suo tempo libero. La liquidità che l'arena dei gladiatori forniva continuamente gli permetteva di far fronte a richieste di prestiti, favori, intercessioni politiche di ogni tipo, dalle quali immancabilmente ricavava ulteriori, faraoniche remunerazioni, nonché crediti in ogni ambito.

Madhat aveva assorbito come una spugna quello che il suo aguzzino aveva spiegato ad alcuni facoltosi imprenditori immobiliari inglesi, venuti dall'Inghilterra per incontrarlo. La lunga mano di Big John dominava gli equilibri politico-economici meglio di molti amministratori di quel continente. Aveva spiegato agli ospiti le possibili ripercussioni, sul medio periodo, della recente scelta del parlamento inglese di chiudere i cosiddetti "campi aperti". Tale decisione avrebbe causato un vero e proprio esodo di massa dalle campagne verso le città da parte di eserciti interi di membri del popoletto, abituati a sopravvivere del poco che riuscivano a grattare dai campi dei grandi latifondisti. Tutta quella gente andava sistemata, quindi servivano alloggi e strumenti di sussistenza. Big John era pronto a investire migliaia di sterline nella costruzione di quartieri suburbani nelle periferie di Londra, Liverpool, Manchester, guadagnando sia sulla vendita degli immobili che sulla distribuzione dei servizi essenziali e lasciando allo stato l'onere di trovare un lavoro agli esuli. La settimana successiva aveva inoltre condotto negoziazioni con gente legata all'estrazione dei minerali, principalmente in Cornovaglia, pronto a riversare liquidi anche negli investimenti utili a meccanizzarla. Decuplicando la produzione, la richiesta di forza lavoro sarebbe aumentata, e avrebbe generato posti di lavoro per la futura classe operaia, da poco giunta nei centri urbani.

Tali concetti di macro-economia moderna contribuirono ad aprire la mente di Madhat. In qualche modo arrivò a pensare che potesse essere stato il destino a porlo su una rotta convergente con quella di Sir John van Velt. E quell'uomo si stava rivelando, forse inconsapevolmente, un maestro di vita influente tanto quanto i suoi padri della città meravigliosa.

Col trascorre del tempo, l'ammirazione era stata minata da una considerazione cui Madhat era giunto riunendo in una visione globale le sterminate attività dell'olandese. Si convinse, cioè, che Big John e la sua organizzazione avessero avuto un ruolo, forse determinante, nell'attacco a Shasmahal. Il monopolio del *Souk al Shabaab* di sicuro aveva a che fare anche con le attività dei Sebeti, come Abe gli aveva raccontato dopo il loro primo incontro. Quel timore latente, forzatamente confinato in un angolo della mente del giovane gladiatore, era diventato certezza la sera in cui, nelle fasi preliminari del duello poi vinto assieme a Iboue, Madhat aveva scorto tra il pubblico la figura di un uomo a lui noto. Magro e smunto, stancamente appoggiato a una stampella e con il moncherino della gamba sinistra in bella evidenza, Jacob non gli aveva tolto gli occhi di dosso per un solo istante. Lo sguardo vivido, colmo di odio, era l'unica cosa che restava del responsabile del tramonto dell'utopia di un'intera comunità, e della morte di decine dei suoi fratelli. Per il resto era diventato la brutta copia di se stesso.

Iboue, a ulteriore conferma dei sospetti dell'amico, gli aveva riferito di conoscere a sua volta quell'uomo. Era stato colui che lo aveva scelto a Liverpool, una decina di anni prima, prelevandolo dalla nave negriera che lo avrebbe portato in America a raccogliere zucchero o pomodori, e rispedendolo in Africa, come schiavo, e poi al *Circus*, come gladiatore.

Madhat, alla vista di quell'infame, aveva provato un odio incontenibile, che aveva riversato sui malcapitati avversari di turno, inviati al Creatore a tempo di record. Iboue aveva avuto il suo bel daffare a trascinare via dall'arena il compagno, che era pronto a scavalcare gli spalti e mangiarsi vivo chiunque si fosse frapposto tra lui e il suo nemico numero uno.

In preda a emozioni che non riusciva a dominare, Madhat, quella sera, non era nelle condizioni per assistere a un'altra elargizione di sapienza da parte di Big John, o a qualche altro incontro con il leccaculo di turno. Riconsiderato il valore dell'olandese, le conoscenze e le nozioni che distribuiva per autocelebrarsi gli erano parse d'un tratto noiose, ridondanti, effimere. Aveva comunque accettato l'invito per fare buon viso a cattivo gioco e reiterare, una volta per tutte, la richiesta di informazioni sulla sua gente, una promessa non ancora mantenuta. Dopo tutto quel tempo alla gente di Shasmahal poteva essere accaduta qualsiasi cosa, e nessun altro era influente quanto Big John per accaparrarsi notizie fresche.

Assorto nei suoi pensieri, decise di lasciarlo parlare senza ascoltarlo. L'obeso si era lanciato in una filippica sul ruolo della Chiesa negli equilibri politici della Spagna e delle signorie quattrocentesche e di sicuro sarebbe arrivato a dimostrare che se lui fosse stato papa, il mondo (sia quello terreno sia quello ultraterreno) avrebbe sicuramente girato meglio e molto più velocemente.

Senza rendersene conto, d'un tratto Madhat udì una frase uscire dalla sua bocca, che interruppe sgarbatamente l'omelia della sera: «Conosci Jacob? Hai a che fare con lui?».

Sorpreso dall'inusuale interruzione, Big John rimase in silenzio. La sua mente era capace di viaggiare al doppio della velocità di quella di un uomo comune, ma Madhat non aveva dubbi di aver colpito nel segno, almeno quella volta.

«Dove vuoi arrivare, ragazzo?»

«Voglio una risposta semplice a una domanda semplice.»

L'incertezza del suo interlocutore poteva significare una cosa sola: imbarazzo. Era riuscito a metterlo a disagio, forse per la prima volta. In un paio di frangenti in passato aveva avuto la soddisfazione di correggergli un paio di espressioni linguistiche, in italiano e in arabo. Pur di fronte all'evidenza dei suoi errori, Big John si era difeso con scuse assurde o aveva cambiato discorso di prepotenza. Ma in quel caso non ci provò nemmeno. Si appoggiò alla scrivania voltando la testa verso la vetrata. Dopo qualche istante sospirò e disse: «Sei una persona intelligente, Madhat. Te lo riconosco e, credimi, per me è cosa rara. Usa la testa che hai per comprendere che certe cose è meglio non saperle. Non saresti nella condizione di capirle davvero. Meriti una risposta, comunque, e ti confermo che Jacob Schuzehell è, o meglio era, uno degli "operativi" di una delle branche dell'organizzazione di cui faccio parte. Oggi è venuto in questo studio, avanzando pretese prive di ogni creanza. È stato allontanato dal gruppo, per sempre, e gli abbiamo concesso di assistere allo spettacolo per dargli un contentino. È un inetto, uno scarafaggio mangia sterco, o poco più».

Madhat stava per rispondere, quando si udirono dei passi e qualcuno bussò alla porta. Big John colse al volo l'occasione per svincolarsi dal discorso e andare incontro ai quattro individui ben vestiti che nel frattempo erano entrati nel locale.

Si trattava dei principali soci d'affari dell'olandese, i primi livelli del *Souk al Shabaab*, quindi con ogni probabilità delinquenti di prima categoria, anche se all'apparenza curati e ben vestiti. Tra loro vi era anche Clive Dunn Junior, il figlio del fondatore dei Sebeti. Erano venuti ad assistere alla mattanza nell'arena e poi, evidentemente, a conoscere di persona il protagonista dello spettacolo.

Madhat, nel frattempo, era riuscito a calmarsi un po'. Scrutò con attenzione gli ospiti, intuendo che si trattava di gente importante. Erano i vertici operativi, i capi delle varie sessioni dell'imponente organizzazione criminale. Clive Dunn sembrava essere il capo. Molto alto e prestante, sulla cinquantina, dava l'idea di essere un vero combattente. La pelle del viso consumata dal sole africano e da anni di scorribande e una muscolatura possente e asciutta gli donavano un che di aristocratico. Fu l'unico a non lasciarsi andare a commenti volgari sul duello di qualche ora prima e se ne stette in disparte seguendo con attenzione, guardando ogni tanto dalla parte del giovane gladiatore con l'occhio del predatore di razza. La sua stretta di mano era stata come una morsa di ferro e Madhat si domandò, per deformazione professionale, se con una spada in mano sarebbe stato pericoloso come promettevano i suoi occhi. Tra l'altro il suo viso, sotto i baffi folti e ispidi, aveva qualcosa di vagamente familiare.

Abbandonati i convenevoli e le volgarità, si cominciò a discutere di affari; Madhat ebbe modo di comprendere che quella non era una visita di cortesia. Poco prima che sei energumeni lo ammanettassero per portarlo via, intuì dai discorsi dei soci che la sua esperienza all'arena del *Circus* era giunta al termine. Lui e Iboue avrebbero iniziato a combattere in trasferta, chissà dove, chissà quando, chissà per quanto. Poco prima di abbandonare la stanza il ragazzo si girò verso Big John; questi, facendo attenzione a non farsi notare dagli altri, gli si avvicinò, e con espressione truce gli strinse un braccio, sussurrandogli all'orecchio, in italiano: «Io le promesse le mantengo, Madhat Suburban. Vai con Dio e ricordati di me». Quindi si girò mostrando un bel sorriso ai soci e tornò alla sua scrivania.

Madhat venne strattonato fuori e riaccompagnato in cella. Non toccò nulla del banchetto che gli era stato preparato e mandò via stizzito la prostituta che lo aspettava, come di consueto, dopo le grandi vittorie.

Fece fatica a prendere sonno. Non riusciva a comprendere l'esatta portata delle novità e, soprattutto, non era in grado di dare una spiegazione all'espressione atroce che Big John aveva assunto nel sussurrare quell'ultima, misteriosa frase.

53

La mattina successiva i due gladiatori vennero scortati da una banda di carcerieri verso un porto minore a est di Città del Capo. Erano trasportati ognuno in un carro chiuso con spranghe di ferro, seguiti da quindici uomini armati di tutto punto. Madhat e Iboue erano delle celebrità e avevano abbondantemente dato prova di essere in grado di ridurre a brandelli gli avversari, per cui chi organizzava il viaggio non aveva voluto correre rischi.

Il veliero che li avrebbe portati verso chissà quale destinazione, evidentemente, non era ancora pronto a salpare, quindi vennero trasferiti in un casolare isolato; al primo piano, li attendevano due stanze tra loro distanti, con sbarre a porte e finestre. Il giaciglio era dignitoso o poco più e Madhat si trovò da subito a rimpiangere il trattamento che gli avevano riservato nella sua cella al *Circus*. Non vi era l'ombra di un libro e la cena fu appena decente.

La seconda sera, dopo una giornata inutile e piatta, Madhat ricevette un voluminoso incartamento che le guardie ispezionarono con attenzione prima della consegna. Era un libro antico, che lui maneggiò come se fosse il sacro Graal. Si trattava del *Decameron* di Boccaccio, in edizione originale del 1527 "dei

Signori Giunti" di Firenze, come stampigliato sul frontespizio. Gli apparve l'immagine di Abraham, chino sulla sua scrivania e, memore dei suoi insegnamenti, osservando il plico da ogni angolazione, il giovane bisbigliò: «Rilegatura in pieno marocchino, strettamente coevo, color granata con i piatti riquadrati da più cornici e da filetti impressi in oro. Dorso a cinque nervi con titolo su tassello in pelle verde; sei scomparti, contornati da duplici filetti dorati, fregi a fogliame negli angoli e *fleuron* centrale. Dentella interna dorata, sguardie in carta policroma decorata a pettine, con tagli dorati».

Sfogliandolo con delicatezza, vi trovò all'interno un foglio, con una dedica: "Al miglior guerriero di tutta l'Africa. Con stima e affetto, Sir John van Velt". Madhat apprezzò enormemente quel pensiero, più di ogni altro precedente, perché lo avvicinava idealmente ai luoghi e alle persone da cui desiderava tornare al più presto. Apprezzò anche che Big John non avesse apposto la dedica sulle pagine del tomo, segno di estremo rispetto per quell'opera d'arte. Esaminò con attenzione tutto il libro in lungo e in largo, in cerca di un ulteriore messaggio nascosto, nella speranza che la sibillina frase pronunciata dall'olandese prima di salutarlo fosse un riferimento alla promessa di informazioni. Non ne trovò. Nell'ultima pagina del libro vi erano solo due lettere scritte, apparentemente, con lo stesso inchiostro della dedica iniziale: "RS". Madhat non seppe darvi un significato e si dedicò quindi, un po' deluso, alla lettura, per passare il tempo. Conosceva e ricordava bene molti di quei cento racconti, ma non gli dispiacque reimmergersi di nuovo nelle loro nobili trame.

Passò quasi una settimana e si venne a sapere che il veliero non partiva semplicemente perché non c'era vento. Il giovane recluso ricevette ogni giorno qualcosa da Big John: altri libri, meno prestigiosi, frutta fresca, della buona birra, ma nessun ulteriore messaggio.

Iniziò a temere che l'inattività forzata potesse nuocere alla sua forma fisica, da cui non poteva prescindere per sopravvivere ai duelli che avrebbe dovuto ingaggiare da qualche parte nel mondo. Chiese dunque a uno dei suoi carcerieri il permesso di uscire per fare un po' di allenamento, magari assieme a Iboue. Ottenne in risposta un grumo giallo e filamentoso a tre centimetri dal piede e decise di fare ciò che poteva in cella: addominali, flessioni e piegamenti, compiacendosi, alla luce di quel narcisismo che mai sarebbe morto in lui, di avere un corpo simile a quello di un cavallo di razza al massimo del suo splendore. Le cicatrici sparse ovunque, ricordi degli ultimi mesi, gli davano quel tocco di brutalità in più che non guastava. Provò scherzando a mostrare i muscoli alle guardie che non gli staccavano mai gli occhi di dosso, notte e giorno, ma quelle parvero non gradire più di tanto.

Dopo cena, mentre leggeva un racconto alla luce fioca di un mozzicone di candela, Madhat sentì un vociare diffuso, al piano di sotto, e risatine femminili provenire dal vano scale. Big John, quel giorno, doveva aver deciso di offrirgli nuovamente, in regalo, un particolare tipo di rosa. Aveva seguito il consiglio di Anafi, nel recente passato, e si era "fottuto" il mondo, trovando sfogo e distensione in quegli atti istintivi, ma da qualche tempo era tornato a respingere le schiave che gli venivano offerte, preferendo conservare le forze e riservare certe attenzioni a colei cui non riusciva a non pensare, ogni giorno, prima di addormentarsi e appena sveglio.

Schernite e palpeggiate dalle guardie, due ragazze avanzarono per il corridoio ancheggiando. La prima, la più minuta delle due, si fermò di fronte alla cella di Madhat, mentre l'altra proseguì diretta a quella di Iboue. Prima che i carcerieri aprissero le sbarre, il giovane si alzò in piedi per rifiutare quel dono non gradito, ma rimase impietrito nel trovarsi di fronte un volto conosciuto. Le parole gli morirono in bocca e, in pochi istanti, le grate si chiusero alle spalle dell'esile figura di colei che qualche mese prima gli aveva amorevolmente curato le ferite riportate in uno scontro con i Sebeti. Era Zainabu, moglie di Abe. Madhat, attonito, stava per dire qualcosa ma la ragazza, con un'espressione sorprendentemente risoluta, gli chiuse le labbra appoggiandovi un dito e, spingendolo con fermezza all'indietro, lo aiutò a sedersi sul letto di paglia. Per qualche istante, non seppe cosa dire o cosa fare. Zainabu lo guardava con fare rassicurante, anche lei in qualche modo a disagio. Una guardia si infilò sgarbatamente, urlando: «Niente giochi di sguardi, piccioncini. Fate quel che dovete fare e in fretta».

Madhat aveva il cuore in gola, ma si ridestò a causa delle urla e dei gemiti animaleschi che arrivavano dalla stanza a fianco. Iboue, probabilmente, non vedeva una donna da tempo e la malcapitata indigena ne stava patendo le apocalittiche conseguenze. In effetti le urla provenienti dall'altra ragazza al momento manifestavano più che altro gioia, e Madhat e Zai, come la chiamava Abe, si trovarono a riderne assieme.

D'un tratto lei prese l'iniziativa e gli sollevò la maglia; il ragazzo fece per fermarla ma lei lo fulminò con lo sguardo. Era un segnale talmente perentorio da non lasciar spazio a repliche. Lui comprese che quella donna non poteva essere lì per caso, quindi, suo malgrado, la lasciò fare. Lei lo accompagnò ancora più in fondo alla stanza, nella penombra, per allontanarsi il più possibile dalla vista delle guardie, che comunque avrebbero goduto senza fatica di tutto lo spettacolo. Lo spogliò completamente e lo fece sedere spalle al muro.

Madhat era senza parole, ma deciso comunque a non fare ciò che gli appariva sbagliato da tutti i punti di vista. Zai era la donna di Abe, uno dei suoi più fedeli amici. La sua coscienza non avrebbe mai permesso che accadesse.

Impedì alla giovane di sfilarsi la casacca ma lei, ostinata, si adagiò su di lui. Iniziò a muoversi sinuosa perché, Madhat lo capì solo in quel momento, quello era l'unico modo per avvicinarsi a intervalli regolari al suo orecchio e alternare brevi parole ai gemiti di piacere, consegnare quindi il suo messaggio e, allo stesso tempo, non insospettire le guardie che non avrebbero permesso loro di colloquiare. L'uomo provò a dare un senso a quelle frasi sgretolate, e comprese, incredulo, che Zai stava mantenendo la promessa di Big John, dandogli notizie sulla sua gente.

Benché frastornato dalla situazione, si prestò a sua volta, assecondando i movimenti della donna e mimando, piuttosto goffamente, i suoni che era lecito aspettarsi dal maschio. I guardiani, però, erano troppo vicini e presto avrebbero notato che il corpo di lui non aveva reagito nel modo giusto. Occorreva fare di necessità virtù ma, sfortunatamente, Madhat era troppo cerebrale: il suo disagio si trasformò in un vortice di preoccupazioni, cosa che, da che mondo è mondo, porta inesorabilmente il maschio alla cilecca. L'indigena intuì e prese in mano il gioco, dimostrando una scaltrezza che Madhat, il gran guerriero, probabilmente non avrebbe mai raggiunto.

Con un gesto tanto infantile quanto eccitante, fece cadere una spallina della veste. Lui si trovò di fronte uno dei seni, ancora una volta, come era accaduto qualche mese prima, ma in condizioni molto diverse. Ricordava il loro primo contatto intimo, e più volte la sua mente durante la lunga reclusione aveva virato in quella direzione proibita; era un seno grande, sodo, pieno. A differenza della volta precedente, però, Zainabu era eccitata e il suo capezzolo, piccolo e scuro, si presentava duro, palpitante, meraviglioso. La ragazza lo offrì alle sue labbra, accompagnandolo con uno sguardo e un lieve mugolio che abbatterono ogni residua barriera. Il risultato di quella manovra suscitò l'ovazione degli spettatori, ma i due amanti improvvisati non se ne accorsero nemmeno, perché nel frattempo le loro labbra si erano chiuse le une sulle altre e le loro lingue si esploravano per instaurare un primo contatto in mancanza del quale il secondo, improvviso, profondo, li avrebbe lasciati senza fiato.

Ci volle qualche secondo perché lei si abituasse a quell'intrusione; quando si riprese, chiuse gli occhi e tornò a muoversi in maniera regolare e poi man mano crescente, abbandonandosi completamente al corpo di lui per poi tirarlo forte a sé con le braccia, quasi a cercare l'energia necessaria per continuare quella corsa.

Madhat si accorse di essere totalmente rapito da quell'esplosione di sensazioni. La sentiva muoversi su di sé, provava un piacere pungente, e anche il suo corpo venne attratto in maniera irresistibile verso la direzione comune che avevano intrapreso. Si trovò ad assecondare le spinte di lei fino ad arrivare a sovrastarla per energia e impeto, completamente immemore di tutto quanto fosse attorno a loro. La sensazione iniziale di morbidità, di delicatezza, venne presto sovrastata dalla foga con cui due animali adulti combattevano un duello fisico senza esclusione di colpi. Madhat era come drogato, completamente abbandonato al suo istinto. Sentì a un tratto il ritmo della corsa diventare più regolare e fu quasi sorpreso quando Zainabu cominciò nuovamente a sussurrare brevi parole al suo orecchio. Quella era la sua missione, e lei la condusse con misura, senza causare cadute all'intensità del piacere fisico di entrambi. Madhat assorbì ogni cosa, come una pianta che non riceve acqua da giorni. Terminato il messaggio, i due corpi abbandonarono i vincoli e raggiunsero, quasi all'unisono, la meta che così disperatamente avevano ricercato. Lui provò un piacere superiore, mai sperimentato, e stramazzò al suolo, tremante, senza trovare la forza di stringere a sé, come avrebbe voluto, quell'angelo nero venuto dal cielo e fermatosi al primo piano per regalargli il paradiso. Sentì che gliela strappavano di dosso, e quando il cancello sbattuto con forza lo ridestò per un attimo, l'angelo era volato via. Provò a rimettersi in piedi, ma comprese che sarebbe stato inutile; si rifugiò in un sonno più profondo dello svenimento.

54

Quando Madhat riaprì gli occhi era ancora notte fonda e nel corridoio echeggiavano i passi svogliati di una delle guardie. Gli ci volle qualche istante per orientarsi, ma non appena il ricordo delle notizie avute riaffiorò dal torpore in cui era sprofondato, un'energia vitale gli aggredì i muscoli. La testa iniziò a centrifugare i dati ricevuti, archiviati in tutta fretta prima dell'estasi.

Shasmahal era viva, o quanto meno lo era la comunità dei superstiti. L'esplosione progettata per fermare gli inseguitori nella vallata aveva funzionato, sterminando il grosso del contingente nemico, sbarrando senza vie di fuga la strada. E così i fuggitivi avevano potuto proseguire indisturbati verso nord. Dopo qualche mese, erano arrivati in una piccola città chiamata Lourenço Marques, e avevano deciso di stabilirsi a tempo indeterminato in quella zona, poco distanti dall'abitato.

In seguito, non vedendolo arrivare, i suoi concittadini avevano incaricato il fedele Abe di mettersi sulle tracce del loro salvatore. L'indigeno, dopo lunghe ricerche, aveva trovato i canali giusti per ottenere informazioni e aveva escogitato l'intrusione di Zainabu nella prigione; poi era ripartito di corsa alla volta di Marques per riferire a tutti di aver trovato Madhat vivo e in forma. Il giovane aveva inoltre saputo di essere a sua volta destinato a raggiungere quella cittadina, per combattere una serie di duelli nell'arena locale.

La speranza di ricongiungersi alla sua gente, che fino a qualche tempo prima appariva come un sogno irrealizzabile, cominciò a sembrare qualcosa di tangibile. Eccitato da tutti quei pensieri, Madhat si girò su se stesso e si accorse di essere ancora nudo. Una piacevole tensione alle parti intime lo catapultò nel ricordo dell'incontro con la sua messaggera. Provò di nuovo imbarazzo e d'un tratto si sentì sporco. Il senso di colpa lo attanagliò compatto e i tentativi di acquietarlo con la giustificazione che ciò che era accaduto sarebbe stato inevitabile furono vani. Il suo corpo, irrispettoso, reagì con prontezza al ricordo di Zainabu, anche se provò un po' di vergogna per aver rischiato la sera precedente di vanificare il buon esito dell'incontro. Non capiva, piuttosto, che ruolo avesse giocato Big John in quella trama, perché di fatto la sua promessa era stata mantenuta, ma da altri.

Tornò con fatica a concentrarsi sulla sua gente e, ripetendo mentalmente le istruzioni che Zai gli aveva bisbigliato nelle orecchie, iniziò a pensare a come metterle in pratica. Occorreva parlare a Iboue, alla prima occasione, perché non avrebbe potuto fare a meno del suo aiuto.

* * *

Il veliero salpò con l'alta marea del nono giorno di permanenza nella casetta sulla costa, sfruttando i primi soffi dei monsoni ascendenti, che avrebbero spinto su quelle rotte navi provenienti da tutto il mondo, attratte dalle promesse dell'Oriente.

Madhat scoprì inaspettatamente di avere dei privilegi e si

godette la navigazione da passeggero, libero di scorrazzare sui ponti, ogni giorno, per qualche ora, tollerato dalla ciurma. Scoprì, con stupore, di essere conosciuto e stimato da molti, grazie alla sua fama di gladiatore. Si accorse, poi, con orgoglio, che la storia della sua città, terminato l'isolamento, stava iniziando a circolare tra il popolo. Le informazioni erano ricche di inesattezze e aneddoti travisati, come era ovvio aspettarsi, ma quella pubblicità non gli dispiacque. I suoi padri avevano sacrificato la vita per quel sogno di libertà e benessere, ed era giusto che il mondo venisse a sapere che le chimere, talvolta, non trovano spazio solo nei racconti di fantasia.

Il grosso dell'equipaggio, un'accozzaglia di ominidi rozzi e sporchi di razza boera e probabile, lontana, discendenza olandese, faticava a parlare la lingua natia, preferendo l'Afrikaans, un dialetto grezzo e pieno di contaminazioni, privo di qualsiasi logica, che Madhat non governava. A piccoli passi, di conseguenza, provò a forzare le barriere issate dal comandante e dai suoi ufficiali, gente mediamente più istruita, per carpire informazioni, cibo di cui non era mai sazio. Ricordava, dai racconti di Abraham, che già dalla metà del millennio in corso i naviganti visitavano con sempre maggiore insistenza le coste centro-africane a oriente, sull'Oceano Indiano, e di conseguenza mercanti, armatori e imprenditori avevano iniziato a creare una serie di scali per i bastimenti che navigavano verso le Indie, così come avveniva in Angola, sulle sponde atlantiche. Attorno a questi avamposti erano sorti, col tempo, numerosi insediamenti urbani, tra i quali, per l'appunto, Lourenço Marques. La cittadina che aveva mutuato il nome dall'esploratore portoghese che nel Cinquecento, per primo, aveva poggiato un piede europeo in quelle zone, sulla scia del più noto Vasco da Gama, che nel corso di uno dei suoi celebri viaggi si era limitato a sbarcare su una delle isole al largo della costa. I portoghesi, più di altri, avevano realizzato insediamenti al fine di agevolare gli scali intermedi di quelle navi mercantili che Madhat aveva guardato, sognante, innumerevoli volte, dall'alto degli scogli di Shasmahal, e per avere solidi punti di partenza per sortite nell'entroterra. Il capitano gli confermò quello che immaginava, ampiamente previsto dai vecchi della città, ossia di come fosse iniziata, da tempo, la spasmodica ricerca di oro nero (schiavi), oro bianco (avorio), minerali e qualsiasi altro materiale di un certo valore. Gli scontri con le tribù indigene non si contavano più, e gli esiti pendevano sempre, inesorabilmente, dalla parte delle civiltà più evolute, esattamente come era accaduto nei decenni precedenti tra i primi colonizzatori del Capo di Buona Speranza e i boscimani, ormai quasi totalmente privati delle loro terre d'origine. Era in atto, insomma, una vera e propria colonizzazione del vecchio continente, che avrebbe causato – esattamente come nelle Americhe – brutalità e, insieme, enormi opportunità; nulla avrebbe potuto fermarla. Madhat ebbe conferma anche della contemporanea espansione, in zone limitrofe, dei cosiddetti sultanati" arabi, impegnati in una concorrenza spietata con l'Europa e nel diuturno tentativo di diffondere quanto più possibile la dottrina dell'Islam. Le varie compagini erano spesso in lotta tra loro e gli scontri, in quel periodo, sembravano particolarmente cruenti dalle parti di Zanzibar, crocevia di ogni scambio commerciale rivolto a est. Il sultano dell'Oman pareva infatti intenzionato a investire molto, a costo di spazzare via la concorrenza portoghese, tra le più agguerrite, oltre a quella francese e tedesca.

Madhat, impegnato a memorizzare, catalogare e processare tutte quelle informazioni, e sempre affascinato dal mondo della navigazione, si accorse di aver ormai ritrovato, grazie alle ultime novità, l'entusiasmo e la voglia di vivere che avevano caratterizzato i primi anni della sua giovinezza, poi opacizzati dall'assedio di Jacob e dalla bolgia del *Circus*. Senza considerare le sofferenze che aveva dovuto sopportare, tutto sommato, si trovava a vivere la vita che aveva sempre sognato, fuori dall'eremo, grato di quell'esperienza impagabile, ma al contempo totalmente proiettato verso un futuro in cui si vedeva protagonista, come dominatore delle maree dell'oceano, della politica, della diplomazia e del commercio.

La navigazione verso nord fu lenta e snervante; a circa un mese dalla partenza, doppiata la punta della penisola del Machangulo, il veliero diresse la prua a ovest, per infilarsi nell'ampio golfo dove erano attesi poco a nord del confine del Mozambico. Ci vollero quasi altri due giorni per ultimare le operazioni di attracco, con barche a remi che trainarono lo scafo in mancanza di vento favorevole. Terminato l'idillio delle amichevoli conversazioni con la ciurma, Madhat venne incatenato come una bestia e trascinato prima sul ponte, poi sul pontile principale dello scalo. Non vedeva Iboue da tempo, perché i carcerieri li avevano tenuti sempre separati, sapendo che assieme erano più pericolosi di una mandria di bufali imbizzarriti. Iboue, inoltre, essendo nero, veniva sempre trattato con minore rispetto, in base a un principio di presunta predominanza dei bianchi con cui Madhat non aveva mai dovuto fare i conti, in gioventù, ma che aveva scoperto ancora radicato nel profondo delle società moderne.

La città li accolse nel mezzo di una meravigliosa giornata

africana, con cielo terso e nuvole sparute che donavano un po' di sollievo dal sole, scorci di vegetazione costiera a perdita d'occhio, uccelli di mille specie impegnati a tracciare le loro trame in volo, come ogni giorno.

Madhat non ebbe modo di guardarsi intorno come avrebbe desiderato, perché venne caricato su una carrozza blindata, ma da quel poco che aveva scorto, la città in cui erano approdati sembrava profondamente diversa da Città del Capo, che tanto lo aveva colpito tempo addietro. Ugualmente viva e laboriosa, appariva decisamente più piccola, meno affollata, priva del fascino dell'altra.

Il tragitto fu breve e il giovane si ritrovò, nuovamente, rinchiuso in una cella sporca e maleodorante. Durante la navigazione i pasti avevano lasciato a desiderare, a tutto discapito della sua forma fisica, e anche la zuppa dall'odore poco allettante che gli venne portata non sembrava promettere particolari soddisfazioni. Se non altro, dopo qualche tempo Iboue arrivò, tintinnante più di un bue da traino, e venne rozzamente scaraventato all'interno della sua stessa cella. Madhat lo accolse con gioia, e si accorse che il sorriso che quel colosso sapeva sfoggiare in ogni circostanza gli era mancato da morire.

Si trovavano in una struttura fortificata, quindi il controllo delle guardie risultò minore rispetto alle ultime settimane. Durante la notte, fingendo di dormire al passaggio delle ronde, Madhat informò il compare di tutte le novità, omettendo solo i dettagli più intimi relativi al trucco utilizzato dalla moglie di Abe per fornirle. Iboue ne fu entusiasta e si disse pronto a sacrificare la propria vita per aiutarlo a tornare tra la sua gente, senza riserve. Nel frattempo, sfoggiando un sorriso ebete e con lo sguardo perso nel vuoto, dichiarò di essersi perdutamente innamorato di Alibanè, la fanciulla che era andato a trovarlo quella famosa sera. Lui, al contrario, non risparmiò a Madhat nessuno dei dettagli di quell'incontro ravvicinato, molto ravvicinato, riuscendo a generare nell'amico un lontano senso di nausea... Non pensava che un uomo e una donna potessero raggiungere e superare in quel modo i limiti imposti dalle leggi sulla gravità teorizzate da Isacco Newton, l'amico di Big John.

55

Souk Ahras, "Il Mercato del Leone", così era chiamato il luogo dove avrebbero combattuto. Costruito su un basamento in muratura, e dotato di una copertura in tela rigida sostenuta da enormi volte in legno, era un esempio di struttura polifunzionale, capace di ospitare non solo combattimenti, ma anche spettacoli drammatici, mercati periodici o pubbliche adunanze, civili e religiose. I due gladiatori lo osservarono da lontano mentre si spostavano su un carro da schiavi, e stimarono che fosse sensibilmente più grande del *Cape Town Circus*.

"La Tigre e il Gigante", "L'evento del secolo", "Gladiatori senza rivali...", così titolavano i manifesti, affissi in tutta la città, con illustrazioni a colori. Madhat e Iboue, sbirciandoli dalla finestrella mentre il loro mezzo percorreva gli ultimi viottoli, si scambiarono commenti di stupore, perché non immaginavano di essere considerati delle celebrità, soprattutto non a distanza di settimane di navigazione dal Capo di Buona Speranza. Madhat sognava cose del genere da ragazzino, come tutti, ma mai avrebbe immaginato che i suoi desideri si sarebbero avverati in maniera tanto diversa da quanto sperato.

Facendo ingresso nella struttura, i due colsero subito un'atmosfera molto diversa da quella cui erano abituati. Gli spazi erano meno angusti, più ampi, ricchi di luce naturale e, soprattutto, non si annusava l'odore della morte, dell'inferno, di cui le pareti del *Circus*, umide, scure e scrostate, erano intrise. Percepirono il rumoreggiare della folla, ovattato, lontano, poca cosa a confronto del costante caos di urla di depravazione e fanatismo che aveva accompagnato i loro incubi per mesi.

Madhat e Iboue compresero che si accingevano a tastare il terreno del *Souk Ahras* quando alcuni guardiani tolsero loro i vincoli. Non erano stati preparati, unti, armati, istruiti in alcun modo. Si aprì un portone, poi una grata in ferro, e i due eroi venuti da lontano entrarono, trascinandosi come turisti svogliati, in un ovale che a terra, al posto della sabbia, aveva un misto di segatura e ghiaia e che puzzava di letame. Solo a quel punto la folla, assai numerosa, esplose in un applauso convinto.

A un tratto udirono una porta di metallo sbattere dietro di loro; si voltarono per cercare di capire quale sarebbe stato l'atteggiamento da assumere, e in men che non si dica si trovarono addosso un numero non precisato di uomini di colore che, a loro volta disarmati, entrando di corsa alla spicciolata da un corridoio laterale, iniziarono a menare gran calci e pugni, quasi tutti a caso. Si trattava, come spesso accadeva in arene simili, di schiavi non adatti ai lavori pesanti, utilizzati in quei frangenti come carne da macello, con la promessa di libertà in caso di sopravvivenza. Sprovveduti, non avvezzi al combattimento, risultavano pericolosi solo per la disperazione che infondevano in quegli attacchi sconclusionati, che di norma si chiudevano con mattanze senza appello.

Madhat, disorientato, guadagnò tempo come poteva, poi se ne scrollò di dosso un paio utilizzando leve elementari, e rifilò un gran calcione nel sedere di un ragazzetto magro ed emaciato che, strisciando a terra come un'iguana, si ostinava nel tentativo di morderlo. Accanirsi con colpi letali contro quelle formiche gli pareva un insulto non solo alla vita, valore poco stimato in quelle arene, ma anche nei confronti di chi lo aveva istruito alla nobile arte del combattimento.

Prese qualche metro di distanza, a suon di manrovesci sparati nel mucchio, e si accorse che Iboue era quasi scomparso sotto la moltitudine di ometti che avevano intrapreso la scalata all'enormità della sua mole. Un paio di loro giacevano esanimi ai suoi piedi, e lui scosse la testa pensando a quanti altri li avrebbero seguiti, di lì a poco.

Madhat tornò a occuparsi di quelli che avevano deciso di soffrire per mano sua, forse venti, o anche più e, per quanto possibile, si limitò a tramortirli. La giostra durò a lungo e quello scontro si trasformò presto in qualcosa di straziante, inconsueto, poco ortodosso. Anche Iboue, di norma un ciclone insensibile, privo di qualsiasi inibizione, pareva trattenersi anche se ogni tanto perdeva la pazienza facendo letteralmente decollare alcuni dei suoi parassiti, sparpagliandoli intorno a sé. Il pubblico parve gradire, pur senza grossi entusiasmi, e iniziò a sottolineare con giubilo i rari casi in cui gli scarafaggi riuscivano a raggiungere i predatori, talvolta con graffi, morsi, e colpi bassi a ripetizione, che alla lunga cominciarono a farsi sentire.

D'un tratto Madhat, impegnato a educare un paio di individui particolarmente petulanti, si trovò di fronte Iboue e, per la prima volta da quando aveva avuto il piacere di conoscerlo, scorse nei suoi occhi un'emozione che pensava non potesse appartenere a quel corpo abnorme: la paura. Il gigante, ricoperto di sangue altrui, come al solito, con un paio di schiavi scalcianti sotto ogni ascella, indicò col viso, con veemenza, una direzione laterale, ma Madhat, scrutando al volo da quella parte, rimediò solo uno schiaffo sul naso da parte di uno dei suoi attaccanti.

Iboue, vero figlio dell'Africa, ne aveva percepito l'odore pungente; la folla lo vide dopo un minuto buono, e lo salutò col primo vero boato degno di tale nome. Sospinto da degli spuntoni di metallo manovrati da addetti ben nascosti nei corridoi sotterranei, un leone fece il suo ingresso nell'ovale, facendo subito calare il silenzio e imponendo, solo con la sua presenza, l'autorità dell'imperatore, la legge del più forte.

Era giovane, non ancora del tutto sviluppato. La criniera, rossastra, copriva solo parte del suo petto e il manto emanava la lucentezza tipica dell'animale non avvezzo alla durezza della savana. Era leggermente appesantito, a riprova del fatto che, probabilmente nato in cattività, non aveva mai dovuto correre per procacciarsi cibo o difendere un territorio. A giudicare dal suo ventre, lucido e tirato, non mangiava da un po', cosa più che sufficiente a fare di lui, al di là di tutto, il padrone indiscusso della situazione.

Gli schiavi ancora in grado di muoversi corsero senza vergogna a radunarsi nel punto più lontano da quello dove il felino stazionava. Il predatore invece si guardava attorno con calma, per selezionare, con accuratezza, l'aperitivo. Madhat, in preda al panico, memore dell'incontro ravvicinato di qualche mese prima, che aveva più volte sognato di notte, si allontanò, senza troppe remore, ma Iboue, per fortuna, si fece carico dell'onere di risolvere la questione, o quanto meno di provarci. Raccolse uno dei primi sventurati che aveva abbattuto, un vecchio negro sfatto e malandato che doveva aver commesso qualche crimine di rilievo per essere finito lì, e lo scagliò, facendolo roteare in aria come se fosse un balocco, in direzione del leone.

Il nobile animale indietreggiò per schivarlo; apparentemente offeso, emise un roboante ruggito per ricordare a tutti le gerarchie e con la finta sufficienza tipica dei felini, iniziò a banchettare con le parti molli dello schiavo. Le fusa smascherarono la sua soddisfazione: aveva ottenuto il massimo risultato con il minimo sforzo, condizione cui nessun animale è disposto a rinunciare.

Ci fu un momento di stasi. Di fronte a quell'agghiacciante spettacolo nessuno aveva più voglia di giocare a chi mena più forte, e tutti quanti si misero, inorriditi, a osservare il lugubre banchetto, in religioso silenzio. Si formarono tre schieramenti: il leone e il suo pasto da una parte, Iboue e Madhat dall'altra, tutti gli schiavi a debita distanza da entrambi quei pericoli mortali.

Madhat ne approfittò per guardarsi intorno. Non aveva idea di come i suoi avrebbero cercato di liberarlo e cercò di capire se vi erano possibilità che potesse accadere in quel luogo, durante un duello. Ne dedusse che era difficile, perché gli spalti erano troppo alti rispetto al suolo. Le guardie, poi, erano numerose e bene armate, forse più che a Città del Capo. Cercò allora di scorgere tra quella moltitudine di gente dalle facce amiche, emozionato all'idea di poter vedere qualcuno dei suoi concittadini lì ad ammirare le sue gesta. Gli sembrò di riconoscere qualche profilo, di tanto in tanto, ma la luce non permetteva di osservare i dettagli e si persuase di essersi sbagliato. Zainabu gli aveva sussurrato che il verso del galagone lo avrebbe orientato al momento giusto, ma lì, in quel caos, non c'erano speranze di distinguerlo con certezza.

Uno strattone di Iboue lo riportò al presente. Il leone aveva mangiato fino alla sazietà e si era adagiato su un lato, con fare aristocratico. Se non stuzzicato, non avrebbe dato fastidio. Gli schiavi superstiti si guardavano tra di loro non troppo convinti, per nulla desiderosi di ricevere altre mazzate. A loro volta, i due veri gladiatori se ne guardavano bene dal tornare a infierire su quelle pulci fastidiose.

Il pubblico non gradì lo stallo e cominciò a lamentarsi sonoramente. In breve tempo alcuni inservienti scesero in campo e invitarono, con pungoli e fruste, il regale felino ad abbandonare la scena, tra i fischi delusi di chi non aveva ancora goduto del divertimento promesso dai manifesti pubblicitari. Prima di uscire, due degli addetti adagiarono una borsa, all'apparenza piuttosto pesante, ai piedi del gruppo raffazzonato di combattenti, insultandoli a dovere per aizzarli. La sacca, nemmeno a dirlo, strabordava di armi.

Il regalo rinvigorì quella gentaglia che, incitata dal pubblico, si armò e provò a organizzare un attacco. Non avvezzi alla guerriglia, caddero senza rendersene conto in un errore grossolano, che gli fu subito fatale. Invece di attaccare compatti per sfruttare la superiorità numerica e di equipaggiamento, si diressero a gruppetti isolati verso gli stranieri. Disarmati i primi due con rapidità, Madhat e Iboue ebbero vita facile e, seppellita ogni remora, in pochi minuti infransero il sogno di libertà di quella moltitudine di disperati. Era il macabro spettacolo al quale la folla anelava.

Applausi scroscianti e urla isteriche salutarono l'uscita dall'arena del duo di implacabili gladiatori venuti da lontano.

* * *

Seguirono altre serate di sangue e violenza, come da programma e i due deportati, loro malgrado, persero di nuovo il conto degli scontri sostenuti e degli sventurati caduti per loro mano. In un paio di occasioni gli avversari si dimostrarono veramente ostici, ma l'epilogo era sempre lo stesso, tanto da sfiorare la noia. Pur non avendo la certezza che il loro gesto potesse giovare alle esistenze degli sfidanti, spesso la Tigre e il Gigante, dopo averli sovrastati, indifferenti alle proteste degli spettatori e degli allibratori concedevano loro la grazia, stanchi di esercitare la professione di boia.

Quando fu ormai chiaro che la carne da macellare iniziava a scarseggiare, i due gladiatori cominciarono a presagire un nuovo cambio di sede. Pareva avessero raggiunto una celebrità che andava ben oltre i confini delle città in cui avevano combattuto, e che altre arene bramassero la loro presenza. La liberazione promessa da Zai, nel frattempo, non aveva avuto luogo, e i sospetti che qualcosa non fosse andato secondo i piani iniziavano a diventare una certezza.

L'arena dove combattevano e la prigione in cui passavano le giornate erano costantemente presidiate, per cui un attacco poteva avere maggiori possibilità di riuscita durante i trasporti che precedevano o seguivano i combattimenti.

Accadde in un pomeriggio uguale a molti altri, in maniera rapida e inaspettata. Il solito carro avanzava verso il *Souk*, trascinato da due ronzini e accompagnato da una ventina di uomini di scorta, alcuni dei quali in sella. D'un tratto si sentirono alcuni spari ravvicinati tra i vicoli della periferia della città. Come fulmini a ciel sereno, generarono un gran frastuono di zoccoli di cavallo, urla e imprecazioni varie. Madhat, Iboue e altri due indigeni, aspiranti combattenti, seguirono con apprensione gli esiti dello scontro che si consumava attorno a loro, cruento e senza esclusione di colpi. Il carro si fermò, immobile, e un silenzio sospetto, rotto solo dall'eco di zoccoli di cavalli in fuga, diede sollievo alle orecchie di tutti, dopo i colpi ravvicinati di armi da fuoco. Qualche secondo dopo si sentì qualcuno armeggiare alla catena che serrava la porta; il rumore metallico, che aveva il sapore inebriante della libertà, cessò improvvisamente quando un colpo deciso, di scure o di martello, mandò in frantumi il lucchetto in ferro.

Per qualche istante non accadde nulla e Iboue, impaziente, fece per aprire lo sportello libero da vincoli, ma Madhat lo fulminò con lo sguardo, sussurrando in lingua zulù: «Aspetta. Aspetta solo un attimo!».

«Ma perché? Aspetti un invito scritto?»

«Il galagone. Hai sentito il verso del galagone?»

«Non ho sentito nessun verso, ma cosa diavolo...»

«Quello era il segnale, e il segnale non è arrivato. Qualcosa non quadra.»

Stanco di quell'attesa incomprensibile, uno dei compagni di sventura, non potendo resistere al richiamo della libertà, prese l'iniziativa, spalancò lo sportello e si scagliò fuori. Probabilmente non raggiunse vivo il pavimento, assalito da quattro ombre inferocite.

«Non è lui, merda!»

Era la voce di Bonehead, lo scagnozzo di Jacob. Madhat la riconobbe e vide svanire l'atteso lieto fine, che sembrava ormai a portata di mano. Allo stesso tempo, quella voce ebbe il potere di scatenare in lui le reazioni istintive che rendono un corpo pronto alla battaglia per la vita. Sentì il sangue battergli forte nelle tempie e si accorse di avere le mascelle serrate e i pugni chiusi: era il desiderio di vendetta.

Iboue comprese tutto, senza bisogno di parole, e si preparò a fare la sua parte. I due uomini e l'altro ragazzo che viaggiava con loro, involontario e spaventatissimo alleato, sradicarono le panche di legno massiccio dell'abitacolo e le imbracciarono. Non avrebbero avuto altre armi.

Aspettare la mattanza in quel piccolo ambiente non era saggio, perché se gli assalitori avessero avuto armi da fuoco sarebbe stato per loro sin troppo facile trucidarli. Un rapido cenno d'intesa e i tre si prepararono a catapultarsi all'esterno pur sapendo che si trattava di un'impresa disperata, visto il numero dei nemici ad attenderli; ma non avevano alternative.

Proprio allora, il verso del galagone, stridulo, stentoreo, giunse come l'affondo vincente di un virtuoso del fioretto, ed echeggiò tra i vicoli attorno. Madhat lo riconobbe e lo accolse come le parole consolatrici della mamma ad un bimbo che si è fatto male. Non ebbe dubbi: proveniva dalla gola di uno dei suoi fratelli.

Con un gran clangore di zoccoli e spade, colpi di pistola in rapida successione e urla intimidatorie, un nutrito gruppo di alleati irruppero e, superiori nel numero, non ebbero problemi a mettere in fuga Bonehead e i suoi.

Madhat, a sua volta, portò le mani al viso ed emise lo stesso verso per dare conferma di essere vivo e in compagnia di gente fidata; a quel punto, finalmente, spalancò la porticina e si affacciò all'esterno.

Rashid, Omar, Ramon, Mark, Carlo e altri concittadini, assieme ad Abe, schierati a semicerchio attorno al carro abbandonato dal cocchiere, reagirono con un attimo di ritardo alla vista di quel guerriero fiero e coriaceo. Riconosciuto sotto la scorza da gladiatore il compagno di mille giochi d'infanzia, corsero ad abbracciarlo con forza, litigando per avere la precedenza. Madhat non si sottrasse e si commosse un po', ma fu abile a nasconderlo. Passò quindi alle presentazioni, liberando l'inconsapevole indigeno, felice di dileguarsi, e introducendo in famiglia quel colosso di nome Iboue e dal cognome ignoto; dopo aver assicurato che non avrebbe mangiato nessuno, lo presentò come un guerriero capace di sovvertire le sorti di una guerra tra nazioni.

Abe scese da Uhuru e lo consegnò al suo legittimo proprietario. Madhat avrebbe voluto tempestare tutti di domande, ma preferì godersi la libertà.

Cavalcò placido, a fianco dei suoi concittadini, finalmente appagato. Ci sarebbe stato tempo per tutto, con calma.

56

Rinfrancata dall'eco della poderosa esplosione innescata da Madhat a monte dello stretto sentiero che stavano percorrendo, la comunità di Shasmahal aveva continuato a ritmo sostenuto la fuga a nord, come da programmi.

Col passare dei giorni, convinti ormai di non essere più seguiti, avevano rallentato la marcia per permettere a tutti di tirare il fiato e adattarsi alla nuova condizione. Talvolta avevano trascorso diversi giorni negli accampamenti più confortevoli, per poi muoversi solo quando le avanscoperte tornavano riferendo di aver trovato nuovi posti, altrettanto adatti. Non avendo alcuna meta da conquistare o tempi da rispettare, si erano rilassati impiegando più di due mesi per raggiungere la prima zona parzialmente civilizzata, preoccupati solamente del ritardo di Madhat. Con il sospetto che potesse essere successo qualcosa, avevano organizzato una prima spedizione di ricerca. Abe, che la capeggiava essendo il più a suo agio in quei territori, dopo qualche settimana era rientrato riportando una parte dell'attrezzatura abbandonata tempo prima, ma di Madhat, che avrebbe dovuto recuperarla, nemmeno l'ombra. Le tracce sul luogo dell'ultimo scontro, ormai vecchie, non gli avevano permesso di ricostruire quel che era successo dopo l'esplosione.

Arrivata nei pressi della città di Lourenço Marques, la gente di Shasmahal si era riavvicinata alla costa e accampata alla meglio per qualche settimana in attesa di capire come organizzare il ritorno alla civiltà. Emissari del gruppo, scelti tra coloro che avevano già avuto contatti con l'esterno, avevano iniziato a sondare il terreno per individuare una sistemazione definitiva per tutti coloro che avrebbero espresso la volontà di rimanere nella comunità.

Grazie a un lasciapassare che spalanca tutte le porte, ovvero pietre preziose del tesoro del Capitano Suburban, avevano trovato sistemazione in un agglomerato di case nell'immediata periferia a nord della città, qualche insenatura oltre il golfo dove sorgeva il porto commerciale. Si trattava di un piccolo quartiere, modesto, in cui alcuni mercanti in cerca di stanzialità avevano sistemato le famiglie. Davanti alle offerte di preziosi non avevano avuto problemi a vendere, lasciando agli esuli in cerca di nuova dimora una piccola oasi malandata, che tutti si erano dedicati da subito a migliorare e adattare alle loro esigenze. Un'insenatura che dava sul mare, protetta dalla vegetazione tutt'intorno, garantiva quel minimo di riservatezza a cui gli ex eremiti non sapevano rinunciare. La città, comunque, distava non più di mezz'ora a piedi.

In poche settimane ogni nucleo familiare si era trovato una sistemazione adatta: gli artigiani di Shasmahal, potendo disporre finalmente di legno e altro materiale in abbondanza, avevano rapidamente costruito tutto ciò che serviva a soddisfare ogni esigenza dei vari nuclei, compresi i locali utili per le attività comuni, in linea con le loro abitudini.

La vita della gente di Shasmahal, insomma, era ricominciata a partire dal ricordo ancora vivo di una lunga esperienza di gioia e felicità, dal lutto causato da chi aveva infranto quella magia, e dalla voglia di porre le basi per un futuro di tranquillità e benessere, da dedicare alla memoria di tutti coloro che per quel sogno avevano sacrificato la vita.

A cinque mesi dall'esodo dalle scogliere amiche, mancava solo un tassello fondamentale: tutti sentivano il bisogno di sapere se il loro salvatore, Madhat, fosse vivo, per poterlo cercare con ogni mezzo o, nel caso la sorte fosse stata malvagia, per piangerlo e poi celebrarlo come un dio.

Abe, con assenso unanime degli esuli, aveva preteso e ottenuto l'onore di portare a termine quella missione.

57

La comitiva entrò nel nuovo quartiere lentamente. Madhat aveva notato uno o due dei suoi correre avanti, quindi sapeva che i concittadini erano già stati avvertiti del buon esito della spedizione. Quando giunsero al centro del piccolo villaggio, che fino a quel punto era sembrato deserto, il giovane trasalì vedendo la sua gente sciamare fuori dalle abitazioni e dalle parti comuni, in un silenzio altamente significativo. Capì che non doveva dire nulla e lasciò che Uhuru venisse lentamente accerchiato da decine e decine di persone che portavano in dono sorrisi sempre più ampi e convinti. Anafi giunse tra gli ultimi e interruppe quel rito improvvisato, iniziando a battere forte le mani. L'applauso crebbe d'intensità fino a ottenere ciò che tutti desideravano: il grande guerriero Madhat scoppiò a piangere, ritornando in un attimo quel bimbo paffutello e capriccioso che tutti ricordavano scorrazzare seminudo, fino a non molti anni prima, per le scogliere del loro eremo.

L'eroe di Shasmahal scese da cavallo e si rifugiò in una serie di abbracci, caldi e convinti, ringraziando tutti coloro che avevano reso possibile quel momento, il più esaltante e appagante della sua esistenza. Fu sfiorato, toccato, avvinto da più mani e braccia che in un mese di scontri al *Circus*, e accettò tutto di buon grado.

Fu felice di scorgere, accanto ad Abe anche se in disparte, Zainabu. La salutò convinto, ottenendo in risposta un sorriso carico di energia, e sperò che nessuno cogliesse l'imbarazzo di entrambi.

Anafi, a quel punto, lo sottrasse di peso dalla moltitudine e lo condusse verso una piccola casetta di legno di recente costruzione in prossimità della spiaggia, circondata da una staccionata bianca e contornata da alberi di pesco. Al suo interno trovò le persone cui era giusto riservare un momento di intimità, quelle che si erano sottratte al saluto della folla per riservargli il loro abbraccio più caldo: Anafi stesso, Phil, Houda e, naturalmente, sua madre Julia. Quella donna, ancora di una bellezza insopportabile, sorrideva sempre, di fronte a qualsiasi evento. Nessuno l'aveva mai vista piangere, negli anni, o dare segni di sconforto. Sicuramente aveva sofferto tanto, a partire dal giorno in cui, incinta di Madhat, aveva visto scomparire Ra, suo marito. Chissà con quale ansia doveva aver trascorso, poi, gli ultimi mesi, sapendo il suo unico figlio in costante pericolo, impegnato in missioni proibitive. Eppure lei aveva sempre fatto la sua parte, senza cedere o risparmiarsi, dispensando forza e coraggio a tutti, dimostrandosi una pedina fondamentale negli equilibri della comunità. Madhat ne era orgoglioso: parte del suo temperamento lo doveva sicuramente a quella donna così minuta e coriacea, e all'educazione che aveva saputo donargli, sottovoce, col sorriso.

Quando gli altri si allontanarono per lasciarlo all'intimità della sua nuova casa, Madhat iniziò a guardarsi intorno un po' impaziente, in cerca della persona che così tanto aveva desiderato riabbracciare e che non si era ancora fatta vedere. I sorrisi di Anafi e di sua madre, prima di lasciare la casetta, anticiparono l'ultimo incontro, il più importante.

Poco prima si era sbagliato, perché era quello che si materializzò davanti ai suoi occhi lo spettacolo più bello cui avesse mai assistito, il momento più sconvolgente di tutta la sua vita. Lana apparve in tutta la sua ritrovata bellezza, illuminata da un sorriso splendente, stringendo al petto un morbido fagotto di carne rosa, con riccioli biondi ribelli e due grandi occhioni blu. Quella visione mise a dura prova il cuore del giovane.

Madhat non ebbe bisogno che qualcuno gli spiegasse che quello era suo figlio, che era bello come il sole di primavera, che era nato a sua insaputa da un paio di mesi, regalando alla comunità di Shasmahal felicità e speranza nel futuro, e che il suo nome era Nicholas Suburban.

Quella volta non pianse; avrebbe voluto, ma non ci riuscì. La gioia era dolorosa al punto da fargli tremare le gambe, e quando Lana gli porse con le lacrime agli occhi il fagottino profumato, lui preferì non affrontare quella sfida impari e si riparò in un delicato abbraccio, stringendoli entrambi a sé.

* * *

Dopo aver fatto l'amore e colmato il disperato bisogno che avevano l'uno dell'altra, i due giovani passarono gran parte della notte a guardarsi negli occhi, sfiorarsi e narrarsi gli accadimenti degli ultimi mesi. Il piccolo Nicholas dormì placidamente, per poi pretendere attenzioni pochi minuti dopo che i suoi genitori si erano finalmente addormentati. A Madhat la cosa non pesò e si dedicò anima e corpo a cercare di calmare quella piccola furia della natura, ma con risultati piuttosto scarsi. Lasciò che fosse Lana, sorridente e serena, a occuparsi del piccolo, mentre lui rimaneva in estasiata contemplazione dei suoi tesori.

Con il sorgere del sole la luce diede il giusto risalto ai cambiamenti fisici che avevano trasformato per sempre il corpo di Madhat. Lana li osservò con apprensione e serietà; aveva di fronte un leone adulto, fiero, veloce e scattante, reso ancor più nobile dai segni delle violenze che aveva dovuto sopportare. Passando con delicatezza il dito sulle cicatrici più evidenti degli scontri, e scrutando i solchi sul suo viso, Lana ebbe definitiva coscienza delle sofferenze e delle costrizioni che il suo uomo doveva aver subito. Lui minimizzò, come al suo solito, lei sentì il cuore palpitare d'ammirazione.

Nelle donne che aveva incontrato, Madhat aveva trovato un mero sfogo fisico, animalesco e terapeutico. Più volte aveva sognato il corpo di Lana, che ricordava a stento, e che trovò fresco e sensuale nonostante i segni della recente gravidanza. Aveva acquisito maturità, era davvero splendida. La consapevolezza che non avesse occhi che per lui lo inebriò e non poterono evitare di unirsi nuovamente, in maniera dolce, lenta, appassionata e appagante, senza smettere nemmeno per un attimo di guardarsi negli occhi, trasmettendosi messaggi che nessuna parola avrebbe mai potuto convogliare.

Per colazione mangiarono frutta fresca, e poi si dedicarono a un rapido giro alla scoperta del villaggio, con il piccolo al seguito. Madhat colse rumori, odori e sapori del tutto simili a quelli in mezzo ai quali era cresciuto, e comprese che "casa" non è un concetto materiale, ma del tutto emozionale. Fece il bagno in mare col pupo che, pur avendo ancora un controllo approssimativo delle manine, riuscì a infilargli negli occhi un ettaro di sabbia, divertito e convinto. A fronte del primo rimprovero del padre gli cagò addosso a spruzzo, suscitando l'ovazione di tutti i concittadini presenti. Madhat, suo malgrado, comprese che lo scettro di celebrità della zona non gli apparteneva più, e fece finta di esserne contento.

Dopo un pranzo preparato da Julia, da leccarsi i baffi, e un meritato riposino che nemmeno Nicholas riuscì a interrompere, pur mettendocisi d'impegno, Madhat venne convocato dalla ricostituita assemblea cittadina, prendendo posto alla sedia che era sempre rimasta vuota in sua assenza.

Discusse a lungo con gli amici ritrovati, rinnovando i racconti sulle sue peripezie, la cattura e la conseguente prigionia, senza omettere i particolari più brutali, volutamente nascosti a Lana. Accennò anche all'incontro ravvicinato che aveva avuto con i malavitosi che contavano a Città del Capo e all'immenso giro d'affari proveniente dalle scommesse sui gladiatori e dalle attività dei Sebeti. Quando giunse il suo turno, Phil lo ragguagliò sugli eventi, le decisioni e i processi che avevano portato la sua gente a ricongiungersi con il mondo esterno e a scegliere quel posto come nuova base. Madhat si complimentò con tutti, fiero del loro operato.

Anafi, vigoroso come non mai, si riservò di esporre la questione finale, la più complicata: «Mi rincresce turbare di nuovo la quiete che hai appena ritrovato, figlio mio, ma la condizione di pace che percepisci, purtroppo, è precaria».

Tutti si fecero cupi. Madhat sapeva bene a cosa si stesse riferendo il colosso nero. Parlò anticipandolo: «Lo so, vecchia tigre. Ho sentito la voce di quel cane bastardo di Bonehead mentre i miei fratelli mi liberavano, l'altra sera. Non ho difficoltà a comprendere cosa implichi la sua presenza in queste zone».

«Esattamente. Abbiamo buoni agganci in città, pagati con

moneta gialla, e sappiamo che è arrivato da almeno un paio di settimane, a capo di un manipolo di delinquenti. Abbiamo tardato a liberarti perché li abbiamo dovuti osservare, con discrezione, mentre effettuavano sopralluoghi e appostamenti, in modo da poter intervenire per impedire loro di coglierti impreparato. Volevano eliminarti, noi abbiamo respinto l'assalto, ma ora sanno che sappiamo. Si stanno armando e organizzando, e ci attaccheranno, senza dubbio. Abbiamo il sospetto che ci sia anche Jacob in persona a coordinare lo scontro finale.»

Madhat sentì montare i fuochi dell'ira e faticò a tenerli a bada. «So per certo che Jacob è stato allontanato dall'organizzazione centrale che aveva finanziato l'attacco a Shasmahal, la *Souk al Shabaab*, che ha sede a Città del Capo e Liverpool, per via della fallimentare riuscita della missione. Deve essere qui di sua iniziativa, con il solo scopo di distruggerci, fosse l'ultima cosa che fa.»

«Di che mezzi dispone, che tu sappia?»

«Non lo so, ma l'ho visto ed è in condizioni precarie. La gamba colpita dalle frecce mie e di Ra, prima della frana, gli è stata amputata, ed è una maschera di sofferenza.» La stanza si riempì di sorrisi. «Ma resta pericoloso come un mamba nero, lo sappiamo tutti. Come ex membro del direttivo dell'organizzazione, dispone certamente di molti contatti e buone ricchezze; non ho dubbi che sia disposto a sacrificarle per il solo gusto di vederci annientati.»

Phil si intromise, sconsolato: «Dobbiamo organizzare una difesa al più presto, ancora una volta».

Madhat gli rispose sorridendo appena, specchiandosi nella profondità degli occhi di Anafì, dall'altra parte del tavolo: «Basta difesa. È il momento di attaccare».

58

Madhat comunicò a Lana che sarebbe partito a breve, e lei accettò la notizia senza battere ciglio. Non aveva dubbi su quale fosse il ruolo del suo uomo.

All'alba della mattina successiva un manipolo di quindici uomini partì al galoppo verso l'entroterra, senza troppe cerimonie, lasciando Rashid a capo del contingente a difesa del villaggio. Avevano acquistato armi e munizioni moderne, costruito fortificazioni, e anche senza le protezioni degli scogli della città meravigliosa avrebbero continuato a vendere cara la pelle.

Madhat e Abe viaggiavano affiancati in testa al gruppo, consci dell'importanza della loro missione. Iboue e gli altri seguivano poco dietro, pronti a tutto.

Abe aveva spiegato all'amico che le ricerche per localizzarlo erano state estenuanti. Più che intuito, aveva sperato che Madhat, scomparso nel nulla, potesse essere stato catturato e non ucciso. Di conseguenza, conoscendo le dinamiche dell'organizzazione centrale, aveva immaginato che potesse essere stato impiegato per far fruttare le sue doti, piuttosto che incarcerato a marcire. Abe era giunto a Città del Capo a piedi, dopo una marcia serrata di oltre tre mesi, riuscendo a ricongiungersi a Zainabu sulla via a nord della grande città, come da accordi. La fama della Tigre e del Gigante, a quel punto, stava crescendo, e ad Abe era bastato acquistare un biglietto per una delle serate al *Circus* per trovarlo. Quell'arena era notoriamente blindata, quindi l'indigeno aveva dovuto lavorare di ingegno per ottenere maggiori notizie. Solo l'insperato contatto con un non meglio precisato membro dell'organizzazione centrale aveva fornito informazioni sulla cella dove i due gladiatori erano stati rinchiusi prima di salpare verso nord, permettendogli di organizzare l'accesso di Zai.

Abe, nonostante le insistenze di Madhat, era apparso reticente sull'identità del suo "aggancio", riferendo che si trattava di uno sconosciuto che si era fatto avanti di propria iniziativa. Madhat non se la sentì di insistere, pur impaziente di definire nei dettagli i contorni di quella trama da romanzo, inibito anche dalla pressione che gli attanagliava da un po' la coscienza. Si armò di coraggio e, sempre cavalcando, si rivolse al compagno, cuore in mano, cercando di non farsi sentire dagli altri: «Abe, amico mio, io devo dirti una cosa…».

«Sputa il rospo, pallido guerriero.»

«Riguardo alle informazioni che Zainabu è riuscita a passarmi, vorrei che tu sapessi…»

Lo sguardo di Abe si oscurò e a Madhat parve di notare che aveva serrato le labbra per un attimo. Si ricompose in un baleno e interruppe l'amico con un cenno della mano: «So tutto, Madhat. E va bene così».

«Era una situazione paradossale, io non volevo…»

«Taci, Madhat, taci. Zainabu sapeva a cosa andava incontro, e lo ha accettato senza riserve. Ti ha fornito notizie che ti hanno salvato la vita e se non l'avesse fatto non saremmo qui, ora.»

«Va bene, ma io.»

«Ma tu, come spesso accade, non capisci. Sei nato in questa terra, ma hai origini diverse. Se ti ostini a voler seguire fuori da Shasmahal le tue usanze, sbatterai contro mura sempre più alte, finendo per farti male. Zai è figlia dell'Africa, e per noi la carnalità ha significati che voi bianchi nemmeno riuscite a immaginare, e che tu non puoi comprendere. Ho detto che va bene così, e il discorso deve finire qui.»

Madhat si impose di tacere, ancora imbarazzato, ma anche in parte sollevato. Dopo qualche secondo, Abe, pur senza girarsi verso di lui, aggiunse: «Apprezzo che tu abbia voluto dirmelo. Sapendo come ragionate voi sbiaditi, lo apprezzo davvero».

Madhat sorrise: «Troverò tua madre e le chiederò lo stampo con cui ti ha forgiato; vorrei che i miei figli fossero come te».

Abe accennò a sua volta un sorriso, sempre guardando avanti, e la tensione calò sensibilmente. Madhat, archiviato quel dialogo, pensò all'altra persona con la quale aveva un debito di confessione, e sapeva che la salita, in quel caso, sarebbe stata ben più irta. Conosceva Lana, avendo toccato con mano, in passato, la parte oscura del suo carattere. Le donne di cui si era servito nelle celle del *Circus* non costituivano un problema. Non erano tradimenti.

L'unione con Zainabu, al contrario, essendo lei diventata un nuovo membro della loro comunità, era tutt'altra cosa, anche solo per le emozioni che aveva generato. Sapeva di doverlo confessare a Lana, prima che venisse a scoprirlo da sola, ma temeva le sue reazioni, che avrebbero potuto devastare l'idillio così faticosamente costruito, e che era stato benedetto niente meno che da Ra, poco prima di morire.

Madhat scacciò quei pensieri, seguendo Abe che infilava un sentiero tra due collinette, nel mezzo di un bosco di acacie, tra bambini locali che si scansavano in fretta per evitarli, ammirati. L'indigeno aveva condotto personalmente dei sopralluoghi, spiando il nemico nei giorni precedenti e localizzando la zona dove era probabile che Jacob avesse stabilito il suo quartier generale; sembrava conoscere gli itinerari a menadito, come se avesse sempre vissuto da quelle parti.

Si accamparono in prossimità di una depressione del terreno generata dal passaggio di fiumi stagionali durante le piogge, allo svanire dell'ultimo raggio di sole. Madhat e gli altri fecero il punto della situazione alla luce di tutte le informazioni a loro disposizione, condividendole con chi non aveva partecipato alla riunione della sera precedente.

Jacob era stato estromesso dall'*Al Shabaab*, anzi, senza dubbio doveva esserne diventato un nemico dichiarato, altrimenti non avrebbe mai mandato Bonehead ad assaltare la scorta che l'organizzazione medesima aveva messo a protezione dei gladiatori. Non poteva più contare sui Sebeti, quindi, ed era una gran bella notizia per tutti. Doveva avere a disposizione risorse limitate, e probabilmente aveva deciso di spostarsi a nord col doppio obiettivo di sottomettere gli abitanti di Shasmahal e cercare nuovi filoni malavitosi, in una città ancora non completamente sotto il controllo dei suoi vecchi soci, e nella quale gli influssi arabi offrivano discrete possibilità di alleanze. Temendo che Madhat potesse cambiare città e arena, doveva aver ordinato la spedizione punitiva a danno del principale artefice delle sue sventure, e poi, con più calma, avrebbe pianificato l'attacco agli altri. Tutti speravano che non avesse notato le perlustrazioni di Abe, e che di conseguenza si sentisse al sicuro.

Il gruppo si rimise in movimento all'alba, quando il sole era solo un pallido presagio della sfera infuocata che li avrebbe consumati durante il giorno. Approdarono nei pressi di un'altura collinare all'inizio dolce, poi più impegnativa, che li costrinse a rallentare il passo. Jacob non era stato avventato al punto da dimenticare i fondamenti della guerriglia, scegliendo una postazione ben protetta dalla natura. Incanalandosi, come stavano facendo, in quel corridoio sempre più stretto, gli assalitori sarebbero stati facilmente notati da retroguardie o sentinelle. Abe e Iboue, che nel frattempo avevano trovato una buona intesa, organizzarono due avanscoperte per ispezionare eventuali vie d'accesso laterali, mentre gli altri erano rimasti a riposare, trovando un luogo sicuro per i cavalli, pronti a proseguire a piedi.

Madhat non partecipò a quelle azioni strategiche e, un po' accigliato, con la scusa di tirare il fiato e occuparsi dei cavalli, se ne stette in disparte, cercando di non dare troppo nell'occhio. Era impegnato a fronteggiare un pensiero fastidioso, infestante, che gli aveva aggredito la mente da qualche tempo e di cui faticava a definire i contorni. Aveva capito, colto da un'improvvisa folgorazione, che Abe era figlio di Clive Dunn Junior, capo dei Sebeti e socio di rilievo del *Souk al Shabaab*. Quella familiarità nel volto del discendente del fondatore dei Sebeti, che aveva colto vedendolo per la prima volta nell'ufficio di Big John, aveva un'unica spiegazione: lui e Abe si assomigliavano in maniera impressionante, tanto da non lasciare dubbi. Anche fisicamente erano molto simili, con l'unica palese differenza nel colore della pelle; evidentemente Abe doveva essere il frutto di un incontro di Clive con una donna di colore. Quella intuizione dava origine a numerose implicazioni, e Madhat faticava a metterle in ordine. Il fatto che Abe fosse, fino a qualche mese prima, un semplice soldato di una frangia dell'esercito diretto dal padre, lo rincuorava in parte. Poteva essere il risultato della volontà del genitore di non disfarsi del tutto di un probabile errore, ma di tenerlo comunque a distanza di sicurezza, in una posizione senza possibilità di emancipazione. D'altro canto, Abe era istruito, soprattutto rispetto alla media dei Sebeti, rozzi e ignoranti come bestie, e probabilmente aveva avuto contatto diretto con la civiltà, sin da bambino.

Era stato incaricato dagli esuli di Shasmahal di rintracciare Madhat, dopo la scomparsa, e il fatto che vi fosse riuscito poteva essere considerato un piccolo miracolo, nella smisurata vastità del continente. Ma l'essere riuscito a fargli pervenire informazioni quando si trovava recluso in un'anonima abitazione nella periferia faceva sorgere il sospetto che potesse avere canali di comunicazione privilegiati con i vertici dell'associazione criminale. Non a caso, poi, si era mosso bene anche nella nuova città, tanto da riuscire a condurre gli uomini di Shasmahal a liberare il loro eroe con un tempismo perfetto; così preciso da apparire, alla luce dei nuovi fatti, in qualche modo sospetto. Abe aveva mostrato doti non comuni, in molti ambiti, ma Madhat non riusciva a scacciare l'idea che i suoi successi potessero derivare dal mandato preciso di qualcuno, probabilmente molto in alto. Aveva tradito, di fatto, lasciando i Sebeti e passando al nemico; continuare ad avere accesso a informazioni di enorme rilievo poteva avere un'unica spiegazione logica: un nuovo doppio gioco, ancora più subdolo, più radicato e malvagio. Abe – Madhat se ne convinse – era una spia. Ricordò, a tal proposito, che nel primo, crudele doppio gioco, Abe si era unito ai fuggitivi arrivando alla base assieme a Eribert, il figlio di Jacob, forse simulando di essere stato seguito: un piano capace di far impallidire pensatori come Machiavelli.

Imprigionato nelle sabbie mobili di quei ragionamenti, Madhat tentava, al contempo, di aggrapparsi a ogni appiglio mentale utile. Nonostante la recente lezione di vita sulla diversità tra africani ed europei, che senso aveva lasciare che Zainabu si unisse a lui con l'unico obiettivo di dargli informazioni? Se Abe fosse stato davvero un doppiogiochista avrebbe potuto escogitare altri stratagemmi. E poi, perché liberarlo? Sarebbe stato più comodo per tutti lasciarlo marcire in una cella, in attesa di un'esecuzione capitale che, prima o dopo, il *Circus* avrebbe in qualche modo messo in atto. Subito dopo però pensò che, con la sua liberazione, Abe forse puntava a essere definitivamente accettato, senza riserve, dalla comunità esule, per lavorare meglio dal suo interno e giungere con l'aiuto dei sopravvissuti al definitivo annientamento di Jacob e dei suoi, ormai avversari dichiarati dell'organizzazione centrale e, quindi, del padre Clive.

Madhat si appigliava con estrema convinzione, per non sprofondare nella certezza del tradimento, al suo istinto e al suo cuore: non potevano aver commesso un tale errore di valutazione. Clive e Fernando erano due bestie fameliche, assetate di ricchezza e pronte a tutto, esattamente come Jacob e, *primus inter pares*, Big John. Abe, al contrario, aveva occhi da buono e lasciava trasparire gli stessi ideali di giustizia e umanità che Madhat aveva fatto suoi sin dall'infanzia. Se Abe si fosse davvero rivelato un traditore, Madhat se ne convinse, lui del mondo non aveva ancora capito nulla.

Decise, in definitiva, di adottare un atteggiamento vigile sulla successione degli avvenimenti più prossimi; i nodi sarebbero venuti al pettine, molto presto.

59

Le avanscoperte, al ritorno dai loro sopralluoghi, riferirono quella sera che il campo dove Jacob e i suoi avevano trovato rifugio sorgeva in uno spiazzo di medie dimensioni poco oltre il costone di montagna che s'intravedeva al culmine del sentiero che stavano percorrendo. Lo avevano osservato in lontananza dall'alto, da due postazioni opposte, certi di non essere visti. La zona non era particolarmente presidiata, con un paio di sentinelle collocate in posizione molto favorevole al termine del sentiero stesso. Il gruppo, per aggirare quell'ostacolo, raggiungere un passaggio percorribile e scendere verso il campo, senza essere notato, avrebbe dovuto muoversi a piedi e con il favore dell'oscurità, adottando una tattica di avvicinamento circospetta che avrebbe richiesto almeno un paio di giorni. Non vi erano alternative, quindi decisero di partire l'indomani di buonora, per raggiungere a tarda sera i luoghi da cui sarebbero stati visibili e utilizzare di conseguenza le ore buie per procedere.

All'improvviso Madhat ebbe un'idea e, visti i dubbi che lo confondevano, la trasformò immediatamente in una decisione inamovibile, senza perdere tempo a misurare pro e contro. Si era da poco steso vicino al fuoco dove avevano consumato una cena veloce e nutriente, insieme a coloro che non erano stati selezionati per il primo turno di guardia. Quando si alzò di scatto, Abe, sempre vigile, gli chiese subito spiegazioni. Lui, senza nemmeno guardarlo in faccia, riferì che non riusciva a prendere sonno e che avrebbe dato il cambio a Iboue, per tentare di riposare più tardi. Il gigante nero, capace di dormire come un cadavere, a comando, in qualsiasi momento della giornata, accolse con piacere la grazia inattesa e si avviò verso un giaciglio vicino al fuoco.

Madhat attese che tutti si addormentassero, poi scattò di corsa su per il sentiero in salita. L'aria fresca della sera rafforzò le sue convinzioni; in pochi minuti arrivò a sostenere senza sforzo una corsa rapida e continua, in direzione del nemico. Aveva intenzione di superare le sentinelle in cima al sentiero scalando la roccia in alto, per poi calarsi all'interno del campo, quella notte stessa, dare l'eterno riposo a Jacob e possibilmente anche a Bonehead. Così facendo, nelle sue intenzioni, non avrebbe esposto i suoi amici ai pericoli dello scontro diretto con quelle iene e, soprattutto, avrebbe privato Abe della possibilità di portare a termine il suo potenziale tradimento, trasformando i cacciatori in prede.

Dopo quasi un'ora di corsa arrivò al punto che ritenne il più adatto alle postazioni delle vedette. Reputando troppo rischioso cercare di localizzarle, decise di aggirare il problema intraprendendo una scalata verticale. Fin da piccolo aveva vissuto in mezzo alle rocce, quindi salì agile e veloce come un ragno, nonostante il buio mitigato in parte dalla luna, spesso disturbata dalle nuvole, che preannunciavano la stagione delle piogge. Quando la scalata iniziò a farsi più impegnativa, scorse in basso la testa della prima sentinella. Era un bianco, stranamente vigile e attento. Girava la testa a intervalli regolari in tutte le direzioni, anche nella sua. Capì che sarebbe dovuto salire ancora più in alto per eliminare ogni possibilità di essere avvistato. Si armò di coraggio e, anche se più lentamente, continuò ad arrampicarsi.

Dopo qualche minuto iniziò a piovere, in maniera leggera ma costante. Madhat imprecò, allarmato. Le rocce, con l'acqua, diventano come saponette, soprattutto quando è molto che non piove e il liquido smuove l'accumulo di polvere e altri detriti che si sono depositati nel tempo. Negli ultimi metri aveva affrontato qualche rischio, per arrivare il più in alto possibile, e stimò di essere giunto ormai al di sopra della guardia che cercava di superare. A quel punto non sarebbe stato in grado di abbandonare la missione e tornare indietro, quindi proseguì senza esitazioni. Scorse davanti a sé un tratto di roccia con al culmine uno spuntone comodo per un aggancio ma piuttosto distante. Riuscì a percorrere lateralmente qualche altro metro, portandosi fuori dal raggio visivo della sentinella, ma poi dovette fermarsi, non trovando più alcun appiglio. Completamente zuppo e ancorato alla parete di roccia solo con un braccio e una gamba, iniziò a tremare in maniera preoccupante. Non sapeva se per il freddo, la paura, o le energie che venivano meno, ma capì di essere in grave pericolo, e sentì il suo cuore reagire pompando al massimo, tanto da essere fastidioso.

La roccia, in quel punto, curvava ulteriormente e diventava alla sua destra ancora più inclinata in negativo. Dalla sua prospettiva continuava a intravedere l'unico appiglio utile a superarla, ma non poteva essere certo che, raggiunto quello, già a distanza proibitiva, ve ne sarebbero stati altri. Guardando in basso stimò di avere sotto di sé un salto nel vuoto simile a quello che separava Shasmahal dall'oceano, ma senza l'acqua ad attutire un'eventuale caduta.

Sentì che le energie lo stavano abbandonando. Inspirò ed espirò profondamente, si piegò su se stesso e, con tutta la forza che riuscì a racimolare, si lanciò nel vuoto.

Fu una frazione di secondo, ma percepì immediatamente di aver calibrato male il salto. Tentò di correggere la traiettoria in volo, ma mancò inesorabilmente l'obiettivo; la sua mano passò oltre lo spuntone, di una spanna almeno, e sentì che il peso dalla forza di gravità lo proiettava verso il vuoto.

Eppure, non cadde; l'altra mano, protesa a sua volta verso l'alto, si incastrò in qualcosa. Madhat riaprì gli occhi, incredulo, e si accorse che i braccialetti donati da Lana e Zainabu, legati tra loro, si erano incastrati in un minuscolo spuntone di radice, ormai secca, che fuoriusciva appena dalla roccia. Quelle due donne, così importanti nella sua recente storia, gli avevano appena salvato la vita.

Non si perse d'animo. Approfittò di quel soccorso insperato per riprendersi, e sentì le forze tornare a invadere con prepotenza i muscoli, fino a poco prima svuotati di ogni energia. Certo che i braccialetti, o la radice, si sarebbero rotti di lì a poco, avvinghiò la mano destra al polso sinistro e si issò fino ad arrivare alla roccia mancata in precedenza, aggrappandosi, saldo e sicuro. Si sporse un po' verso destra, e constatò con sollievo che la strada era meno impervia. Respirò a lungo, a occhi chiusi. Aveva ancora il cuore in gola e tremava come un bambino.

Con la calma di chi non vuole abusare della grazia ricevuta, dopo essersi ripreso dallo shock, proseguì prudente e in poche mosse superò il punto critico, senza ulteriori difficoltà. Il campo del nemico già si intravedeva in fondo alla vallata.

Dopo un'ora circa giunse in prossimità della base. L'accampamento, silenzioso, era organizzato in maniera simile a quello che aveva già assalito mesi prima al fiume, e non ebbe difficoltà a capire quale era la capanna del capo. Jacob amava le comodità e si era fatto costruire una casetta in legno. Prima di rivolgere a lui le attenzioni che meritava, però, occorreva togliere di mezzo quella iena di Bonehead, il più pericoloso del gruppo.

Madhat si avvicinò silenzioso come un serpente ad alcune delle tende attorno alla casetta, simili a quelle degli indiani d'America; tutti gli uomini russavano rumorosamente, ignari del pericolo che si avvicinava. Ma i nemici erano troppi, molti più di quanti immaginava di trovarne. Scovare tra di loro il mastino pelato, al buio e senza alcuna informazione, era pressoché impossibile. Si allontanò con agilità dal primo gruppo di giacigli, per dirigersi più a sud nell'accampamento per proseguire la ricognizione.

D'un un tratto, però, superato il tronco di un albero percepì una presenza a pochi passi da lui e, senza avere nemmeno il tempo di girarsi, si ritrovò bloccato in una presa granitica, senza alcuna possibilità di uscirne. Dall'intensità della stretta e dalla scaltrezza con cui l'uomo alle sue spalle gli si era avvicinato senza farsi sentire non ebbe dubbi, anche perché riconobbe il suo odore speziato, lo stesso di quando era caduto in una trappola molto simile, nei pressi del golfo di Shasmahal: quell'uomo era Abe.

La presa, dolorosissima, non dava tregua. I due corpi rimasero legati l'uno all'altro, immobili. Madhat, che temeva di ricevere un colpo mortale da un momento all'altro, comprese, dopo un po', che l'indigeno non aveva intenzione di colpirlo, o almeno non in quel frangente. Si rilassò in parte e la presa, di conseguenza, si allentò.

A quel punto si girò di scatto e i due giovani si guardarono negli occhi. Non potevano parlare né emettere alcun suono. Madhat faticò ad attribuire un significato all'espressione di Abe e, nonostante tutto, non riuscì a scorgervi altro che amicizia e preoccupazione. L'indigeno gli indicò con gli occhi la direzione della capanna di Jacob, invitandolo a guardare e a stare zitto; Madhat si girò e vide che stava accadendo qualcosa.

Una lanterna, spenta fino a poco prima, era accesa in prossimità dell'ingresso. Alcune figure si infilarono all'interno, e tra queste Madhat riconobbe senza difficoltà quella di Bonehead. Pareva fossero stati convocati in tutta fretta; strano, a quell'ora della notte, nella condizione di apparente calma e tranquillità che regnava nell'accampamento.

Il giovane decise di accantonare per il momento i sospetti nei confronti di Abe e lo seguì con circospezione nell'avvicinamento alla casa, costruita come una palafitta, con pali che la tenevano distanziata dal terreno di mezzo metro circa, e si infilò sotto come lui. Si appostarono nella parte più buia, diametralmente opposta alla porta d'ingresso, quella da cui giungevano alcune parole. Al sicuro da sguardi indiscreti ascoltarono in silenzio, quasi senza respiro.

Una voce sconosciuta, ottenuta l'attenzione degli altri, tuonò, agitata: «Me lo ha confessato poco fa, prima che io venissi a chiamarvi».

Bonehead, con la voce ancora impastata dal sonno appena interrotto, rispose: «Questa è troppo grossa, voglio sentirmela raccontare da lui».

«Lo vedi in che condizioni è, ormai?»

«Non ci posso credere che quel gran bastardo sia suo figlio!»

«Non ci potevo credere nemmeno io. Ma se ci ragioni, in effetti.»

Madhat colse in quel dialogo la conferma dei suoi sospetti e si girò verso Abe. Quello non poteva che essere un riferimento alla paternità clandestina di Clive Dunn Junior. Abe, di contro, non fece una piega e ignorò lo sguardo dell'amico, continuando ad ascoltare.

«Ecco perché Jacob voleva che lo catturassimo senza ucciderlo, per avere un'arma di ricatto.»

«Se sapesse che avete fallito morirebbe dalla rabbia. Oggi, finché era ancora cosciente, mi aveva dato disposizioni di eliminare comunque il padre, in ogni caso.»

«Come se fosse semplice. È molto in vista e sempre protetto. Ma venendo a noi, da quanto tempo il capo non reagisce agli stimoli?»

«Sono giorni che va e viene. Ma per la febbre che ha, credo non supererà la notte.»

«Porca troia.»

La conversazione proseguì concitata sul come e sul quando partire per Città del Capo per portare avanti il disegno criminoso di Jacob, e su chi lasciare lì a curare gli affari già intrapresi. Eribert non era presente, e non venne nominato. Madhat si domandò che fine potesse aver fatto quel ragazzo così particolare, ma comprese che non aveva più senso starsene lì, nella fossa dei leoni, anche perché sembrava che Jacob non avesse bisogno di aiuto per raggiungere prematuramente l'inferno. L'infezione doveva averlo ormai consumato, e il bandito aveva approfittato degli ultimi sprazzi di lucidità per abbandonarsi a confessioni scabrose e predisporre le volontà da eseguire dopo la sua morte. Da quel poco che era riuscito a carpire pareva, inoltre, che Abe non fosse alleato col nemico. Al contrario, sembrava ci fosse un piano per catturarlo e per uccidere suo padre.

La missione notturna poteva considerarsi conclusa. Non aveva senso aspettare per dare l'estrema unzione a Bonehead, ci sarebbero state occasioni più propizie. Fece un cenno a Abe che colse al volo l'invito. Sparirono veloci e silenziosi nel buio del bosco.

Madhat aveva parecchie domande per l'amico ritrovato, ma decise di aspettare un momento di maggior tranquillità. Raggiunsero gli altri, riferirono che la missione era annullata e tornarono verso il nuovo villaggio.

60

Giunsero a destinazione in tarda mattinata e ognuno si ritirò nella propria casa. Iboue, da poco parte della ciurma, non aveva ancora una sistemazione personale e, in assenza di brande capaci di sostenere il suo peso, dormiva a terra in una delle costruzioni adibite alle attività sociali. Nato in mezzo alla polvere in casette costruite con sterco di vacca essiccato, e cresciuto come schiavo, la considerava comunque una reggia. Quella mattina l'omone nero trovò ad attenderlo una sorpresa che lo fece trasalire. Una sorridente Alibanè apparve al fianco di Zainabu; i due si abbracciarono teneramente e Iboue la prese sottobraccio e si diresse con lei, a passo veloce, verso il bosco, che avrebbe garantito loro maggiore intimità. Nell'allontanarsi la ragazza si voltò verso l'amica per salutare, non nascondendo un velo di timore nello sguardo.

Madhat rise allegramente assieme agli altri e, senza guardare Zainabu negli occhi, prese in braccio il piccolo Nicholas e seguì Lana nella loro casetta, cercando di nascondere l'imbarazzo. Non trovò il coraggio di confessare niente; rimandò ancora accontentandosi di godere del tepore del suo nuovo focolare. Diede appuntamento ad Abe alla spiaggia un po' prima dell'ora in cui avrebbero riferito in assemblea gli esiti della spedizione.

Dopo un breve riposo, i due giovani si trovarono in prossimità degli scogli. Madhat, senza tanti giri di parole, riferì al mezzo indigeno ciò che aveva scoperto e quanto aveva sospettato, senza tralasciare nulla. Con la sincerità avevano sempre trovato l'intesa, in ogni ambito, quindi non aveva senso nascondersi dietro ulteriori timori o imbarazzi.

Abe non negò, confessando senza imbarazzo di essere figlio di Clive, frutto del caso, nato dalla schiava personale della moglie. Gli raccontò di aver vissuto nella civiltà, con la madre, nel grande podere della famiglia Dunn fino all'età di dodici anni, godendo indirettamente dei privilegi dei suoi fratellastri, fino a quando la padrona di casa era venuta a mancare. Alla morte della moglie ufficiale, che aveva sempre accettato le scappatelle del marito, e che adorava la sua serva, il padrone li aveva allontanati senza rimpianti. Dopo qualche anno, cionondimeno, si era dimostrato magnanimo, accogliendo Abe nelle file dei Sebeti, per permettergli di guadagnarsi da vivere. Il ragazzo confessò di non aver mai goduto di privilegi di alcun tipo, nonostante molti sapessero di chi era figlio. Aveva sempre aspettato l'occasione buona per allontanarsi da quel mondo di violenza gratuita, e l'occasione era giunta quando Madhat era arrivato a cercare aiuto.

Abe espose quel racconto in maniera tanto pacata e onesta che Madhat non ebbe dubbi sulla sua sincerità. Gli chiese scusa per aver dubitato di lui e l'altro saggiamente scosse le spalle affermando che quelle coincidenze avrebbero tratto in inganno chiunque.

Madhat, non soddisfatto, prima di alzarsi per tornare verso il villaggio, aggiunse: «C'è una cosa che ancora non mi è chiara, però».

«Madhat, sei estenuante. Non puoi capire sempre tutto... Comunque, dimmi. Cosa ti passa per la testa ancora?»

«Se tutti sapevano di chi sei figlio, perché Bonehead e soci se ne meravigliavano ieri sera nella stanza di Jacob?»

«Perché non si riferivano a me, immagino.»

«Ma come no? È impossibile. Parlavano di una tentata cattura, di un figlio segreto, della volontà di eliminarne il padre...»

«Appunto. Il mio non è un segreto e tra l'altro non mi risulta abbiano tentato di catturarmi.»

«Infatti. Non ha senso. Chi hanno tentato di catturare?»

A quella domanda buttata lì, la verità si svelò di fronte ai suoi occhi, limpida come una fonte di acqua dolce. Tutta una serie di indizi, negli ultimi mesi, gli avevano indicato una via che lui, per una serie di coincidenze, aveva tardato a intraprendere.

Era Madhat a essere stato conteso a destra e a manca, tramortito, catturato, liberato più volte. Era lui che, inspiegabilmente, era stato sottratto alla morte in più occasioni per poi essere custodito "al sicuro", in qualche modo, al *Circus* prima e al *Souk* poi. Era lui, schiavo senza apparente valore, a essere stato da subito inserito nel circuito dei gladiatori professionisti e tutelato sino a giungere a frequentare il direttivo di Al Shabaab, una cosa senza precedenti.

Sempre lui aveva goduto di agevolazioni e inattese fughe di notizie, che avevano permesso ad Abe di raggiungerlo e dargli informazioni per poi arrivare a liberarlo, con incredibile tempismo, dalle mani assetate di sangue di Bonehead.

Lui, Madhat Suburban, che aveva letto e riletto senza capirle quelle due lettere, "RS", scritte a mano in calce al libro recapitatogli in cella, il cui significato era divenuto così evidente, in quel momento.

Quel libro, assieme a tutti gli altri aiuti, proveniva da Sir John van Velt, alias Ra Suburban, primogenito del Capitano Nicholas Suburban, scomparso misteriosamente da Shasmahal poco prima della nascita di suo figlio Madhat.

* * *

Madhat non disertò la riunione, per non generare sospetti, ma delegò ad Abe l'onere di raccontare ai suoi concittadini cosa avevano scoperto all'accampamento di Jacob. Non aveva dubbi che l'amico non avrebbe tradito la promessa fatta pochi minuti prima: non rivelare a nessuno, per nessun motivo, la scoperta a cui erano giunti ragionando assieme, riguardo a Big John.

Finse di seguire i discorsi e le domande che si susseguivano ma la sua mente era altrove e viaggiava veloce come un falco in picchiata. Disorientamento e costernazione gli facevano letteralmente bollire il sangue nelle vene; si accorse di non essere fisicamente in grado di tenere testa a quelle emozioni. Farfugliò una scusa senza senso e uscì dalla sala giusto in tempo per cogliere quel che i suoi cittadini avevano deciso: ribattezzare "Rivodora" il nuovo villaggio. Il nome univa il termine greco *δῶρον* "dono, regalo", e il latino *ripa,* ossia "riva, approdo", con il suo derivato *adripare,* "giungere". Rivodora: un dono, una meta così agognata, così difficilmente raggiunta, che Madhat sentiva già stretta, non sufficiente a donargli pace. Aveva una nuova missione da compiere. Aveva un padre mai conosciuto come tale da raggiungere subito e da sottrarre alla spedizione omicida organizzata da Jacob.

Voleva tenerlo in vita per uno scopo preciso: avere una risposta alle domande che gli stavano intasando il cervello, impedendogli di ragionare con lucidità. Entrò in casa, raccolse in fretta alcune cose senza quasi guardare la madre di suo figlio.

«Siamo in pericolo, devo correre, non so quando tornerò.»

Diede un bacio al piccolo Nicholas che dormiva placidamente nel suo giaciglio, e che sapeva di buono, poi uscì nella notte.

Salutò allo stesso modo anche la madre, confidando nel fatto che non avrebbe avanzato domande o obiezioni, come qualche giorno prima. Funzionò. Non aveva tempo di spiegarle che suo marito non era morto ma evaso, che aveva rinnegato le sue origini, cambiato nome e costruito un impero utilizzando tutto il male da cui la comunità di Shasmahal aveva voluto fuggire, per poi organizzare, dopo vent'anni, una spedizione destinata a sterminare la comunità stessa.

Al recinto dei cavalli incontrò Zainabu. Piccola ma risoluta, pareva averlo seguito e aver scelto quel momento per parlargli in disparte. Madhat la liquidò maleducatamente con un grugnito, saltò su Uhuru e partì al galoppo verso sud.

La donna lo guardò scomparire dietro gli alberi e, delusa, tornò verso il centro del villaggio, alla capanna che condivideva con Abe.

Camminando sorrise tra sé e si accarezzò. Presto non sarebbe più stata in grado di mascherare il gonfiore del suo ventre.

61

Ra Suburban era nato a Shasmahal quando la città aveva chiuso le porte al mondo esterno da poche settimane. Sua madre, Maria Elena, di origini italiane, lo aveva dato alla luce al termine di un travaglio lungo e spossante, dal quale non si era mai ripresa. Già fortemente debilitata dalla sofferenza per la scomparsa del marito Nicholas, lo aveva raggiunto in cielo dopo poco tempo, lasciando Ra alle amorevoli cure dei cittadini del nuovo eremo.

La neocostituita comunità lo aveva accolto con tutto l'affetto che spettava all'unico discendente diretto del Capitano Suburban; l'uomo che li aveva condotti per anni in mare e che, prima di morire, aveva concepito l'utopia della città meravigliosa.

Ra era cresciuto forte e vivace, coccolato e rispettato, dimostrando fin dai primi anni di vita di avere una marcia in più rispetto a molti dei suoi coetanei. Era sveglio e acuto e, con sorprendente anticipo rispetto alla media degli altri ragazzini, aveva imparato a parlare in maniera fluente più lingue, nonché a leggere e scrivere, con una calligrafia precisa e ordinata.

I problemi erano cominciati quando, attorno alla pubertà, aveva iniziato a vedersi sopravanzare in altezza e prestanza fisica dalla maggior parte dei coetanei, e a manifestare continui malesseri. A sedici anni era il più basso e il più rotondetto nel dormitorio dei giovani, di conseguenza si trovava in svantaggio in tutte quelle discipline e dimostrazioni di forza cui la comunità di esuli aveva da sempre dato grande importanza. Ra preferiva passare ore nella biblioteca di Abraham a leggere e studiare, piuttosto che sacrificare sudore ed energia agli allenamenti per acquisire capacità che sapeva non gli sarebbero mai servite.

Eppure, lui era il figlio di Nicholas Suburban, persona intelligente e colta ma soprattutto e prima di tutto, grande guerriero. Era quindi destinato a essere considerato un perdente se non si dimostrava in grado di seguire le orme paterne con la spada in mano. Se n'era reso conto col tempo, notando che i suoi concittadini perdevano quello slancio di stima e affetto nei suoi confronti man mano che lui perdeva terreno nelle competizioni sportive. In principio alcuni cercavano addirittura di agevolarlo nelle corse o nelle gare d'atletica, ma quando aveva capito che avveniva solo in virtù del cognome che portava, aveva iniziato a detestare l'appartenenza a quella stirpe, arrivando a disdegnare addirittura la memoria del padre mai conosciuto.

Col tempo si era chiuso in se stesso, allontanandosi dal gruppo. Tutto ciò che la natura non gli aveva concesso dal punto di vista fisico, glielo aveva offerto però in capacità intellettuali, e all'età di poco più di venti anni Ra era arrivato a desiderare una biblioteca più fornita, perché quella dove aveva passato la sua esistenza cominciava a non dare più stimoli.

Scriveva storie e racconti in rima con la stessa facilità con cui l'amico Rashid disarmava i contendenti durante le esercitazioni, solo che aveva capito in fretta che in quella città nessuno, per delle opere letterarie, gli avrebbe mai rivolto gli applausi che riversava sul campo da gioco quando qualche agile giovanotto stabiliva nuovi record.

Julia era sempre stata l'unica a guardarlo con occhi particolari. Ammirando la sua mente veloce e acuta e ignorando per quanto possibile le sue carenze fisiche, si era lasciata rapire dai suoi versi e dalle sue dissertazioni filosofiche, arrivando ad amarlo per quello che era. Ra non era mai stato attratto da lei; benché piacente, non riusciva ad amare quella ragazza, per quanto si sforzasse. Era sempre stato attratto da Verginì, creatura piena di energie e positiva, musa ispiratrice di decine di racconti e poesie d'amore, che però già da tempo aveva ceduto alle attenzioni di Omar, alto e prestante.

Dopo una lunga attesa fatta di solitudine, speranze, sguardi rubati e sofferenze, quando Verginì aveva annunciato gioiosa di essere in dolce attesa, Ra, suo malgrado, aveva dovuto arrendersi e, per non essere da meno dei coetanei anche in quell'ambito, si era concesso all'unica che avesse mai mostrato interesse nei suoi confronti. Julia era premurosa e affidabile e, pur essendo l'esito di un compromesso, si era dimostrata una buona moglie.

Il frutto del loro amore era già in arrivo quando Ra aveva deciso di abbandonare la città. Temeva l'avvento del nascituro, perché sapeva che i suoi concittadini non avrebbero tardato a riversare sul nuovo arrivato tutte quelle aspettative che lui aveva clamorosamente disatteso. Nel corso delle sue vorticose elucubrazioni notturne aveva deciso che non sarebbe stato a osservare passivamente quell'ulteriore insulto.

Come una farfalla che abbandona il fiore quando il polline si è esaurito, lui aveva deciso di volare via.

Aveva scelto una notte di tempesta per allontanarsi in mare, senza dire nulla a nessuno. Si era gettato con coraggio, accettando il rischio di morire. Appesantito com'era, si era slogato una spalla a contatto con l'acqua, che era gelida, provando da subito rimorso per quella decisione, ponderata a lungo ma senza dubbio fuori calibro. Aveva urlato, disperatamente, sperando che qualcuno lo sentisse e corresse a salvarlo, invano. Deciso ad andare avanti e rischiando più volte di affogare, era riuscito a raggiungere la grotta sottomarina che nascondeva la scialuppa modificata dai suoi padri.

Infreddolito e indolenzito, aveva trascorso in quella grotta umida e scura un giorno e una notte interi, passati per lo più a piangere, tremare e sperare con tutte le sue forze che qualcuno dei suoi concittadini, accorgendosi della sua assenza, venisse a soccorrerlo per riportarlo tra gli accoglienti scogli di quella città così odiata, che già gli mancava.

Ma non era arrivato nessuno e, offeso, aveva deciso di portare avanti il suo progetto di riscatto e affrancamento. Con immane sforzo aveva calato in acqua l'imbarcazione cercando poi di farla uscire dallo stretto pertugio parzialmente sommerso. La sua goffaggine e la sua carenza di coordinazione avevano reso quell'impresa disperata. Dopo numerosi fallimenti era infine riuscito a trovare l'onda buona e portare all'aperto la vecchia barca, che nei vari tentativi aveva però subìto danni tali da non permettergli di montare il piccolo albero centrale e, di conseguenza, la randa triangolare.

Aveva remato stancamente in direzione sud per ore, muovendosi a una velocità ridicola, ritrovandosi spesso a guardare verso le alte mura di Shasmahal che si allontanavano piano, totalmente indifferenti alla sua assenza. Capendo di essere incapace di gestire la situazione, una volta finite le lacrime, si era accasciato semi incosciente e ormai quasi disidratato sul fondo della barchetta, lasciando la partita in mano al destino.

Era stato raccolto due giorni dopo in mezzo al mare, a venti miglia dalla costa, da un veliero di passaggio che gli aveva salvato la vita, scaricandolo il mese successivo, senza tanti complimenti, al porto di Città del Capo. Ra aveva vissuto le prime settimane come un barbone, grazie ad avanzi e scarti delle cambuse dei velieri più imponenti, condivisi con ratti grandi quanto le foche che affollavano gli scogli all'orizzonte. Scambiando poche parole con qualcuno dei mozzi delle imbarcazioni ferme in attesa dei carichi da portare in mezzo mondo, aveva iniziato a guadagnarsi qualche spicciolo aiutandoli a caricare e scaricare casse e sacchi colmi di spezie provenienti dai magazzini delle grandi compagnie di navigazione.

I primi esigui guadagni gli avevano permesso di allontanarsi dal porto, raggiungere la città nell'entroterra, e vincere pian piano l'enorme disagio che da esule eremita provava a contatto con la maestosa confusione e la frenesia della vita urbana.

Dopo qualche mese, ormai perfettamente inserito nel nuovo contesto, aveva trovato lavoro, sotto il falso nome di John van Velt, che apparteneva al mozzo olandese che lo aveva avvistato in mare, salvandolo. Era stato assunto come sguattero in una bettola d'infimo livello che serviva birra e vino di pessima qualità a marinai di passaggio in cerca di veloci ubriacature e di scuse facili per qualche rissa rigeneratrice.

In quell'ambiente l'ormai ribattezzato John aveva notato, per la prima volta, la strana propensione di alcune categorie di uomini a cercare la violenza per sconfiggere la piattezza delle loro esistenze, e la ancor più morbosa attrazione di chi si accalcava per assistere a tali zuffe. Fiutando l'affare, aveva iniziato a ingaggiare lottatori improvvisati, ben contenti di dar sfogo ai loro istinti, intascando per di più qualche spicciolo. Lui si occupava di convincere il pubblico a scommettere. Messa su una prima struttura organizzativa, i soldi avevano cominciato ad arrivare a palate, e nel giro di qualche anno Ra era riuscito a costruire e avviare il *Circus*, che lo aveva poi reso ricco.

I contatti con la corruzione e la malavita di quei luoghi, crocevia degli scambi economici tra Oriente e Occidente, non erano tardati ad arrivare. Quando aveva capito che non assecondarli avrebbe significato perdere tutto in poco tempo, Ra aveva abbandonato ogni remora e investito capitali e progetti nelle attività criminali della zona, dalla tratta degli schiavi alle incursioni dei predoni del mare, dalla corruzione delle rappresentanze diplomatiche europee alla gestione degli affari dei Sebeti, i ricercatissimi mercenari assassini. I capitali si erano decuplicati, permettendo a lui e ai suoi soci di espandersi fino a colonizzare economicamente l'Europa e l'Oriente con attività lecite che lo avevano reso, agli occhi dei più, un facoltoso uomo d'affari degno di ogni rispetto, presenza immancabile nei salotti più esclusivi di Città del Capo e di Zanzibar.

Ra Suburban, alias Big John van Velt, dopo aver frequentato i ratti delle stive, era arrivato a capo di un impero economico senza precedenti. Tale consapevolezza nutriva quella disumana voglia di emergere presente in lui fin dall'infanzia, a Shasmahal, quando i suoi maledetti concittadini gli avevano inculcato nella testa l'idea di essere un perdente. Doveva tutto al suo cervello, alla capacità di capire più velocemente di chiunque altro dove e come investire soldi per farli moltiplicare, alla faccia di quei muscoli che a Shasmahal significavano successo e stima, e che nel mondo reale servivano a poco, come lui aveva sempre sostenuto.

Big John si era macchiato di ogni crimine esistente. I rimorsi di coscienza, figli di quell'educazione che gli era stata imposta nei primi anni di vita, tornavano a farsi sentire periodicamente, ma l'odio verso il mondo da cui era scappato aveva sempre avuto la meglio nella bilancia dei suoi sentimenti.

Quel risentimento verso la città meravigliosa, invece che diminuire negli anni, nonostante i traguardi raggiunti, aveva continuato a crescere, immarcescibile. Così, quando uno dei più spietati e promettenti delinquenti dell'organizzazione, Jacob Schuzehell, scappato dall'Inghilterra per evitare la forca, aveva preteso un incarico operativo che potesse mettere in luce il suo talento, Big John aveva deciso di rompere gli indugi e, mascherando la fonte delle informazioni, gli aveva affidato la missione di andare a mettere il naso in quel golfo a est, dimenticato dal resto del mondo, fornendogli dettagliate descrizioni dei luoghi e delle persone che li abitavano. La curiosità di avere notizie sulla sua gente, la bramosia di palesare a quegli uomini mediocri i suoi successi, lo avevano convinto a rompere quel patto di segretezza che, lo comprendeva bene, costituiva l'essenza della città stessa. A vent'anni abbondanti dalla sua fuga, poi, vi era comunque la concreta possibilità che fossero tutti morti e sepolti.

Big John era rimasto senza parole quando gli era giunta la voce che, dopo mesi dalla partenza della dispendiosa spedizione per la riconquista dei luoghi dov'era nato, un ragazzo si era presentato in cerca d'aiuto al quartier generale dei Sebeti, raccontando di provenire da Shasmahal e di essere il nipote di Nicholas Suburban.

Il cuore della sua città pulsava ancora, combattivo, duro a morire, con un Suburban, giovane e aitante, a scandirne i battiti. Quella consapevolezza aveva fatto riemergere in lui sentimenti repressi da tempo. Come vulcani inattivi da secoli, le amarezze e i lati oscuri che aveva combattuto per anni erano esplosi, tornando a torturarlo, e rendendolo consapevole che nessuna soddisfazione personale o professionale sarebbe mai stata capace di cancellarli del tutto dal suo animo.

Nel seguire a distanza, con trepidazione, l'evolversi dell'assedio di Jacob, che con grande scaltrezza aveva previsto la fuga alla ricerca di rinforzi, organizzando un demoniaco doppio gioco, non aveva saputo trattenere il desiderio di riprendere in mano i diari segreti dove nel corso degli anni aveva annotato i suoi stati d'animo. Non aveva mai riletto prima di allora quelle pagine zeppe di intime confessioni rivolte a nessuno, dalle quali risultava fin troppo evidente che il suo cordone ombelicale con la città che lo aveva introdotto alla vita non si sarebbe mai staccato del tutto.

Big John, analizzando con nuove lenti quegli scritti, si era dovuto rendere conto, suo malgrado, di aver costruito attorno a sé un mondo in gran parte irreale, un mirabolante universo di successi ed eccessi che avevano come unico scopo quello di mascherare il mancato distacco dalla città che aveva abbandonato. Negli anni, spesso prima di dormire, aveva riempito quei diari, fermando pensieri e sensazioni che era sempre stato convinto di voler dimenticare. Quel contrasto, diventato a un tratto così palese, era tornato a torturarlo.

Quante persone aveva calpestato, maltrattato e poi abbandonato col solo scopo di trovare un suo equilibrio? In quelle pagine venivano fuori i suoi veri sentimenti: Big John non avrebbe mai trovato una vera casa in tutto il mondo. Casa sua, sua Madre, odiata e avversata, fonte di vita e causa di tutti i suoi disagi, era Shasmahal. Scappare non sarebbe servito più a nulla.

Aveva dato, quindi, il suo benestare alla disperata richiesta di rinforzi avanzata da Jacob dopo l'affondamento dei due velieri, dirottando a nord truppe dei Sebeti impegnate altrove, senza badare all'enorme perdita economica che avrebbe comportato. A un'unica condizione: il diavolo biondo che, praticamente da solo, aveva dimezzato e messo in ridicolo un esercito intero di professionisti della guerriglia, doveva essere catturato vivo e portato a Città del Capo, al suo cospetto.

L'unico veliero superstite della spedizione, dopo qualche settimana, aveva portato con sé un premio di consolazione per Big John, un regalo capace di mitigare la delusione per quel primo vero e proprio fallimento: il demonio biondo catturato e ridotto in schiavitù.

62

Big John, per i primi periodi, aveva evitato di incrociare Madhat, osservandolo da lontano durante qualche combattimento. Quando poi il ragazzo era stato condotto per la prima volta nel suo ufficio, i sospetti erano stati fugati da una certezza che non temeva smentite. Nel momento in cui i loro occhi si erano incrociati, aveva riconosciuto quelli di suo figlio, pur avendoli sempre e solo immaginati. Il figlio da cui era scappato, e che ora qualcuno aveva mandato a presentargli il conto.

Cercando di non esternare i suoi sentimenti, l'uomo aveva deciso di non rivelarsi. Madhat apparteneva ad altri, non era parte della sua vita e del suo mondo. Non sarebbe stato giusto prenderselo, e si era imposto di accontentarsi di ottenere da lui ciò che poteva, parlandoci ogni tanto, sondando la sua mente, assorbendo parte di un'energia che il giovane sembrava non riuscire a contenere.

In sua presenza le acque agitate si calmavano. Stare con lui, anche se rimaneva silenzioso ad ascoltarlo, o in disparte durante incontri con altri, permetteva a Big John di sanare parte di quei conflitti che alimentavano da sempre la sua inquietudine, immancabile compagna di viaggio. Persino il risentimento nei confronti di Shasmahal, dopo l'avvento di Madhat nella sua vita, pareva ridimensionato.

Aveva protetto suo figlio, per quanto possibile, affiancandogli, nei terribili combattimenti del *Circus*, il più grande guerriero a sua disposizione, il gigante zulù, e lo aveva coccolato durante la prigionia regalandogli libri e medicine, offrendogli soddisfazioni carnali.

Esaurito il ciclo dei brutali spettacoli che il pubblico di Città del Capo assetato di sangue pretendeva, Big John aveva perso il controllo diretto sul suo giocattolo, perché gli altri soci dell'organizzazione avevano escogitato il modo di moltiplicare gli introiti che la Tigre e il Gigante, divenute celebrità, garantivano.

Quando le sue fonti gli avevano comunicato la presenza in città del figlio bastardo di Clive Dunn Junior, in cerca di notizie sul prigioniero, Big John aveva colto l'occasione per fargli pervenire per vie traverse le imbeccate giuste, acconsentendo anche al contatto con la donna all'interno della cella; grazie a questo Madhat aveva avuto modo di ottenere le informazioni che lui stesso gli aveva promesso più volte, ma che tardava a fornirgli per rimandare l'immancabile distacco. Aveva infine concluso l'opera orchestrando a distanza, sempre grazie ai suoi contatti, la liberazione da parte dei concittadini proprio nella sera in cui Jacob, nel frattempo allontanato con demerito dall'organizzazione, aveva deciso di vendicarsi sulla causa unica di tutti i suoi fallimenti. Felice del buon esito dei suoi piani, Big John era quindi tornato alla sua vita.

Per un breve periodo aveva pensato di abbandonarla, di lasciare tutto, di seguire Madhat a est e tornare tra la sua gente, a casa. L'arrivo di quel figlio, le sensazioni che era stato in grado di trasmettergli, i messaggi che aveva colto nei suoi occhi avevano cambiato molte delle sue prospettive. Si era persuaso che seguendolo ogni cosa avrebbe potuto sistemarsi, finalmente, e che il suo lungo cammino di sofferenze e compromessi avrebbe potuto incanalarsi in quella strada di sicurezza, tranquillità e pace che i più chiamano, semplicemente, felicità.

Tali pulsioni avevano avuto vita breve. La corazza interiore costruita, con fatica, per sopravvivere nel quotidiano aveva avuto la meglio, ancora una volta. Big John aveva quindi deciso di lasciar volare via nuovamente la farfalla. Si era persuaso che fosse la cosa giusta da fare, così come predicato dalla filosofia dei Bramani d'India, che eliminano mentalmente le cose che considerano non giuste.

Il giorno prima della partenza del veliero che avrebbe portato via per sempre Madhat, la sua nuova compagna gli aveva annunciato di essere in attesa. Dopo anni di tentativi infruttuosi, quindi, avrebbe avuto un altro figlio, con cui cominciare da capo. Lo avrebbe chiamato Simon, in onore di Louis de Rouvroy, duca di Saint-Simon, cortigiano e mastro cerimoniere della corte di Luigi XIV di Francia, conosciuto in occasione di una visita a Versailles, con il quale aveva intrapreso un'appagante attività epistolare e che considerava un sommo letterato.

Il tempismo di quella gravidanza, segnale potente, venuto senza dubbio dall'alto, aveva cancellato ogni remora. Big John aveva deciso di non cambiare rotta, di accontentarsi di quanto possedeva e di quanto sarebbe arrivato.

Cercava di essere positivo, curioso di scoprire cosa significasse, nel concreto, essere padre e sperava, in cuor suo, che il nascituro potesse assomigliare almeno in parte al figlio che si era appena lasciato sfuggire.

63

Il combattimento quella sera era stato noioso. A sei mesi circa dalla partenza verso altri lidi dell'invincibile duo, raramente il *Circus* era riuscito a regalare al sempre più esigente pubblico di Città del Capo emozioni di rilievo. Ciononostante, il sangue scorreva comunque e sempre a fiumi e le scommesse continuavano a garantire incassi esorbitanti.

Big John era andato sugli spalti per cercare un diversivo, per dare una scossa alla piattezza e alla noia che lo avevano assalito negli ultimi periodi. Passò in ufficio per spegnere le lanterne a olio e congedò il fedele Karl che aspettava le ultime consegne. Il ragazzo, stranamente un po' agitato, se ne andò quasi senza salutare.

Il direttore del *Circus* diede uno sguardo all'agenda degli appuntamenti dell'indomani: troppi, noiosi, inutili. Verso sera avrebbe incontrato un diplomatico di passaggio, un pezzo grosso che però, stranamente, non aveva mai sentito nominare. Sbuffò; il suo lavoro non gli dava più stimoli. Chiunque avrebbe fatto carte false per ricoprire la sua posizione, ma quella consapevolezza non lo appagava più.

Si appoggiò alla parete in ebano della libreria e rivolse lo sguardo verso il golfo davanti alla città, illuminato da una luna in grande spolvero. In lontananza gli parve di veder luccicare la nobile coda di una balena. Sospirò tristemente.

Era inutile cercare di negarlo: come temeva, dopo il passaggio di Madhat, nulla sarebbe più stato come prima. Provava in ogni modo a non pensare a quegli occhi, a non dare troppa importanza a quell'intrusione nel suo mondo, a convincersi che avrebbe potuto andare avanti così come aveva sempre fatto, cercando magari nuovi stimoli, nuove sfide, chissà dove. Il suo figlioletto, Simon, nel frattempo era nato e cresceva. Carino, in salute, normale.

Quel ragazzo andato via, il suo sguardo, la sua voce precisa e decisa, la sua risata allegra e piena, la sua forza, la sua ostinata caparbietà avevano lasciato un segno indelebile nella sua esistenza, mettendo in luce tutte le contraddizioni di John van Velt e della sua vita, ma anche e soprattutto di quella di Ra Suburban. Non era più giovanissimo, e aveva capito di non avere ancora ottenuto, alla sua età, ciò che in definitiva aveva sempre cercato: una casa.

I ragazzi della scorta lo attendevano all'uscita; lo accompagnarono seguendo la sua carrozza, come di consueto, con tutte le attenzioni dovute a un personaggio in vista come lui, per le vie impolverate della città che conducevano al quartiere residenziale a ovest, in direzione del fortino militare posto a presidio dell'intera penisola del Capo di Buona Speranza.

Una guardia chiuse alle sue spalle il portone rinforzato e Big John si incamminò verso le scale. Entrò in casa e sentì il profumo del pollo alle mandorle con soia e fagioli che la serva gli doveva aver lasciato in caldo. Non aveva fame.

Si cambiò la veste, optando per un saio in seta cinese, fresco e comodo. Non aveva una meta, non sapeva cosa fare, e iniziò a vagare per le numerose stanze dell'appartamento, che aveva fatto colorare con i colori più disparati. Si rifugiò quindi, come spesso accadeva, nella grande sala che aveva adibito a biblioteca, colma di tutti i libri accumulati in una vita: il suo bene più prezioso.

Bussarono alla porta. Tre colpi: stranissimo. Da quando abitava lì non era mai successo. Era l'unico inquilino, e le guardie all'ingresso erano solite annunciare eventuali visitatori suonando una campanella. Non si preoccupò più di tanto, dato che lo stabile era presidiato. Si avviò verso la porta e la spalancò.

Madhat era appoggiato al montante destro del portone, con le braccia conserte. Non disse nulla.

Big John rimase sconcertato, senza parole. Gli occhi del ragazzo sembravano due lanterne da nebbia. Erano gli occhi di chi aveva capito, di chi sapeva tutto. Sentì che il cuore accelerava i battiti in maniera preoccupante. Non si aspettava quell'incontro e temeva il confronto che ne sarebbe conseguito. Con voce carica di un palese imbarazzo, disse, in arabo: «Come hai fatto a entrare?».

Madhat sorrise: «Ho i miei metodi».

«Ma c'è il piantone, all'ingresso...»

«So essere persuasivo...»

«L'hai fatto fuori?»

«No, ci ho parlato. Si ricorda di me nei tuoi uffici, poi l'ho fatto ridere, è simpatico.»

Big John si rese conto di non avere idea di che faccia avesse la guardia. Eppure lavorava per lui da anni. Silenzio. Di nuovo. Troppo lungo.

«Cosa ci fai qui? Cosa vuoi da me?»

Madhat rise amaramente: «Nulla in particolare… passavo».

«Immagino. Dai, vieni dentro.»

Seguì il padre fino alla cucina, dove gli venne offerto senza troppa convinzione qualcosa da mangiare. Non rispose nemmeno. Gli fu data una sedia, non accettò.

Big John appariva trasandato, in pessima forma, e si trovò in imbarazzo, reazione per lui inusuale. Si impose di essere razionale: scrutò con attenzione l'ospite inatteso, mentre si guardava attorno. Entrando nella tana del nemico aveva perso sicurezza; gli parve di scorgere un minimo d'imbarazzo anche nel suo sguardo. L'uomo si aggrappò a quella sensazione e si fece forza. Sentì nascere dentro di sé un odio che mai avrebbe pensato di poter provare nei confronti di quel ragazzo, che in passato era arrivato ad ammirare profondamente, spinto da sentimenti ancestrali.

Quella era la chiave: l'odio. Grazie all'odio verso la sua città madre, Big John aveva costruito un impero, aveva dimostrato al mondo di essere grande, diverso, di poter vincere sfide proibitive affidandosi alle proprie forze, senza bisogno di nessuno. L'odio verso le persone amate, e che più l'avevano amato, gli aveva sempre permesso di sentirsi vivo e di trovare facili giustificazioni alle sue contraddizioni, scaricando le colpe su di loro.

Lui non aveva bisogno di Madhat; lo aveva incontrato, lo aveva sfruttato, per poi rimandarlo alla sua gente. Era stata una sua scelta, l'ennesima dimostrazione di forza, di superiorità.

Ruppe gli indugi con voce tagliente, decisa: «Non capisco cosa tu ci faccia in questa città, e soprattutto non accetto questa intrusione in casa mia; mi dà fastidio, non è tollerabile. Non fai più parte della mia vita, e qui non ci devi stare».

Madhat sgranò gli occhi. Non si aspettava una sfuriata così

risentita. Senza troppa convinzione rispose, con un filo di voce: «Stai tranquillo, non ho intenzione di restare».

«Non hai alcun diritto di presentarti qui, così. Io non te lo permetto.»

«Non la pensavi nello stesso modo quando mi invitavi nel tuo ufficio.»

«Ti ho fatto frequentare il mio ufficio, e allora? Pensi di essere stato l'unico?»

«L'unico schiavo, forse...»

Big John comprese che Madhat accettava la sfida, così aumentò la posta, certo di poter prevalere ancora una volta: «Io con te ho fatto beneficenza, sciocco che non sei altro. Eri tu l'imberbe, il bisognoso. Eri tu che dovevi scoprire il mondo. Io il mondo lo conosco, e te l'ho spiegato. Per me non erano speciali i nostri incontri, lo erano per te, forse. Ho parlato per ore con decine di persone, e non per questo mi si presentano in casa di notte...».

Madhat assunse l'espressione di un bimbo deluso da un regalo tanto atteso non all'altezza delle aspettative. Big John se ne avvide, e sentì le sue convinzioni perdere corpo. Sicuro di aver già vinto, assunse un tono più conciliante: «E comunque, devi stare attento, Madhat. So che in città ci sono alcuni uomini di Jacob. Vogliono farmi la festa, credo. Io non mi preoccupo, ci sono abituato. Ma di certo non rinuncerebbero a farla anche a te, se ti vedessero».

Il giovane sorrise. Drizzò le spalle e tornò, in un attimo, il gladiatore più temibile d'Africa. «Tu pensi di avere il controllo su ogni cosa, vero? E invece ti sbagli. Bonehead e i suoi erano pronti a farti fuori. Era già tutto preparato. Con la complicità del tuo segretario Karl, ricoperto dai debiti e quindi facilmente corruttibile, avevano già fissato un appuntamento trappola per cui te li saresti trovati in ufficio domani sera. Ti avrebbero torturato, per poi farti a fette.»

Big John sgranò gli occhi, ricordando lo strano atteggiamento del suo segretario, poco prima, e l'appuntamento in agenda che gli era sembrato anomalo. Tentò di non darlo a vedere: «Non è possibile. Tu menti».

«Sei libero di non crederci. Cullati nelle tue convinzioni e nella tua totale, patetica mancanza di modestia. Comunque, quei cani hanno finito di abbaiare, e anche di mordere. Non faranno più male a nessuno.»

«Li hai uccisi? Tu?»

«Ho dato loro quello che si meritavano, nulla di più. Anzi, forse un po' di più, ma meritavano anche quello.»

Big John lesse negli occhi del figlio una risolutezza e una forza non comuni, e gli parve d'un tratto bello, fiero, totalmente fuori dalla sua portata.

Si afflosciò. Tutta l'energia che aveva accumulato per fronteggiare l'aggressione alla sua intimità si dissolse quando capì che Madhat aveva lasciato la sua nuova città, percorrendo da solo centinaia di chilometri, per andare a salvare da una morte dolorosissima quel padre che lo aveva tradito e abbandonato prima ancora di vederlo nascere. Quel padre che aveva contribuito alla distruzione e al tramonto della città meravigliosa, sogno della loro famiglia. Quel padre che lo aveva usato, scaraventandolo nella bolgia del *Circus*, e obbligato ad ascoltare per ore i suoi ridondanti discorsi, solo per il gusto di averlo vicino a sé per un po', come un giocattolo. Quel padre che se ne era disfatto nuovamente, rispedendolo al mittente, solo quando il giocattolo non gli serviva più.

Madhat, nonostante tutto, era giunto lì per salvarlo dalle sue contraddizioni, dalle sofferenze di una vita intera, e per indicargli la strada di casa. Nessuno al mondo aveva mai fatto nulla del genere per lui e, soprattutto, nessuno gli avrebbe più rivolto attenzioni paragonabili a quel gesto di amore puro, disinteressato, sconfinato.

Si sentì infiammare il petto da un calore strano e mai provato. Senso di colpa? Astio? Amore? Odio? Non era in grado di comprenderlo, non in quel momento. Perso nei suoi pensieri, non riuscì a guardare negli occhi suo figlio. Non ne avrebbe retto lo sguardo.

Madhat gli si pose di fronte, in silenzio. Dopo qualche secondo, parlò: «Io ti saluto, Big John. Ho fatto quello che sentivo di dover fare, e non mi pento di essere venuto qui, nonostante il tuo atteggiamento colmo di alterigia, che non è poi una grossa novità. Ma prima di andarmene devo capire una cosa...».

L'altro si limitò a fare un piccolo segno con la testa.

«Perché glielo hai detto?»

Suo padre lo guardò negli occhi. Non fece finta di non aver capito, ma tergiversò con una domanda diversa: «A chi?».

«A Jacob.»

«Io non ho detto niente a quel caprone, né a nessun altro.»

«Eppure lo sapeva. Quindi qualcuno deve averglielo detto. Il tuo segreto lo conoscevamo in due, io non sono stato, il cerchio si stringe.»

L'omone sbuffò, riacquistando un minimo di fierezza, e rispose con sufficienza: «Deve averlo capito. Dopo l'ennesimo fallimento è venuto da me a mendicare risorse per attaccare il vostro nuovo villaggio da poveracci. Come si chiama?».

«Rivodora.»

«Non mi piace.»

«Ce ne faremo una ragione.»

«Io, comunque, gli ho negato ogni ulteriore sovvenzione, ovviamente. Allora ha chiesto informazioni sulla tua trasferta, per accanirsi almeno su di te, e io gliele ho negate. Ci siamo guardati negli occhi, e lui deve aver capito. Non era stupido, in fondo.»

«Io non ho i tuoi occhi.»

«Tu di me non hai niente. Per tua sfortuna. Io ti rinnego, Madhat Suburban, e ti proibisco di diffondere le malsane idee che hai in testa a chicchessia. Io sono John van Velt, ho una storia, una reputazione e un ruolo, in questa città, tutto guadagnato con grande fatica, e a cui non rinuncerei per nulla al mondo, è chiaro?»

«A me è chiaro. Non sono certo lo sia anche per te, ma in fondo conta poco.»

L'altro rise, ma senza grossa convinzione. Poi proseguì: «Tornatene nella tua prigione sugli scogli, o vai a buttare ai rovi la tua vita a Rivodora o come si chiama. Io con voi quattro disgraziati di Shasmahal non voglio più avere niente a che fare, e tu non ti devi permettere…».

Lo schiaffo lo colpì sulla guancia destra, all'improvviso, causandogli un dolore acuto che gli spezzò il fiato. Madhat, a quel punto, si girò e sparì in direzione dell'uscita.

Big John restò fermo, immobile sulla sedia, e si ritrovò con una mano a coprirsi la guancia arrossata. Se il ragazzo avesse voluto, gli avrebbe potuto causare danni ingenti anche soltanto con un braccio, lo sapeva bene. La forza di quello schiaffo, invece, era stata calibrata, non per fare male, ma per trasmettere un messaggio che nessuna frase avrebbe mai potuto esprimere efficacemente.

Ra Suburban si alzò dopo qualche secondo e andò in punta di piedi a chiudere delicatamente la porta d'ingresso. Si affacciò alla finestra assicurandosi che Madhat uscisse dal cancello principale; lo vide scomparire nel buio con passo agile.

Non pensava a nulla, non provava alcun sentimento.

Sapeva solo che presto avrebbe ricominciato a riempire i diari di frasi da dimenticare.

Nota dell'autore

Ho vissuto molti anni in Africa, da bambino, al seguito della mia famiglia. Più di recente, da solo, mi sono svegliato per mesi con il rumore delle onde e il bagliore dell'Oceano Indiano che si intrufolavano tra le tende, in una casa abbarbicata su alte scogliere della costa est africana.

La trama di "Tigre d'Africa", che nella sua prima stesura si intitolava "Shasmahal – la città meravigliosa", mi è apparsa in sogno quando, appena maggiorenne, mi sono trovato a piangere mio padre Ferruccio, un uomo con una vita fuori dal comune che l'Africa mi aveva da poco proditoriamente rubato, decidendo di tenerlo per sé. Quella mattina ho deciso che avrei provato a fare lo scrittore, ma ci ho messo 9 anni ad arrivare in fondo all'intreccio, frenato dall'inesperienza, o dalla mancanza di ispirazione, o dai tentativi di diventare uomo, in qualche modo, senza più una guida.

Le descrizioni della flora e della fauna in queste pagine, oltre che dalla mia esperienza diretta, sono mutuate dalle diapositive scattate da mio padre in Africa nera quando, da missionario laico, prima di mettere su famiglia, insegnava agli indigeni a costruire case di mattoni, contraendo ogni malattia esistente e qualcuna sconosciuta, e sopravvivendo a peripezie di ogni tipo, molte delle quali sono poi finite nella mia trama.

Per la contestualizzazione storica e zoologica ho consultato i seguenti lavori: *Fiabe boscimane* di Anna Meda, Oscar Mondadori; *Grandi mammiferi africani* di G. G. Bellani, Mondadori; *Vele e velieri* di G. Goldsmith-Carter, I Colibrì; *Velieri* di Pietro Caricato, Editrice Incontri Nautici.

Non nascondo, anzi rivendico con orgoglio, di aver pescato a piene mani anche dall'impareggiabile enciclopedia sull'Africa costituita dai romanzi di Wilbur Smith, che mi manca da dare fastidio.

Questo mio primo scritto, inizialmente pubblicato da indipendente, mi ha convinto a continuare a scrivere, ed è rimasto pressoché invariato per oltre quindici anni. Quando il Direttore Editoriale della Giunti, visto l'inaspettato successo dei thriller che mi hanno recentemente portato in tutte le librerie d'Italia, mi ha chiesto di leggerlo, ho capito che il mio più grande sogno era prossimo alla realizzazione.

Il testo e la struttura sono state profondamente rimodulate ma il succo del racconto è quello, ed è un'esaltazione di alcune delle mie più grandi passioni, nonché il definitivo, meritatissimo riconoscimento a quell'uomo con la barba che mi ha donato un cognome di 9 lettere e che, immagino, non si sarebbe mai aspettato che suo figlio fosse in grado di trasformarlo in un eroe dei romanzi. Ovunque sia, oggi, so che ne sarà felice.

Ringraziamenti

Antonio, Federico, Alida, Alessandra, Valentina, Jacopo, Giulia, Giovanni, Rocío, Valeria, Elisabetta e tutti gli altri membri del formidabile team editoriale Giunti che mi coccola e mi gestisce, insegnandomi tanto, ogni volta, con passione e competenza: un grazie, per loro, alto come le scogliere della città meravigliosa.

Grazie ad Andrea Lunel e Gabriele Dadò (altro scrittore) che, trasferendomi molta della loro passione e parte della loro perizia, mi hanno dato una mano a far quadrare la parte relativa alle vele. Grazie anche a Chiara, amica e avida lettrice, sempre fonte di buone idee.

Riservandomi di ringraziare personalmente chi mi ha fornito materiale emozionale (non sono tutti facilissimi da reperire), qui sviolinata doverosa per il gagliardo e ormai nutrito gruppo di lettori che non solo mi legge, ma riesce ad arrivare sempre in fondo, per poi prendersi la briga di contattarmi e fare quattro parole con me.

Non si contano altresì coloro che mi hanno onorato con interviste, articoli, presentazioni o servizi vari. Insistete, io rispondo sempre e comunque, anche agli insulti. Ci sono i social, oppure, per i nostalgici, la mia emaildivito@gmail.com.

Ogni contatto è un regalo.

Un bacio con schiocco a Celeste e Stella.

Dello stesso autore

Edizione tascabile - pp. 352 - euro 13,00

Vito Franchini

Il predatore di anime

Giovane e determinata, Sabina, commissario di polizia a Roma, si trova a destreggiarsi tra la tormentata passione per un PM sposato e un caso di omicidio-suicidio tra coniugi che non sembra rivelare troppe sorprese. Finché i sospetti non ricadono su un uomo con cui entrambe le vittime hanno avuto contatti il giorno della morte: il misterioso Nardo Baggio, operatore Shiatsu. Profondamente colpita da questa figura ambigua e magnetica, Sabina scoprirà di lì a poco la sua reale attività: dare supporto alle vittime di stalking, soprattutto coloro che le istituzioni non riescono a tutelare. La poliziotta non si aspetta certo di dover ricorrere lei stessa al suo aiuto: nel frattempo qualcuno ha iniziato a perseguitarla, in maniera subdola e cruenta. Che si tratti del PM con cui ha chiuso bruscamente la relazione? Rimossa dal suo incarico, Sabina diventa ben presto complice e amica di Nardo, arrivando ad affiancarlo nella sua attività. Così toccherà con mano la scaltrezza con cui l'uomo, basandosi su studi antropologici, domina la mente di vittime e carnefici, con metodi tutt'altro che convenzionali in grado di assicurare un'efficacia che un poliziotto, imbrigliato nelle disfunzioni del sistema, non può nemmeno sognare. Ma è giusto fidarsi di questo predatore di anime? Sabina rappresenta la legge, Nardo la vìola, sistematicamente, in nome della giustizia. Sabina si fa guidare dai sentimenti, Nardo invece non crede alle passioni né all'amore, spiega tutto alla luce di istinti millenari che ancora ci legano ai comportamenti delle scimmie, degli umanoidi che siamo stati e che, secondo lui, ancora, in gran parte, siamo.

Che cosa siamo noi veramente? Creature che uccidono per passione o scimmie nude schiave di un determinismo cieco? In un finale che lascia senza fiato, la poliziotta sarà obbligata a decidere definitivamente da che parte schierarsi.

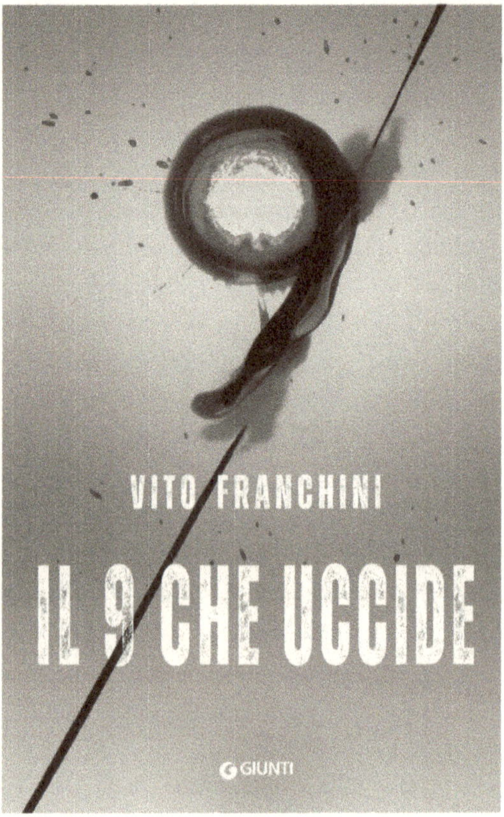

Brossura con bandelle - pp. 468 - euro 16,90

Vito Franchini

Il 9 che uccide

Sono passati anni dallo scandalo che ha segnato la carriera di Sabina Mondello, dirigente di polizia, a Roma. Finalmente un nuovo incarico operativo, premiante, la porta a Verona, a capo della Squadra Mobile. Appena giunta in città Sabina si ritrova a gestire il decesso di uno studente universitario, il cui corpo viene rinvenuto all'interno della Facoltà di medicina. Sul momento tutto lascia pensare a un suicidio, gesto disperato di un ragazzo troppo giovane: semplice routine per gli inquirenti. Tuttavia, una serie di coincidenze inquietanti con altre morti sospette ed enigmatiche frasi d'addio fanno emergere un dubbio dapprima latente, poi sempre più concreto: dietro ai 9 suicidi individuati da Sabina ci potrebbe essere la mano di un burattinaio, un sadico trascinatore, un Caronte che accompagna anime smarrite nell'aldilà. Solo una mente altrettanto diabolica può trovare il bandolo di tale matassa intrisa di sangue: quella di Nardo Baggio, che dal nulla ricompare a Verona, alterando ogni equilibrio. Nardo è "Il predatore di anime", colui che ha sconvolto la vita di Sabina anni fa, e che la metterà di nuovo a soqquadro, senza chiedere il permesso, senza sconti. I suoi approcci, i suoi metodi, sono discutibili, sempre al limite, ma nessun altro appare davvero in grado di dare una spiegazione all'unico indizio ricorrente, onnipresente, infestante: il numero 9, che porterà i protagonisti di questo vortice investigativo indietro nel tempo, tra i figli dei fiori, le melodie immortali dei Beatles e una setta demoniaca che seminò morte e terrore a Los Angeles, nell'indimenticabile estate del 1969…

MISTO
Carta da fonti gestite in maniera responsabile
FSC® C115118

Stampato presso Elcograf S.p.A.
Stabilimento di Cles